믿음, 그 위대한 유산을 찾아서 1

― 한국 기독교 130년, 믿음의 명문가들

믿음, 그 위대한 유산을 찾아서 1

― 한국 기독교 130년, 믿음의 명문가들

초판 1쇄 펴낸 날 / 2013년 2월 25일
개정판 1쇄 펴낸 날 / 2019년 12월 10일

펴낸이 • 김수곤 | 지은이 • 전영철 | 책임편집 • 임형욱 | 디자인 • 예민
펴낸곳 • 도서출판 선교횃불 | 주소 • 서울시 송파구 삼전동 103번지
전화 • 02-2203-2739 | 팩스 • 02-2203-2738
E-mail • ceo@ccm2u.com
http://www.ccm2u.com
등록일 • 1999년 9월 21일/제54호
ISBN 978-89-5546-425-2 03230

ⓒ 전영철 2019
Printed in Korea

한국 기독교 130년, 믿음의 명문가들

믿음,
그 위대한 유산을 찾아서·1

전영철 지음

신교횃불

차례

프롤로그

우리나라 기독교 역사는 눈물과 고난의 역사다. 1885년 선교사가 정식으로 입국하고 나서 몇 년 지나지 않아 일제의 강점이 시작되었다. 기독교인들은 일제에 항거하는 3·1만세운동에 적극 참여했고, 창씨개명과 신사참배를 거부했다. 그 결과, 일제는 기독교를 박해하고 기독교인들을 괴롭혔다. 해방의 기쁨을 제대로 누리기 전에 불어 닥친 6·25 한국전쟁도 기독교인들에게는 고난의 시기였다. 일제 강점기와 6·25 한국전쟁을 거치는 동안 많은 기독교인들이 순교의 피를 흘렸다.

한반도에 복음이 전해지고 나서 130여 년이 지난 지금, 교인수가 증가함과 동시에 대형교회의 숫자도 늘어났다. 그러나 안타깝게도 최근 몇 년 사이에 전체적인 교인수가 늘어나지 않는 정체상태가 지속되고 있다는 소식이 들려온다. 다른 종교인의 숫자는 조금씩 늘어나는데 비해 기독교인의 숫자는 그렇지 않다는 통계는 결코 가볍게 보아 넘길 사안이 아니다.

이유는 여러 가지가 있겠지만 필자가 주목하는 것은 바로 믿음의 세대계승이다. 기독교인이 늘지 않거나 줄어든다는 것은 부모의 신앙이 자녀들에게 제대로 계승되지 않고 있기 때문이다. 이처럼 오늘날 우리나라 기독교계가 위기를 맞고 있는 데는 자녀들의 신앙보다는 학교성적에 관심이 더 많은 부모 세대의 삶의 태도가 문제가 되고 있다. 자녀들에게 부와 명예를 안겨주기 위해 온갖 방법을 다 동원하는 부모들이 기독교인에게 가장 중요한 덕목인 신앙을 물려주는 것에 대해서는 무관심하거나 우선순위를 뒤에 두고 있는 것이다. 삶의 우선순위가 뒤바뀐 탓이다.

이에 필자는 설립역사가 100년이 넘는 교회들을 방문하여 대를 이어 믿음으로 살아가는 후손들을 찾아보기로 했다. 우선 평양대부흥운동 기준으로 보면 설립 역사가 100년이 넘는 교회는 600여 개에 이른다. 그중에 필자가 지금까지 직접 방문한 교회는 400개가 조금 넘는다. 2019년 11월 현재 우리나라에서 설립 역사가 100년이 넘는 교회는 1,300여 개이고 필자가 방문한 교회는 1,000여 개가 된다.

1900년을 전후해서 신앙생활을 시작한 가문의 후손 중에는 3대, 4대에 걸쳐 장로를 배출한 가문과 목사를 배출한 가문도 있다. 대를 이어 믿음을 지키는 가문 중에는 일제 강점기에 3·1만세운동에 참여하였다가 옥고를 치른 가문, 창씨개명과 신사참배를 거부하다 고난을 당한 가문, 뿐만 아니라 6·25 한국전쟁 중에 교회를 지키다가 순교를 당한 가문이 많았다. 그들은 비록 외부의 압력으로 감옥에 갇혀 고문을 받거나 순교를 당하는 어려움을 겪었지만 하나님을 믿는 믿음만은 굳게 지켰고 100년을 넘게 기독교인으로 살아가고 있다.

구약성경에는 아브라함, 이삭, 야곱, 요셉으로 이어지는 믿음의 세대 계승이 나온다. 레갑의 아들 요나답의 후손들이 300년이 넘도록 대를 이어서 믿음의 전통을 지켜온 역사가 실려 있다. 신약성경에는 유니게, 로이스, 디모데로 이어지는 믿음의 세대계승이 기록되어 있다. 기독교인들이 닮고 싶은 아름다운 믿음의 전승이다.

그러나 반면교사의 역사도 있다. 다윗왕과 솔로몬왕은 개인적으로는 위대한 왕이었지만 르호보암왕에 이르러 지난 세대의 신앙은 사라지고 모든 영광이 풀잎의 이슬처럼 사라진 것을 우리는 타산지석으로 삼아야 한다.

조선시대 실학자였던 다산 정약용 선생은 "3대에 걸친 의원이라야 약에 효험이 있고, 3대에 걸쳐 글을 읽어야 다음 세대에서 제대로 된 문장이 나온다"라는 의미심장한 말을 남겼다.

여러 가지 어려운 여건 하에서도 전국을 돌며 믿음의 명문가문들을 만나는 것은 그것 자체만으로도 대단한 특권이었음을 고백하고 싶다. 한 가족이 모두 신앙을 갖는다는 것도 쉽지 않은 일인데 100년을 이어오면서 믿음으로 살아간다는 것은 분명 하나님의 특별한 은혜. 더구나 지나온 100년이 민족적으로 개인적으로 고난의 세월이었음을 감안한다면, 참된 그리스도인이었던 믿음의 조상을 둔 가문의 아름답지만 고통스러운 믿음의 이야기는 필자를 비롯한 우리시대 그리스도인들에게 큰 교훈을 줄 것이라고 믿는다.

이 책을 집필하는 데 가장 적극적으로 지원해준 사람은 바로 사랑하는 아내다. 어려운 형편 속에 오로지 집필에만 전념할 수 있도록 배려해준 아내는 언제나 나의 든든한 후원자이다. 더불어, 못난 둘째 아들을 위해 언제나 쉬지 않고 기도해 주시는 어머니의 기도를 잊지 못한다. 그리고 사랑하는 자녀들의 지원과, 기도로 후원해주시는 분들에게도 감사의 말씀을 전하고 싶다.

　그러나 무엇보다도 가장 감사의 말씀을 드리고 싶은 분들은 바로 이 책에 등장하는 분들이다. 가문의 숨겨진 이야기마저 진솔하게 들려주시지 않았다면 이 책의 내용은 생생한 믿음과 역사가 살아있는 증언이 아니라 그저 평범하고 건조한 또 하나의 기록에 그쳤을 것이다.

2019년 11월, 전영철

제1부

순교자의 후손에게서는
기도의 향기가…

\- 독립운동가 · 순교자 가문 편

1 "독립운동이 하나님의 뜻인지 기도한 후 결정하겠소"

-변절보다는 순교를 택한 독립운동가, 신석구 목사

신석구 목사 이야기

　　1919년 2월의 어느 날, 기독교 지도자의 한 사람으로 3·1만세운동을 준비 중이던 오화영 목사는 은밀히 감리교회 목사 한 사람을 만났다. 그리고 3·1만세운동을 준비하는 민족지도자 33인의 한 사람으로 참여해 줄 것을 요청했다. 그런데 그의 대답은 뜻밖이었다. "내 생각에 두 가지 어려운 것은 첫째 교역자로서 정치운동 참가하는 것이 하나님의 뜻에 합한가, 둘째 천도교는 교리상으로 보아 서로 용납하기 어려운데 그들과 합작하는 것이 하나님의 뜻에 합한가 하여 즉시 대답치 않고 좀 생각해 보겠다"라는 것이었다.

　　'아니, 온 민족이 일제의 압제에 고통 받는 이때에 독립운동에 참여하는 것이 하나님의 뜻에 맞는 것인지 먼저 기도부터 해야겠다니? 조국의 독립운동이 하나님의 뜻에 맞는지 아닌지 기도할 것이 무엇 있단 말인가!' 오화영 목사는 동료요 친구인 그의 대답이 뜻밖이라 놀랐지만 그래도 그에게 기도하고 결정할 시간을 주었다.

　　그가 하나님 앞에 기도로 구하고자 한 것은 두 가지였다. '교역자로서 힘으로 저항하는 정치운동에 참여하는 것이 옳은 일인가?', 또 '기독

교 교리상 함께하기 힘든 다른 종교지도자들과
힘을 합하는 것이 하나님의 뜻에 합당한가?

며칠을 골방에 틀어박혀 기도하던 그에게 하
나님의 음성이 들렸다.

신석구 목사

"4천년 조국강토를 네 대에 와서 잃어버린 것
도 죄인데, 되찾을 수 있는 기회에 조국을 찾아
보려고 힘을 보태지 않는 것은 더욱 죄가 아니냐!"

기도응답을 받은 그는 그 길로 즉각 독립운동에 나섰다. 독립선언서
에 3·1만세운동의 민족지도자 33인의 한 사람으로 참여하여 서명했다.
이 일로 그는 체포되어 내란죄로 재판을 받고 3년을 옥살이했다.

독립운동이 하나님의 뜻이라는 기도응답을 받은 그는 흔들리지 않았
다. 3·1만세운동의 민족지도자 중 이광수와 최남선이 변절하고, 33인
중 대부분이 일제의 탄압과 회유에 넘어가 친일파로 변절하던 그 순간
에도 그는 만해 한용운과 더불어 끝까지 변절하지 않은 최후의 한 사람
이었다.

3·1만세운동에 참여할 때는 가장 늦게 결정을 내렸지만 조국 독립과
광복을 위해서는 가장 끝까지 변절하지 않고 신념을 지킨 그였다. 그는
신사참배를 거부하다 투옥되기도 하였고, 조국해방을 맞이한 것도 감옥
안에서였다. 그리고 북한 공산치하에서는 공산당의 선전도구로 활용되
는 것을 거부하다 결국 순교로 생을 마감했다. 항일독립투사였던 그를
공산당도 쉽게 어찌할 수 없었지만 공산당에 협력하기보다는 신앙과 신
념에 따라 순교의 길을 택했던 그가 바로 신석구 목사였다.

"독립운동이 하나님의 뜻인지 기도한 후 결정하겠소"

— 변절보다는 순교를 택한 독립운동가, 신석구 목사

신석구 목사를 찾아서

신석구 목사의 손자 신성균 장로를 찾아간 것은 2011년 11월 19일(토) 오후였다. 부인 조명숙 장로가 몇 년 전에 소천하고 혼자서 생활하고 있던 신성균 장로는 연세에 비해 정정해 보였다. 그는 집안에 할아버지 신석구 목사가 남긴 유품을 잘 간직하고 있었다. 후손들이 그것을 볼 때마다 스스로 깨우쳐 할아버지의 신앙을 잘 이어가기를 원하는 마음이라고 했다. 중요한 진품은 독립기념관에 기증을 하고 후손들이 기억해야 할 것은 눈에 띄게 전시해 놓은 것이다.

신성균 장로와는 몇 시간에 걸쳐 대화를 나누었다. 그는 할아버지가 평양형무소에서 수감생활을 하던 시절을 이야기하는 동안 가끔 호흡을 가다듬고 눈시울을 붉혔다. 그때의 아픔이 떠오를 때마다 그는 말을 멈추었다. 신성균 장로가 할아버지 신석구 목사와 할머니 그리고 어머니에 이르는 가족사를 이야기하는 동안 필자는 숨을 죽이고 과거로의 역사 여행을 했다.

사실 믿음의 명문가문들 중에서도 신석구 목사 가문처럼 순교를 당하거나 일제의 압박을 심하게 받았던 가문의 후손을 만날 때마다 항상 조심스럽다. 혹시나 그분들의 상처를 건드리는 것은 아닌지 대단히 미안한 마음을 가지고 있다. 그 당시의 본인과 가족들이 감당해야 했던 고통스러운 경험을 진정으로 이해할 수도 없는 입장이어서 더욱 답답한 심정일 뿐이다.

인터뷰를 마치고 아파트를 나서는 필자를 배웅해 주던 모습을 지금은 더 이상 볼 수 없게 되었다. 이 글이 책으로 나오기 전에 신성균 장로는 할아버지 신석구 목사가 계신 천국으로 하나님의 부르심을 받으셨기 때문이다.

애석하게도 신성균 장로의 소천 소식을 들은 것은 춘천 시내의 우두교회를 탐방했을 때였다. 부목사 한 분과 대담을 나누던 중 신성균 장로가 2012년 봄에 소천하였다는 소식을 들었다. 신성균 장로의 아들 신현우 목사는 "93년 전, 할아버지(신석구 목사)께서 조국 광복을 위해 태극기를 흔들며 만세를 불렀던 바로 그 날인 3월 1일에 아버님께서 하늘나라로 가셨다"고 전했다.

아래의 내용은 신성균 장로와, 그의 아들 고령감리교회의 신현우 목사와의 인터뷰를 중심으로, 신석구 목사에 대한 여러 역사적인 기록들을 정리한 것이다.

신석구 목사의 생애

기미독립선언서에 서명한 민족대표 33인의 한 사람, 신석구 목사

3·1만세운동 민족대표 33인의 한 사람인 신석구 목사는 최후까지 변절하지 않은 독립운동가의 한 사람으로 기억되지만, 사실 그가 진실로 원하였던 것은 조국의 복음화였다.

암울했던 일제치하에서 복음을 통해 민족통일을 희망했던 신석구 목사는 민족 복음화의 필요성을 다음과 같이 역설했다.

"참으로 나라를 구원하려면 먼저 예수를 믿어야 합니다. 그래서 잃어버린 국민을 먼저 찾아야 합니다. 나 하나 회개하면 잃어버린 국민 하나를 찾는 것입니다. 내가 믿고 전도하여 1인이 회개하면 또 하나를 찾는 것입니다. 그리하여 잃어버린 국민을 다 찾으면 나라는 자연 구원되는 것입니다."

신석구 목사는 3·1만세운동 당시 민족대표 중의 한 사람으로 활약하다 옥고를 치렀고, 그 후에는 신사참배를 반대하다 또 다시 옥고를 치렀다. 민족상잔인 6·25 한국전쟁 중에는 북한지역에서 복음을 전하다가 결국 공산군의 손에 순교를 당하였다.

이렇듯 그는 한번 뜻을 정하기까지는 하나님의 뜻을 묻고 또 묻는 복음주의자였지만, 뜻을 정한 후에는 죽음 앞에서도 타협하거나 변절하지 않는 신념의 사람이었다. 그리고 그 신념의 원천에는 언제나 하나님에 대한 절대적인 믿음이 있었다.

"빼앗긴 나라를 되찾기 위해 가장 필요한 것은 기독교의 복음이다!"

신석구 목사는 고려 왕조의 개국공신인 신숭겸의 30대 후손이다. 1875년 충북 청원군 미원면 금관리에서 신재기와 청해 이씨의 2남 3녀 중 둘째 아들로 태어난 그는 일곱 살이 되던 해에 어머니가 세상을 떠나고 열다섯 살에는 아버지와 할머니마저 세상을 떠남으로써 어린 나이에 고아가 되었다. 이때부터 신석구는 힘든 삶을 살기 시작했다. 23세에 결혼을 하여 잠시 안정된 생활을 하던 그는 네 살 위의 형마저 유복자인 딸 하나를 남겨두고 세상을 떠나자 또 다시 삶에 회의를 느끼고 방황하였다.

삶의 방향을 잃고 살아가던 신석구의 인생에 전환점이 된 것은 고향 친구 김진우와의 만남이었다. 27살의 신석구는 김진우가 운영하던 전당포에서 함께 일을 했다. 그러나 전당포 사업이 5년 만에 망하자 신석구는 친구 대신 책임을 지고 4개월간 감옥살이를 했다. 출옥 후에는 아내와 두 아들을 처가에 보내고 혼자 서울에 살면서 친구 김규홍의 소개로 군수의 자제를 가르치며 지냈다.

몇 년 후 고향친구 김진우는 기독교인이 되어 신석구 앞에 나타났다.

경기도 고랑포에서 약국을 경영하던 김진우는 약국 옆의 고랑포교회에 다니고 있었다. 김진우의 3개월에 걸친 끈질긴 전도로 신석구는 1907년 7월 14일 주일에 고랑포교회에 처음으로 출석하였다. 친구가 건네준 성경을 읽기 시작한 신석구는 오랜 방황을 끝내고 기독교 복음에 빠져들었다.

한 달 보름 가까이 고랑포교회에 다니며 신앙생활을 하던 신석구는 개성에서 온 고향 친구인 순행 전도사 정춘수를 만났다. 날씨 관계로 며칠 밤을 함께 묵으며 기독교 복음에 대해 설명하던 정춘수는 신석구를 설득해 개성으로 데리고 갔다. 개성에 도착한 신석구는 정춘수와 함께 개성 남부예배당에 출석하였다. 이곳에는 1907년 4월에 내한하여 병원을 짓고 의료사업을 하던 리드(W. T. Reid, 李尉萬) 선교사가 있었다. 정춘수는 신석구를 리드 선교사에게 소개해 주었고 신석구는 리드 선교사의 한글 선생이 되어 한글을 가르치는 동시에 병원 업무를 익혀 나갔다. 신석구에게는 모든 것이 새로웠다. 선교사에게 한글을 가르치는 것도 그렇지만 시간 나는 대로 열심히 병원 일을 돕는 것도 재미있었다. 모든 일에 성실한 신석구를 눈여겨 본 리드 선교사는 신석구에 대한 칭찬을 아끼지 않았다.

이에 선교사는 신석구에게 의학을 공부해서 의사가 될 것을 권했다. 고향 친구 김진우를 비롯한 주변 사람들도 한 목소리로 추천했다. 그러나 신석구에게는 기독교로 개종하면서 결심한 바가 있었다. 그는 "일제에 빼앗긴 나라를 되찾기 위해서는 기독교 복음의 직접적인 전도가 필요하다!'는 것을 깨달았고 자신의 삶을 전도에 바치기로 결심했기에 주변사람들의 강력한 권유에도 불구하고 의사가 되는 길을 포기했다.

"복음을 전하는 것은 나라를 구하는 것과 같은 일이다"

신석구 목사는 개성에서 신앙생활을 한 지 1년 뒤인 1908년 3월에 개성 남부예배당에서 왕영덕(A. F. Watson) 선교사로부터 세례를 받았고 바로 그 다음 달인 4월에 협성신학교(현 감리교신학대학)에 입학하였다. 그에게 있어서 복음을 전하는 것과 나라를 구하는 것은 동일하였기 때문에 본격적으로 신학을 공부하기 시작한 것이다. 기독교 복음을 믿기 시작한 동기를 다음과 같이 고백하고 있다.

"나도 이 나라의 국민 된 일분자(一分子)이다. 그러면 나라가 망할 지경에 망하지 않도록 힘쓰는 것이 국민 된 의무가 아닌가. 그런즉 어찌하여 망치 않게 할까? 의병을 일으켜볼까? 아니다. 병법을 모르는 나로서 더 막강의 병을 대적한다는 것은 다만 무고한 생명만 해할 따름이지 구국할 도리는 아니다. 오늘날 우리나라가 망하게 된 것은 태무도(太無道)한 까닭이니 이 망할 나라가 망치 않게 하려면 도가 있어야 되겠다."

1909년 5월 19일 정식 권사(평신도 직분 중 하나. 선교 초기 '견습' 또는 '권도사'로도 불렸음)로 임명을 받은 신석구 목사는 전체 미국 남감리회 선교부 소속 중에서 개성 남부교회(1천 명) 다음으로 큰 개성 북부교회(8백 명)에서 첫 사역을 시작했다. 그것은 당시 개성 북부교회를 담임하던 크램 선교사가 1908년 6월에 안식년 휴가로 미국으로 들어가고 8월에 갬블 선교사가 북부교회에 담임자로 오게 되었지만 한국어를 배우기 전이라 신석구 권사가 교회 일을 전적으로 맡아 보게 되었기 때문이었다. 신석구 권사의 개성 북부교회 사역은 1910년 9월에 오화영 전도사가 부임할 때까지 계속되었다.

"만세운동을 하는 것이 하나님의 뜻인지 기도부터 해보겠소!"

신석구 권사는 춘천지방 감리사로 홍천읍교회를 담임하고 있던 히치 선교사의 추천으로 1910년에 강원도 지방으로 파송을 받았다. 홍천읍교회에서 목회를 하던 1912년 9월 12일에 정식 전도사 직첩을 받은 신석구 전도사는 가평구역으로 파송받아 5개 교회를 맡아서 사역을 하였다. 1915년 10월에는 춘천지방의 순행 전도사로 파송을 받아 사역을 하였으며 1917년 9월 킬고(J. C. Kilgo) 감독에게 '집사목사'(감리교 목사) 안수를 받았다.

1918년 11월 신석구 목사는 강원도 지역의 사역을 마감하고 서울 수표교교회 목사로 파송받았다.

신석구 목사가 수표교교회에서 사역을 시작한 지 5개월이 되던 1919년 2월 20일 경 서울 종교교회를 담임하고 있던 오화영 목사가 찾아왔다. 그는 대한민국의 독립을 위한 만세운동에 신석구 목사의 고향 친구인 정춘수 목사도 참여함을 알리며 신석구 목사에게 3·1만세운동에 참여하기를 권하였다. 천도교측과 연합하고자 하니 참가하겠느냐고 물었던 것이다. 대한민국 민족 대표로서 독립선언서에 서명하는 중대한 일이었다.

그런데 신석구 목사는 서울 종교교회를 담임하고 있던 친구 오화영 목사의 요청에 즉답을 피하고 좀 생각하여 보겠다고 하였다. 이유는 두 가지였다. 첫째는 이 일에 대한 하나님의 응답을 듣고 싶었던 것이고, 그 다음은 자신은 서울에서 일어나는 일에 대해 잘 모르고 있었기 때문이었다. 10년이 넘는 세월동안 서울이 아닌 개성과 강원도 일대를 돌며 목회에만 전념했던 그에게는 정확한 사태 파악이 필요하였던 것이다.

오화영 목사가 돌아간 뒤 신석구 목사는 '교역자로서 정치운동에 참가하는 것이 하나님의 뜻에 합할까'와 다른 하나는 '천도교와는 상용키 어려운데 그들과 합하는 것이 하나님의 뜻에 합한가'를 두고 간절하게 기도했다. 특히 만세운동을 함께 주도하는 천도교는 기독교와 근본적으로 교리가 다르기 때문에 신석구 목사의 고민은 깊었다. 천도교는 서학 즉 기독교를 반대하는 개념의 동학사상을 주장하는 교주 최제우를 신사로 모시며 인내천사상(人乃天 ; 사람이 곧 하늘이다)을 가지고 있다. 풍수사상과 유·불·선의 교리를 토대로 하는 혼합종교 형식의 새로운 종교였으며 새로운 세계는 내세가 아니라 현세에 있음을 주장하는 종교였기 때문이다.

그는 조국의 독립을 위한 이번 일을 두고 새벽마다 이마에 땀방울이 맺히도록 기도하면서 하나님의 뜻을 구했다. 그렇게 1주일이 지나갔다. 그러던 중 그는 기도 중에 "4천년 전하여 내려오던 강토를 네 대에 와서 잃어버린 것이 죄인데 찾을 기회에 찾아보려고 힘쓰지 아니하면 더욱 죄가 아니냐!"라는 하나님의 음성을 듣고 자신의 부족함을 회개했다. 2월 27일 새벽에 하나님의 음성을 들은 신석구 목사는 지체 없이 독립선언서에 서명했다.

이렇게 해서 신석구 목사는 독립선언서에 서명한 민족대표자 33명 중한 사람이 되었다. 이를 시작으로 신석구 목사는 해방이 될 때까지 일제의 감시 대상이 되어 많은 고난을 당했다. 기독교측 지도자 16명 가운데신석구 목사를 비롯하여 그를 만세운동에 참여하게 한 오화영 목사와고향 친구인 정춘수 목사 등 3명이 미국 남감리회 소속 목사였다.

한번 정한 뜻은 목숨을 걸고 지키다

신석구 목사는 1919년 2월 27일 기독교측 대표들이 정동교회 이필주목사 집에 모여 '독립선언서'에 서명할 때 참여하였다. 이어서 3월 1일독립선언서에 서명한 대표들이 매국노 이완용 소유의 태화관에 모일 때도 참석하였다. 나라의 독립을 위한 거사에 적극적으로 참여한 신석구목사는 이 일을 함께 논의하고 추진했던 함태영 등과 함께 3·1만세운동 핵심인물로 체포되어 조사를 받았다. 이때 체포된 인물은 모두 49명이었다. 처음에 이들은 출판법과 보안법 위반 혐의로 고소되었다가 내란죄로 바뀌어 재판을 받았다. 1920년 3월이 되어 예심이 끝나고 10월30일에 결심공판에서 신석구 목사는 2년 형을 언도받았다. 미결수로 감옥에 있었던 기간을 합치면 신석구 목사는 3년 형을 받은 셈이었다.

그는 당시 자신의 심정을 다음과 같이 기록하였다.

"우리 민족의 천고에 씻지 못할 치욕 경술합방도 불과 10년에, 일본관리와 조선 주구배들의 탄압으로 민족의 사상은 점점 엷어져 감을 볼때에 이 모양으로 30년만 경과하면 민족정신은 아주 소멸될 듯한 감이 있어 근심은 깊어가나 앞길은 아득하였다."

그는 계속해서 자신이 3·1만세운동에 임하는 심정을 기록하였다.

"만일 내가 국가독립을 위하여 죽으면 나의 친구들 수천 혹 수백의 심중에 민족정신을 심을 것이다. 설혹 친구들 마음에 못 심는다 할지라도 내 자식 3남매 심중에는 내 아버지가 독립을 위하여 죽었다는 기억을 끼쳐 주리니 이만 하여도 족하다고 생각하였다. …중략…. 나는 지금 독립을 거두려 함이 아니요 독립을 심으러 들어간다."

만세운동에 대한 하나님의 정확한 뜻을 깨달은 신석구 목사는 대한민국의 독립을 위해 헌신하기로 결정했다. 3·1만세운동에 앞장섰던 인사들 중 많은 사람들이 자신들의 주장을 바꾸어 일제에 협력하였지만 신석구 목사는 한 번도 자신의 뜻을 바꾼 적이 없었다. 신석구 목사는 무슨 일을 하든지 하나님의 뜻을 먼저 생각하였고, 한 번 정한 마음은 목숨을 걸고 지켜나간 인물이었다.

재판정에서 당당하게 재판관을 꾸짖다

조선독립을 위한 신석구 목사의 나라사랑은 무한하였다. 그는 조국의 진정한 독립을 위해서는 자신의 몸을 아끼지 않았다. 그는 만세운동으로 투옥당하여 재판을 받을 때 너무나 당당하게 자신의 신념을 밝혔다.

경무통감부에서 취조를 당할 때 "왜 독립을 하려고 하는가?"라는 질문에 "조선은 조선인으로 통치돼야 한다. 조선은 결코 일본을 위하여 이권을 제공하는 나라가 될 수는 없다"라고 대답했다.

그뿐만이 아니다. 예심에서 판사가 "피고는 조선독립이 될 줄로 생각하는가?"라고 물었을 때 "그렇다. 될 줄로 생각한다"라고 답했다.

"그러면 장래에도 또 독립운동을 할 것인가?"라는 질문에도 "그렇다. 나는 한일합병에도 반대하였으니 독립이 될 때까지는 할 생각이다"라고 대답했다.

항소심 공판에서 재판장에게 한일합병에 대한 의견을 진술 할 때 "나는 한일합병에 반대한다. 조선사람 치고는 누구나 다 한 가지 아니겠는가? 일본사람이 조선 사람이 되어보면 또한 재판장이 지금 나의 처지가 되더라도 그러할 것이다. 독립사상은 처음부터 이 법정에 선 이때까지 조금도 변함없이 내 가슴속에 사무치었소."라고 진술했다.

이처럼 일제의 투옥이나 어떤 회유도 신석구 목사의 애국심을 흔들 수는 없었다. 그는 처음부터 끝까지 일관되게 대한 독립을 외쳤으며 한 치의 양보도 없었다.

신석구 목사에게 있어서 감옥생활은 또 다른 목회현장이자 훈련 기간이었다. 그는 혹독한 고문 속에서도 만세운동과 관련하여 감옥에 들어온 젊은이들에게 복음을 전하는 것과 그들을 위로하는 것을 쉬지 않았다.

전국을 떠돌며 복음과 민족신앙을 전하다

1921년 11월 4일 경성감옥에서 출소한 신석구 목사는 사역을 할 목회지가 없었다. 이에 미국남감리회는 11월 15일 신석구 목사를 원산 상리교회로 특별 파송했다. 원산은 하디 선교사가 담당하였던 지역이다. 1903년의 원산부흥운동은 한반도 복음화의 거대한 불길을 일으켰던

1907년 평양대부흥운동의 밑거름이 되었다. 신석구 목사는 원산의 상리교회에 사역을 하면서 1909년에 입학하였던 협성신학교를 48세인 1922년에 졸업하였다.

50세에 '장로 목사' 로 안수를 받아 정식 목사가 되어 상리교회를 담임하던 신석구 목사는 1925년에 또 다시 강원도 지역으로 파송을 받았다. 1931년 이천교회로 파송을 받고 이천지방 감리사를 역임하기까지 5년 가까운 세월동안 고성을 시작으로 춘천, 가평, 서울, 철원 등지를 돌아다니며 목회를 했다. 한 곳에 오래 머물지 못하고 1년에 한 번 꼴로 목회지를 옮겨 다녀야 했지만 신석구 목사는 한 번도 불평하거나 사역지를 거부한 적이 없다.

그러는 가운데서도 1926년 7월에는 서울 연희전문학교에서 장·감연합 목사 수양회 강사로 초빙을 받았다. 200여 명의 목회자를 대상으로 "교역자에게 필요한 것" 이라는 제목의 강연에서 목회자가 버려야 할 것으로 교만, 위선, 허영심, 나태, 악독, 불신 등을 지적하였으며 '민족신앙' 을 제시하기도 하였다.

신사참배 거부와 대동아전쟁 반대로 다시 투옥 당하다

강원도 지역에서 목회를 마친 신석구 목사는 1935년 천안지방으로 파송을 받았다. 환갑이 넘은 나이에도 불구하고 천안읍교회와 천흥교회를 담당하면서 지방회 소속 25개 교회를 순회하며 돌보는 동안 이곳에서 성역 30주년과 제2화갑을 맞았다.

그러나 천안에서의 목회 3년째인 1938년부터 일제의 신사참배 강요가 본격화되면서 신석구 목사의 고난은 또 다시 시작되었다. 신석구 목사가 속한 감리교단은 사실상 1936년부터 일본의 요구에 순응하여 왔으나 신석구 목사는 교단의 방침에 따르지 않았다. 심지어는 식구들이 집에서도 일본말을 사용하는 것을 금하였던 신석구 목사는 일제의 강요에 굴복하지 않았다. 결국 1938년 봄부터 일본 경찰은 신석구 목사를 연행하여 조사하면서 괴롭혔다. 그해 7월에는 장로교회와 감리교회의 가을 총회를 앞두고 평소 신사참배에 거부 의사가 분명했던 인사들을 격리 차원에서 구금하였는데 신석구 목사는 두 달 동안 구치소에 수감당했다.

감리교단은 신사참배를 거부하는 65세의 신석구 목사를 1939년 진남포지방 신유리 구역으로 파송했다. 산간벽지를 돌며 목회를 하면서 자신의 주장을 굽히지 않은 신석구 목사는 1941년 3월 서울에서 열린 연회에서 법을 개정하는 바람에 강제 은퇴를 당했다. 하지만 목사 파송권을 갖고 있던 교구장 이호빈 목사가 신유리교회 교인들의 강력한 요청을 받아들여 후임 목사가 결정되기 전까지 시무하게 한다는 명분으로 신석구 목사를 신유리교회 '대리 교역자'로 파송을 하였다.

이러한 일들은 신석구 목사에게 기독교 복음을 전해주었으며 3·1만세운동에 참여하게 했던 고향 친구 정춘수 목사가 1939년 감독이 되고 난 후 변절하여 일제의 요구에 앞장선 결과였다. 뿐만 아니라 대동아전쟁이 막바지에 이른 1945년 5월에는 '대동아전쟁 전승기원 예배 및 일장기 게양' 지시를 거부했다는 이유로 설교 도중에 잡혀가서 해방이 될 때까지 용강경찰서에서 3개월간 옥살이를 했다.

공산치하에서 공산당의 선전도구가 되는 것을 거부하다

일제가 패망하고 이틀 뒤에 석방된 신석구 목사는 투옥 당하기 전에 잠시 담임을 했던 유사리교회로 돌아갔다. 해방의 기쁨도 잠시 이번에는 공산주의자들의 핍박이 기다리고 있었다. 북한을 점령한 공산주의자들은 신석구 목사를 항일투사로 지목하고 그를 자신들의 선전도구로 활용하고자 하였다.

그러나 해방 후 처음 맞은 3·1절 날 공산주의자들의 요구로 평양중앙방송에 출연한 신석구 목사는 방송관계자가 준비해 준 원고를 보고나서 그 내용이 자신의 생각과 다르자 원고에 적힌 내용을 그대로 읽는 대신에 즉석에서 자신의 생각을 피력하였다. 공산주의자들은 3·1만세운동을 실패한 운동으로 보고 있었고 공산당이 진정한 혁명을 이루어 나갈 것이라는 취지의 원고를 주고 읽으라고 하였던 것이다. 그러나 그것은 3·1만세운동과 신사참배 반대 등으로 혹독한 옥고를 치른 신석구 목사가 절대로 동의할 수 없는 내용이었다.

그때 방송에 출연하는 할아버지의 음성을 듣기 위해 라디오 앞에 있었던 맏손자 신성균 장로는 할아버지가 그 일로 인해 잡혀가서 며칠 동안 조사를 받고 풀려난 것으로 기억하고 있다.

그 후로도 신석구 목사는 공산당의 끈질긴 협조요청을 거부하다가 많은 고난을 당하였다. 1947년 3·1절에 진남포 도립극장에서 역사학자 최승걸씨와 함께 기념강연을 하였는데 강연 내용 때문에 내무서에 구금

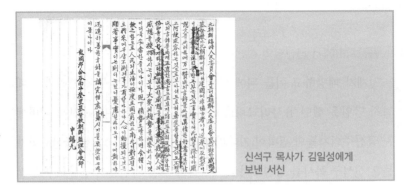

신석구 목사가 김일성에게
보낸 서신

되기도 했었다.

또한 감리교 서부연회 초대 연회장(현 감독)으로 일할 때는 기독교민주당 사건으로 피검되었으며, 광량만교회에서 시무할 때는 3·1절을 기념하여 주는 공산당의 3·1만세운동 공로 포상을 거부하였다. 뿐만 아니라 북조선인민위원회의 설립에 대해서 비난하다가 또 다시 검거되었다. 북한공산당은 결국 자신들의 말을 잘 듣지 않는 신석구 목사에게 진남포에서 반공비밀결사를 영도하였다는 소위 '진남포 4·19 사건'을 조작하여 그를 비롯한 우익인사 48명을 체포하여 감옥에 가두기도 했다.

감옥 안에서도 자신보다는 동료들을 먼저 섬기다

북한 공산당이 평양인민교화소에 투옥한 신석구 목사를 비롯한 일부 인사들에게는 양식을 비롯한 생필품을 제공하지 않았기에 가족들은 매달 먹을 양식을 비롯한 생필품을 면회할 때 가지고 가야 했다. 그것은 가족들이 남쪽으로 월남하는 것을 방지하는 '인질' 작전이었다.

식구들은 자주 이불을 넣어주었다. 함께 갇힌 사람 중에 이불이 없는 사람이 보이면 자기 것을 그 사람에게 주어 버린 탓이었다. 며느리가

"이불 호청을 내보내 주면 그것을 세탁해서 다시 넣어 드릴게요"라고 하면 "이것도 없어서 춥게 지내고 있는 백성에게 주어야 한다. 많이 넣어주면 동료들에게 나누어 줄 데가 있다"고 하였다. 그렇지만 정작 식구들은 이불 호청이 없이 속 이불만 덮고 살았으며 나중에는 이불을 뜯어 염색해서 감옥에 들여보내기도 했다.

1950년 9월 26일에 수신된 평양우체국 소인이 찍힌 차입증명서에는 쌀가루 5되, 이불 1장, 계란 30알, 사과 30알, 건유 2병 등이 적혀 있다. 이 정도의 양이면 당시의 상황에 비추어 혼자서 먹기에는 적지 않은 양이다. 이것은 형편이 어렵거나 가족이 없는 수감자들과 함께 나누어 먹기 위해 충분한 양의 사식을 넣어달라고 한 신석구 목사의 민족 사랑이었다. 이 차입증명서는 신석구 목사가 손자 신성균 장로 앞으로 보낸 마지막 편지로 후손들은 귀하게 보관하고 있다.

차입물품 가운데 눈에 띄는 것은 쌀가루다. 그것은 신석구 목사가 천안에서 사역을 할 때부터 시작된 식습관 때문이었다. 먹을 것이 귀하던

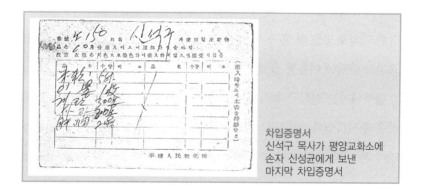

차입증명서
신석구 목사가 평양교화소에
손자 신성균에게 보낸
마지막 차입증명서

시절 가난한 교인 집을 심방할 때 교인들에게 폐를 끼치지 않기 위해 집에서 준비해 간 쌀가루를 물에 타 먹음으로써 식사를 해결했다. 이처럼 신석구 목사는 교인들의 처지를 배려하고 사랑하는 삶을 실천하며 살았다.

변절보다는 죽음을 택한 순교자 신석구 목사

1950년 6.25 한국전쟁을 일으킨 후 국군의 평양탈환이 임박해질 정도로 전세가 불리해지자 공산주의자들은 평양인민교화소에서 수감 중이던 기독교 지도자들을 모두 총살하였다. 이때 신석구 목사도 우익인사들과 함께 1950년 10월 10일 경 공산군에 의해 총살당했다.

이 소식을 들은 가족들은 평양인민교화소로 찾아갔다. 신석구 목사의 부인 이영자 사모와 자녀들이 평양인민교화소를 급히 찾아갔으나 인민군들이 급하게 후퇴하면서 시체들을 물이 마른 우물 3곳에 마구 처넣어 버려 시신을 찾기가 어려웠다. 설상가상으로 중공군들이 내려오는 바람에 시체를 찾지도 못하고 이영자 사모를 제외한 다른 식구들은 급히 남쪽으로 피난을 했다.

3 · 1만세운동을 비롯하여 신사참배거부 등 평생을 기독교 정신에 입각한 항일투쟁을 해 온 신석구 목사는 공산군에 의해 생을 마감하고 순교자의 반열에 이름을 올렸다.

정부에서는 신석구 목사의 공훈을 기리어 1963년에 건국훈장 대통령장을 추서하였다. 감리교신학대학에서는 1978년 3.1독립운동 59주년을 맞아 본 대학 출신 목사 중 독립선언서에 서명한 7명의 부조 "3 · 1운동 감신출신민족대표상(監神出身民族代表像)"을 대학원 건물 로비에 제막하여 그들의 독립정신과 민족애를 기리고 있다. 1980년에는 청주시 3.1 공원에 충청북도 출신 33인 대표 6명의 동상이 세워졌다. 그러나 성경을 들고 당당하게 서 있는 신석구 목사 왼편에 세워졌던 신석구 목사의 고향 친구이자 동료였던 정춘수 목사의 동상은 철거되고 그 자리에는 두 손에 들린 횃불상이 세워져 있다.

가족보다는 하나님의 일과 조국광복이 먼저

신석구 목사의 후손 중에 신 목사보다 먼저 세상을 떠난 자녀가 있다.

청주 3.1공원에 세워진
신석구 목사 동상

어린 나이에 세상을 떠난 막내아들과 둘째 손자 영균이다. 특히 머리가 명석하여 진남포상공학교에 다니던 영균은 학생회 간부로부터 멍석말이를 당해 세상을 떠났다. 해방된 북한 땅에 살면서 평소에 반동분자 집안의 자손이라고 요주의 대상이 되었다가 6 · 25한국전쟁 중에 북한이 공산당 지배하에 놓이면서 재학 중 민청에 가입하지 않는다고 괴롭히던 끝에 학교 간부들이 영균을 죽인 것이다.

신석구 목사는 가슴 속에 가족과 관련하여 쓰라린 역사를 품고 있음에도 불구하고 가족보다는 하나님의 일과 조국광복을 먼저 생각하는 목회자였다. 심지어는 70 고령에 평양교화소에서 옥살이를 하는 동안에도 아내와 손자가 면회를 오면 가족의 안부를 묻지 않고 교인들의 안부만 물었다. 교회 장로와 집사들의 안부를 묻는 것을 보고 곁에서 지켜보던 간수로부터 빈정거림을 당하기도 했다.

공산치하의 북한에서 신앙생활을 하기가 어렵게 되자 신석구 목사의 아들 신태화는 가족을 이끌고 남쪽으로 내려왔다. 그는 둘째 아들 영균에 이어 아버지마저 공산군에 의해 순교를 당한 충격을 이기지 못하고 인천에 정착한 지 1년 만에 세상을 떠나고 말았다.

신석구 목사의 부인 이영자 사모는 가족과 함께 남한으로 내려오는 것을 거부하고 북쪽에 머물렀다. 남편 신석구 목사의 시신을 찾지 못하고 사랑하는 둘째 손자마저 공산군의 손에 죽은 것을 받아들이지 못하고 북쪽에 홀로 남아 지내다가 결국 소식이 끊어졌다.

순교자의 후손에겐 믿음의 피가 흐른다

23세에 전주 이씨 이영자와 결혼한 신석구 목사는 2남 1녀를 두었다. 어릴 적 맏아들 태화는 주로 어머니와 함께 외가에서 살았다. 아버지와 함께 개성에서 살 때는 한영서원(현 송도고등보통학교)에 입학하여 공부하였다. 아버지가 다른 곳으로 파송을 받으면 기숙사에 기거하면서 공부하였다. 그의 나이 스무 살에 이한순과 결혼하였는데 기독교 집안이 아니라는 이유로 주례를 서 줄 목사가 없어서 신석구 목사가 직접 주례를 했다. 독립운동가요 목회자인 아버지를 둔 탓에 일제로부터 많은 제한을 받으며 살았다.

신석구 목사가 천안에서 목회를 할 때는 잠시 동안 조선일보 천안지국장을 역임하였다. 신석구 목사가 신사참배 거부로 천안경찰서에 잡혀들어간 거의 같은 시기에 그의 아들 태화도 일제의 보도규정을 어기고 기사를 본사에 송고한 죄로 경찰서에 불려다니다가 강제로 쫓겨나기도 했다. 그 후에는 중앙학원의 설립자인 임영신 선생이 설립한 양대에 있는 천안 광명여자고등학교 교장을 지내기도 했다.

신석구 목사의 맏손자인 신성균에 대한 사랑은 극진했다. 1929년 철원으로 파송을 받자 아내와 맏손자를 데리고 부임할 정도였다. 신성균 장로는 젖을 떼고 나서는 할아버지 신석구 목사와 침식을 함께 하며 신목사의 영향을 많이 받으며 자랐다. 할아버지가 평양에서 옥살이를 하는 동안에는 할머니와 함께 옥바라지를 하였고 할아버지가 옥중 순교를 당하자 식구들과 함께 할아버지 시신을 찾아 나서기도 했다.

그는 평생 할아버지의 시신을 찾지 못한 것과 동생의 죽음을 잊지 않고 살아왔다. 할아버지가 자기 앞으로 보낸 물품 차입증명서에 적힌 마지막 물품을 전해 드리지 못한 것을 볼 때마다 마치 자신의 잘못인양 생각하며 미안해했다.

신석구 목사는 손주 며느리가 임신을 했을 때 변호사를 통해 쪽지를 보냈다. "아들이면 현우, 딸이면 현복이라 이름을 지어라." 신성균 장로는 할아버지의 뜻을 따라 첫 딸의 이름을 현복이라 지었다. 돌 무렵의 딸 현복이를 데리고 면회를 갔으나 신석구 목사는 증손녀의 손을 잡아 보지 못하였다. 마지막 면회를 하던 날 철창을 사이에 두고 증손녀의 손을 잡으려고 내민 손을 옆에 서 있던 간수가 내리치는 바람에 손을 잡지 못하게 되었던 것이다. 그것이 가족들이 신석구 목사의 얼굴을 본 마지막 날이 되었다.

신성균 장로의 외동아들 신현우 목사는 증조부의 뒤를 이어 감리교신학대학을 졸업하고 경상북도 고령에서 사랑의 목회를 실천하고 있다.

신성균 장로는 신석구 목사가 천안에서 사역할 때 춘천 고모할머니 댁에서 중고등학교를 다녔다. 일제가 요주의 인물로 감시를 강하게 한 탓에 학적부에는 빨간 글씨로 항일가족이라고 기록되어 있었다. 대학에 진학하면 군 입대 연기가 가능했지만 신성균 장로의 아버지는 국내 대학에 진학할 수 없는 아들을 친일파 후손들이 많이 다니는 만주에 있는 대학에도 보낼 수 없다고 하는 바람에 일본 군대에 강제 징집될 처지였다. 평양 고사포부대에서 훈련을 마치고 한 달 후 자대에 배치될 예정이었으나 바로 직전에 해방이 되었다. 만주에서 학교에 다니던 많은 학생들은 소련공산군에 의해 처형되거나 다른 지역으로 강제 이주되어 고국으로 돌아오지 못했던 것을 생각하면 이 모든 것은 하나님의 인도하심이었다.

할아버지의 시신도 찾지 못한 상태에서 월남한 신성균 장로는 대구제일감리교회에 출석하면서 신앙생활을 했다. 1948년에 결혼 한 그의 부인 조명숙 장로는 조윤승 목사의 딸로서 평양 정의여고를 나와 광성소학교 교사로 재직하였다. 조윤승 목사는 원래 장로교의 평양신학교 출신으로서 감리교회에서 목회를 시작하였다. 해방 후에는 평양 유성리 교회에 시무하면서 서부연회 재건 때 신석구 목사와 자주 만난 것이 계기가 되어 사돈이 되었다. 조윤승 목사는 1950년대 중반 5년 가까이 대구제일감리교회에서 목회를 하기도 하였다.

신성균 장로는 월남한 이후 줄곧 대구에 머물면서 민족대표 33인 유족회 회장을 역임하였으며 광복회 회원으로 활동하였다. 그의 부인 조명숙 장로도 감리회 여선교회 전국연합회 부회장 등을 역임하여 성실하게 신앙생활을 계속하였다. 슬하에 6녀 1남을 둔 신성균 장로는 평생을 신앙생활을 하면서 할아버지의 조국애에 누를 끼치지 않으려고 늘 몸조심을 하며 살았다. 자신의 집에 할아버지의 유품을 전시해 두고 집을 찾는 사람들과 후손들에게 보여주었다. "할아버지의 정신을 너희들이 배워라"라고 말하는 것보다는 직접 눈으로 보면서 믿음의 대를 이어가게 하고 싶다고 했다.

"정심(正心), 성실(誠實), 감사(感謝)" 이 세 가지를 가훈으로 삼고 살아가는 신석구 목사 후손들은 순교자의 후손임을 자랑스럽게 생각하면서도 남에게 티를 내지 않고 살아가기 위해 늘 조심하며 살았다.

인생의 고비마다 시로 노래하다: 〈진달래가 묻고 질경이가 답함〉

신석구 목사는 감리교단 본부의 친일정책을 반대하다 1941년 3월에는 강제로 은퇴를 당하였고 1944년 4월에는 목사직마저도 박탈당하는 수난을 당했다. 평남 용강군 내 벽지에 은거 중 신사참배 반대와 일장기 게양 거부, 전승기원 예배 거부 등 일제의 정책에 반대하자 일제는 신석구 목사를 1945년 5월 용강경찰서에 투옥하였다. 평소 목회의 고비마다 한시를 남겼던 신석구 목사는 해방이 될 때까지 감옥생활을 하면서 자신의 심정을 한시로 지었다. '진달래가 묻고 질경이가 답함'은 그때 지은 한시의 한 구절이다.

비록 봄날의 화려한 진달래꽃처럼 많은 사람들의 관심을 받지 못하였지만 한 포기의 질경이처럼 묵묵히 자신의 사명을 감당하며 살다간 신석구 목사의 심경을 노래한 시이다.

〈진달래가 묻고 질경이가 답함〉(杜鵑花與茅莒草問答)

杜鵑花問(진달래가 묻기를)

問爾茅莒草 何生道路傍

(묻노라 너 질경이야 어찌하여 길가에 피었느냐)

有葉難呈彩 無花可聞香

(잎은 있으나 아름답지도 아니하고 꽃이 없으니 향기인들 나겠느냐)

每被車輪轢 時逢馬足傷

(차바퀴에 짓눌리고 밟혀서 말발굽에 상처만 입으니)

平生何所樂 勞苦到秋霜

(평생에 무슨 낙이 있다고 가을 서리 내리기까지 고생하고 있느냐?)

茉莒草答(질경이가 답하기를)

空山草木多 誰識余心樂

(저 산에 초목이 많다지만 뉘라서 즐거운 내 마음을 알아줄까)

譙逸非我求 仁慈是天爵

(편안한 생활을 내가 구하지 아니함은 너그러운 사랑은 하늘이 내려주신 것이라)

潤傷能救荒 利水偏宣藥

(윤기로서 능히 황막한 상처들을 구하고 즙은 내서 약으로 쓰인다네)

堪笑杜鵑君 無心開且落

(무심하게 피었다가 이름 없이 지는 나를 진달래야 비웃지 마소)

이 글을 마무리하기 전, 신성균 장로의 아들 신현우 목사를 만나고 싶어졌다. 이번에는 2012년 3월 1일에 소천한 신성균 장로에 대한 것과 집안 어른들에 대한 이야기를 좀 더 듣고 싶어서였다. 나는 어렵사리 시간을 내서 경북 고령으로 내려갔다. 신현우 목사는 경북 고령에서 증조부의 대를 이어 17년째 하나님의 명령을 따라 묵묵히 목회를 하고 있다. 신현우 목사는 아버지 신성균 장로가 생전에 그토록 바라던 남북통일을 이루지 못한 것을 마음 아파하며 증조부와 아버지에 대한 여러 이야기 들을 들려주었다.

이야기를 마치고 돌아서는데 신현우 목사의 선한 눈빛이 눈에 밟혔다. 개나리처럼 화려하지는 않지만, 꼭 필요한 곳에서 영적으로 주린 배를 채워주고 상한 영혼을 치유하고 있는 그의 눈빛은 질경이를 닮아 있었다. 얼핏 나는 그의 눈빛에서 그의 증조부 신석구 목사를 본 듯한 전율에 잠깐 발걸음을 멈추었다. 어디선가 질경이의 향기가 피어오르고 있었다.

• 신석구 목사의 좌우명
1. 경험자는 과거를 회상 중에 생활하고
2. 지혜로운 사람은 미래를 연구하는 것으로 생활하고
3. 어리석은 사람은 현재를 일생으로 아는 데서 생활한다.

• 감리교 조직
1. 총회
입법총회와 행정총회로 분리되어 있다. 각 총회는 2년마다 한 번씩 개최된다. 입법총회는 교회법 개정과 입법 및 행정사항 등을 심의, 의결하며 행정총회에서는 감독회장과 감독을 선출한다. 총회장을 감독회장이라 칭한다.
2. 연회
1년에 한 번씩 모이는 회의를 뜻하기도 하며, 교구 단위로서 전국에 11개(서울연회, 중부연회 등) 연회와 미주특별연회와 서부선교연회로 구성된다. 연회 대표자를 감독이라 칭한다.
3. 지방회
12~30개 이하의 개체교회가 모여 지방회를 구성한다. 지방회의 대표를 감리사라 칭한다.
4. 구역회
해당 구역의 연례회의. 개체교회 1개 처소 이상으로 구성한다.

• 목회자
1. 연회 정회원 : 목사
2. 연회 준회원(수련목회자) : 전도사
3. 본처 전도사 : 지방회에서 지정한 교회에서 담임자를 도와 시무하는 목회자
4. 본처 목사 : 개체교회에서 담임 목사를 도와 주며 연회 회원으로 목사직을 가지고 있음.
5. 집사 목사(Deacon) : 선교초기 미국 감리교회 제도를 따른 목사 직급
6. 장로 목사(Elder) : 선교초기 미국 감리교회 제도에 따른 목사 직급

• 감리교 평신도 직분
1. 장로 : 남자, 여자
2. 권사 : 남자, 여자
3. 집사 : 남자, 여자

2 아버지와 아들이 한날한시에 순교자가 되다

- 총칼대신 복음을 든 의병장 출신 순교자 구연영 전도사

구연영 전도사 이야기

"하나님 앞에서 믿음, 소망, 사랑을 품고 떳떳하게 살다가 떳떳하게 죽는 것은 하나도 두렵지 않다. 나라 없는 백성의 욕된 몸이 되어 벌레처럼 살아간들 무슨 보람이 있겠느냐!" 국권을 침탈한 일제에 항거하다 체포되어 아들과 함께 순교한 구연영 전도사가 처형을 앞두고 일본군에게 한 마지막 말이다. 맏아들 구정서 전도사와 함께 한날한시에 일본군의 총탄에 쓰러진 그는 일본군에 의해 순교한 감리교 최초의 순교자다.

애초에 구연영 전도사는 의병장이었다. 일본 낭인들에 의해 명성황후가 시해당하는 사건이 일어나자 무반 가문 출신이었던 구연영은 30세 때 이천에서 의병을 일으켜 일본군과 전투를 벌였다. 몇 차례 승전도 했지만 무력으로는 일본군을 이길 수 없다는 판단이 서자, 그는 스스로 서울 상동교회를 찾아가 미국 선교사로부터 복음을 받아들이고 기독교인이 되었다. 그러나 노비를 해방시키는 등 구연영이 기독교정신을 실천하자 가문에서는 외래종교인 기독교를 받아들인 그를 추방시켜 버렸다.

이후 그는 세례를 받고 정식 매서인(colporteur, 권서인이라고도 부르며 선교초기 성경과 복음서적을 판매하였음)이 되었다. 그는 이천, 여주,

양평을 돌아다니며 성경을 팔며 복음을 전했다.
매서인으로 활동하는 동안 4개의 교회를 세웠고
600권이 넘는 성경을 팔았다. 총칼대신 성경을 들
고 조국광복을 꿈꾸던 그는 선교활동과 항일운동
을 병행하였다. 그래서 매국단체인 일진회가 일
본 헌병대에 그를 고발할 때 "구연영만 없애면 서

구연영 전도사

울 동편의 10여 개 군에서 항일운동, 의병, 기독교인이 모두 사라질 것이
다"고 할 정도였다.

　1907년 8월, 이천 장터에서 2천 명이 넘는 군중에게 일본의 침략행위
와 그 앞잡이 일진회의 실상을 역설할 때 구연영 부자를 잡으러 일본군
수비대가 출동했다. 그러나 그것을 알면서도 구연영은 "당연히 해야 할
일을 한 것인데 왜 몸을 피한단 말인가?"라고 거절하고 일본군에 의해 체
포되었다. 아버지와 아들을 함께 체포한 일본군은 이천 장터의 홰나무에
묶어두고 구연영 부자를 회유하였다. 그러나 끝까지 그가 신앙과 조국광
복에 대한 신념을 포기하지 않자 일본군은 칼로 그의 팔다리를 자르기까
지 했다. 결국 회유가 불가능하다는 것을 깨달은 일본군은 구연영 부자
를 총살했다. 구연영 전도사 44세, 그의 큰아들 구정서 전도사는 25세의
나이였다. 이로써 후대에 건국훈장 애국장과 대통령표창에 추서된 구연
영 전도사는 감리교단 최초의 순교자가 되었다. 그러나 죽음도 복음과
조국독립을 향한 그의 꿈을 꺾지 못했다. 아들 넷 중 셋이 목회자가 되었
고, 후손들은 100년이 넘는 세월 동안 순교자의 정신을 이어받아 4대째
목회자의 길을 가고 있다. 그의 꿈은 후손들을 통해 마침내 이루어졌다.

아버지와 아들이 한날한시에
순교자가 되다
— 총칼대신 복음을 든 의병장 출신 순교자 구연영 전도사

구연영 전도사를 찾아가는 길

　구연영 전도사 가문에서는 감리교, 장로교, 성결교 목사가 배출되었
다. 얼핏 보면 이해가 잘 되지 않지만 그 속에는 슬픈 역사가 서려 있다.
원래 구연영 전도사는 경기도 출신이어서 감리교에 입교하여 전도사가
되었다. 그의 맏아들도 감리교 전도사로 사역을 하다가 아버지와 함께
일제의 총에 맞아 부자가 함께 순교의 피를 흘렸다.

　구연영 전도사가 아들과 함께 1907년 순교의 피를 흘렸다는 내용의
글을 읽고 이 가문의 자료 수집에 나섰다. 그러나 첫 걸음부터 난관에
부딪쳤다. 구연영 전도사의 후손과 사역의 흔적을 어디서부터 찾아나서

야 할지 막막했다. 마침 경기도 이천 일대를 돌며 자료를 수집하던 중 이천중앙감리교회에 들러 박영준 담임목사로부터 구연영 전도사에 관한 이야기를 들었다. 『이천중앙감리교회 100년사』 중에서 구연영 전도사와 관련된 부분을 복사했다. 교회 앞마당 주차장 한켠에 세워져 있는 구연영전도사의 순교를 기리는 기념비와 국가보훈처가 '국가지정현충시설'로 지정한 돌판은 이곳을 찾아오는 방문객들의 심금을 울리고 있다.

구연영 전도사 가문에 대한 자료를 찾기 위해 제일 먼저 연락이 닿은 사람은 구연영 전도사의 4남인 구종서 목사의 다섯째 아들 구광회 집사였다. 구 집사가 보내온 한 장의 이메일에는 구연영 전도사의 간단한 가계도가 소개되어 있었고 무엇보다 청주내덕교회에 구종서목사의 넷째 아들인 구장회 목사가 시무하고 있다는 사실이 들어 있었다.

어느 날 무작정 청주내덕교회로 구장회 목사를 찾아갔다. 마침 구장회 목사는 2011년 말에 정년퇴임 후 원로목사가 되었기에 직접 만나지는 못했다. 장거리 여행 중인 구장회 목사와는 전화로 인사를 나누는 선에서 대화를 마쳤다.

대구에 계신 어머님 댁으로 가는 길에 구미와 선산을 들러 교회 탐방을 했다. 그러다가 『선산읍교회 100년사』를 얻어 집에서 읽어가는 중에 낯익은 이름을 발견했다. 바로 구연영 전도사의 이름이었다. 구연영 전도사의 아들 구종서 목사가 바로 그 교회에서 1년간 목회를 하였다는 내용이었다. 반가웠다. 교회 역사를 읽고 또 읽었다. 눈을 의심할 수밖에 없었다. 경기도 여주 출신 구연영 전도사 아들에 대한 기록을 경북 선산에서 찾게 될 줄은 꿈에도 몰랐던 것이다. 게다가 감리교단의 구연영 전도사의 아들이 장로교 목사가 되었다는 사실은 나의 호기심을 자극하기에 충분했다.

이제 구연영 전도사 가문에 대한 이야기를 종합하기 위해 구장회 목사를 만났다. 구장회 목사는 청주에서 목회를 하고 은퇴 후 매주일 대전에 와서 예배를 드리고 있다. 그를 만나기 위해 한남대학 부근에 있는 헬몬수양관을 찾아갔다. 그곳은 대전·충남지역에 거주하는 성결교 원로목사를 위한 수양관으로써 매주일 예배를 드리는데 구장회 목사가 이곳에서 예배를 드리고 있다. 헬몬수양관 옆에는 성결교단의 은퇴 여교역자와 한국전쟁 미망인들이 기거하는 성락원이 있다. 구장회 목사는 청주내덕교회 담임 목회를 하던 11년 동안 해마다 교인들과 함께 이곳을 방문하였다.

약속 시간에 맞추어 헬몬수양관에 도착하니 만면에 웃음을 띠고 반갑게 맞아주는 구장회 목사는 가문의 이야기를 천천히 전해 주었다. 약속한 시간이 다 되어가자 구장회 목사는 자신이 목사가 된 과정을 기록한 『나는 목사가 되고 싶어요』라는 책과 자신이 집필한 책 4권을 건네주었다.

이렇게 해서 구연영 전도사와 그 후손들에 대한 파란만장한 이야기가 나의 눈과 귀를 사로잡게 되었다.

구연영 전도사의 생애

무력 투쟁하던 의병장은 왜 스스로 교회를 찾아갔나?

구연영은 일본의 조선 침략이 본격화되기 시작할 무렵 이천과 양평 지방에 의병장으로 활동하던 인물이다. 1865년 구철조의 셋째 아들로 태어난 구연영은 어릴 때부터 의협심이 강하였다. 어릴 때의 자가 춘경이어서 구춘경으로 불리기도 한 그는 일제에 의해 명성황후가 살해되고 나라가 어지럽게 되자 울분을 참지 못하고 관직을 사직하고 고향으로 내려왔다.

구연영은 1895년에 평소 알고 지내던 김하락, 김태원 등을 동지로 규합하여 이천지방에서 의병(을미의병)을 일으켜 일본군과의 전투에 나섰다. 중군장이 되어 일본군과의 전투에 나선 그는 몇 번 대승을 거두기도 했다. 그러나 의병 내부에서 변절자가 발생하여 전력이 노출되고 상대적으로 일본군보다 화력이 약해 몇 차례 패배를 당하자 그는 무력으로는 일본군을 이길 승산이 없다고 판단하고 의병활동을 중단하였다.

대한민국의 국권이 일본에 빼앗기는 것을 가만히 앉아서 지켜보아야만 한다는 사실에 비통해 하던 구연영은 1897년 2월에 자발적으로 서울 상동교회를 찾아가서 스크랜튼(William B. Scranton, 施蘭敦) 선교사를 만났다. 스크랜튼 선교사는 1885년 5월에 서울에 도착하여 정동병원을 설립하여 병원선교를 시작하였으며 1888년 상동교회를 설립한 선교사다. 이천지방에서 의병장으로 활동하던 구연영의 방문을 받은 스크랜튼 선교사는 기쁜 마음으로 복음을 전해주었다. 구연영은 그 자리에서 기독교 복음을 받아들이고 개종하였다. 그는 선교사들이 전해주는 기독교를 통해 국권회복과 민족해방을 도모하고자 하는 생각을 가지고 있었다.

기독교가 사랑과 평등을 강조하는 종교임을 깨달은 구연영은 고향으로 돌아가 가족들에게 자기가 영접한 기독교를 전해주었다. 동시에 집안 대대로 보관해 오던 노비문서를 불태워 버리고 노비들을 모두 해방시켜 주었다. 나아가 제사를 거부하는 등 전통적으로 전해 내려오던 미신을 앞장서서 타파하였다. 가문의 극렬한 반대에도 불구하고 이번에는 자기 집을 예배처소로 정하고 예배를 드리자 이런 그를 가문에서는 그냥 두지 않았다. 조선시대부터 유교경전과 전통은 그 누구도 바꿀 수 없는 것이라고 생각하던 가문에서는 외래종교인 기독교로 개종하고 자신들의 삶과 다른 방식을 택한 구연영을 용납하지 못하고 가문에서 추방해 버렸다.

의병활동 하듯 열심으로 복음을 전하는 매서인이 되다

상동교회에서 기독교 복음을 받아들인 구연영은 고향 근처에 있던 덕뜰교회에 출석하면서 신앙생활을 하다가 1899년 3월 세례를 받아 정식 기독교인이 되었다. 복음서적을 판매하는 매서인(colporteur, 賣書人)이 된 구연영은 1898년에 내한하여 이천지방에서 복음을 전하던 서원보

(Wilbur C. Swearer) 선교사를 만났다. 그는 선교사로 입국한 초기에는 주로 배재학당과 출판 분야에 활동하였으나 나중에는 수원지방에 속해 있던 이천지역으로 와서 전도에 헌신했다. 서원보 선교사는 한국선교 가운데서도 이천 선교를 위해 평생을 바친 인물로 알려져 있다. 이천 지방에서는 그를 가리켜 "이천 선교를 위해 태어났고, 이천 선교를 위해 살았으며, 이천 선교사업으로 일생을 마친 미국이 낳은 이천을 위한 선교사였다"라고 부를 정도로 이천 지역의 복음화를 위해 애를 썼다.

이천 일대에서 서원보 선교사를 도운 매서인으로는 구연영과 함께 의병활동을 했던 장춘명과 한창섭 등이 있었다. 세 사람은 성경과 각종 복음서적을 등에 지고 다니면서 책을 파는 동시에 복음을 전파하였다. 이천의 북쪽 지역을 할당받은 구연영은 처음에는 1895년 을미의병으로 함께 활동했던 그 지역 의병출신들을 중심으로 복음을 전하여 많은 열매를 얻었다.

구연영은 의병장 출신답게 복음을 전하는 일에도 적극적이었다. 의병활동을 하다가 복음전도자가 된 구연영 전도사는 칼 대신 성경을 들고 십자가의 구원을 외치며 이천, 광주, 장호원, 여주, 양평지방을 순회하면서 복음을 전하였다. 자신의 집 앞에다 세운 장대 끝에 십자가를 매달아 놓고 예배를 드리면서 의병활동과 선교활동, 애국계몽활동을 병행하였으며 밤에는 구국회원들과 기도회를 열고 항일계획을 논의하였다. 그의 전도에는 힘이 있었고 듣는 사람들의 마음을 움직이는 능력이 있었다. 그 결과 구연영은 양평교회를 비롯하여 여러 개의 교회를 설립하는 데 기여했다. 의병활동을 하다가 기독교로 개종한 교인들은 예수님의 복음도 중요하였지만 기독교를 중심으로 한 구국의 신념을 가지고 교회에 출석하기도 하였다.

총칼대신 복음을 들고 복음전도와 민중계몽에 앞장서다

매서인으로 활동하는 것을 3년간 지켜보던 선교사들은 구연영의 성실성에 감명을 받아 그를 권사로 임명하였다. 이 무렵 그의 아들 구정서도 권사로 임명을 받아 부자가 함께 경기도 이천 지역을 중심으로 20여개 교회를 돌보며 복음을 전하였다. 구연영 권사는 스스로 교회에 출석하고 나서 열정적인 복음 전도자가 되었지만 좀 더 전문적인 신학공부를 하기 위해 신학회에 등록하여 신학을 공부하였다. 신학회는 선교 초기 감리교 선교사들이 날로 증가하는 교인에 비해 턱없이 부족한 한국인 목회자를 양성하기 위해 만든 단기 신학교육제도였다. 이 신학회는 매년 2회 서울 등지에서 개최하였으며 이것이 발전하여 오늘날의 감리교신학대학교의 전신인 협성신학교가 되었다.

1905년 정식 전도사 직분을 받고 이천읍교회(이천중앙교회) 제3대 담임자로 피택을 받은 구연영 전도사는 의병장 출신답게 몸을 사리지 않고 복음을 전파하여 많은 전도의 열매를 얻었다. 그가 전하는 복음에는 힘이 있었고, 민족혼이 서려 있었다. 함께 의병활동을 하던 동지 중 차화춘, 전무호 등은 기독교인이 되어 교회에 출석하였다.

그가 매서인으로 활동하던 시기에 오천교회 등 4개의 교회를 설립하였고 판매한 성경이 600권이었다. 구연영 전도사가 순교한 다음해인

1908년의 서원보 선교사의 보고서에는 구연영 전도사의 노력의 결실이 대단하였음을 기록하고 있다. 구연영 전도사가 담당하였던 이천지구의 신자는 1,454명이 증가하였는데 이는 다른 사람들이 전도를 담당하였던 시흥지구의 162명, 수원지구의 127명, 충북지구의 403명에 비해 월등하게 많은 신자의 증가였다.

구연영 전도사가 이천지역에서 열심히 복음을 전파하던 그때 서울 상동교회의 전덕기 목사는 '엡윗청년회'(감리교 청년연합회)를 조직하여 활동을 하고 있었다. 젊은 전덕기 목사가 이끄는 상동교회 청년회에는 당시 민족운동을 하던 김구를 포함하여 이준 열사와 이동녕, 조성환 등이 함께 활동을 하고 있었다.

1892년에 17세의 나이로 입교하여 기독교인이 된 전덕기 목사는 1907년에 집사 목사 안수를 받아 상동교회 담임목사가 되었으며, 1912년에는 '105인 사건'으로 불리는 '신민회사건'에 연루되어 심한 고문을 받았다. 엡윗청년회를 통해 조국의 독립을 꿈꿨던 그는 1914년에 39세의 젊은 나이에 세상을 떠났다.

구연영 전도사는 민족의식을 깨우고 우리나라의 진정한 해방을 성취하기 위해서는 우리 민족이 복음을 받아들여야 한다고 생각했다. 그는 복음서를 파는 틈틈이 시국강연회를 개최하여 국민들의 사상을 일깨우기를 쉬지 않았다. 상동교회에서 세례를 받았던 구연영 전도사는 상동교회의 엡윗청년회에 가입하여 민족운동가들과 교류를 하면서 의병활동 대신 새로운 방법으로 민족의식을 고취할 수 있다는 것을 깨달았다.

전도자 구연영은 기독교 복음이 곧 민족운동의 기본이라는 인식을 가지고 있었다. 그에게는 변할 수 없는 신앙고백의 3대 원칙이 있었다.

"신(信)은 진실한 신념으로 상제를 신봉하고 기독의 교훈으로 죄과를 회개하고 진리의 삶으로써 완전한 인간의 기초로 삼자함이요. 망(望)은 확고한 소망을 가지고 관존민비 의타사상 직업차별 미신허례 등 악풍폐습 타파개선하며 신교육을 흡수하여 현실만에 낙심 않고 직업에 충실함이요. 애(愛)는 진정한 애의 정신으로 경천애인을 표어로 하고 하느님을 공경하며 조국을 사랑하고 동포를 사랑하며 정의로 단결하여 모르는 사람을 깨우치는 것이 조국광복의 기초라."

"구연영만 없애면 항일운동도, 의병도, 기독교도 한꺼번에 없어질 것이다"

의병활동을 하다가 복음전도자가 된 구연영 전도사는 칼 대신 성경을 들고 십자가의 구원을 외치며 이천, 광주, 장호원, 여주, 양평지방을 순회하면서 복음을 전하였다. 자신의 집 앞에다 세운 장대 끝에 십자가를 매달아 놓고 예배를 드리면서 의병활동과 선교활동, 애국계몽활동을 병행하였으며 밤에는 구국회원들과 기도회를 열고 항일계획을 논의하였다. 아들과 함께 다니며 일제의 조선침략정책을 폭로하는가 하면 교회조직을 통하여 국채보상운동을 추진하였다.

이처럼 의병장 출신 구연영이 기독교 복음 전도자요 민중계몽 운동가로 나서자 그의 모든 활동은 일본경찰들의 감시 대상이었다. 구연영 전도사의 활동에 불안을 느낀 일본군 수비대는 일진회를 앞세워 구연영이 설립한 양평교회, 고읍교회, 신점교회 등을 불태워 버렸다.

평양대부흥운동의 불길이 전국을 휩쓸던 1907년 8월 이천에서 열린 '예수교인 대회'에는 약 2천 명의 군중이 모여 구연영 전도사의 강연을 들었다. 구연영 전도사가 외치는 복음을 듣기 위해 몰려드는 사람들이 점점 늘어나자 일본군 수비대는 골머리를 앓았다. 단순한 기독교 복음만을 전하는 것이 아니라 일제의 침략을 노골적으로 반대하는 그의 활동에 신변의 불안을 느끼던 일본의 앞잡이 일진회는 구연영 전도사를 그냥 두지 않았다. 그들은 일본군 수비대에 구연영 전도사를 다음과 같이 고발하였다.

"서울 동편의 10여 군에는 구연영만 없애면 항일 운동을 하는 자도, 의병도, 기독교도 일시에 없어질 것이다."

이처럼 구연영 전도사의 영향력은 경기도 이천과 양평 일대에서 막강하였기 때문에 일진회는 구연영 전도사를 제거하기 위한 꼬투리 찾기에 혈안이 되어있었다. 친일 세력들은 일본의 침략행위와 일진회의 나쁜 점을 대중들에게 폭로하는 구연영 전도사를 제거하기로 했다. 그들은 자신들의 안일을 보장받기 위해 이포에 주둔하던 일본군 수비대에 밀고하였다. 구연영 전도사 부자의 항일활동을 일본군 수비대에 밀고한 사람은 바로 그들과 함께 항일운동을 했던 사람이었다는 사실은 가슴 아픈 일이었다.

이와는 반대로 구연영 전도사의 집회에 참석하여 설교를 들은 어느 일본 경찰은 하나님의 말씀에 감동을 받아 일본경찰이 구연영 전도사를 체포하러 오는 것을 미리 알려주기도 했다. 그러나 구연영 전도사는 그의 친절한 정보를 듣고 감사하였지만 결코 도망하지 않고 떳떳하게 잡혀갔다.

팔다리가 잘려도 변절 않고, 아버지와 아들이 한날한시에 순교하다

서울 동대문교회에서 전도사로 사역을 하던 구정서 전도사는 아버지 구연영 전도사의 시국강연회에 참석하기 위해 이천으로 내려와서 이천 읍교회(이천중앙교회) 사택에 머물렀다. 구연영 전도사가 이천 장터에서 2천명 되는 군중에게 강연 한 며칠 후 일본군 수비대는 구연영 전도사와 그의 아들 구정서 전도사를 체포했다. 구연영 전도사 부자를 잡기

구정서 전도사

위해 일본군 수비대가 출동한 사실을 미리 안 구국회 동지들이 몸을 피할 것을 권하였으나 구연영 전도사는 "내가 당연히 해야 할 일을 한 것뿐인데 왜 몸을 피하느냐?"고 거절하였다.

구연영 전도사 부자를 끌고 간 일본군 수비대는 이들을 이천 장터의 홰나무에 묶어두고 가혹한 고문을 가했다. 많은 사람들이 보는 앞에서 모욕을 주고 매질을 해댔다. 일본을 배척하는 사람의 이름을 대라며 고문을 했지만 거부하자 일본군 수비대는 일본도를 높이 들어 양팔과 양다리를 잘랐다. 그래도 뜻을 굽히지 않자 그 자리에서 총살하였다. 이처럼 일본은 한일합방 전에도 한반도를 유린했다. 한일합방을 반대하거나

이천중앙교회 앞마당에
세워진 순국추모비

자기들의 정책에 반기를 드는 사람들을 불법적으로 구금하고 심지어는
총살하는 만행을 일삼았다.

1907년 8월 24일 구연영 전도사는 44세, 그의 아들 구정서 전도사는
25세의 나이로 거룩한 순교의 피를 흘렸다. 이로써 구연영 전도사는 한
국 감리교단에서 한국인 교역자로서는 첫 순교자가 되었다. 이날 구연
영 전도사 부자를 총살한 일본군 수비대는 그날 오후에 이포 나루를 건
너다가 매복해 있던 의병대의 습격을 받아 전멸하다시피 했다고 전해지
고 있다.

정부는 1963년에 구연영 전도사에게 대한민국 '건국공로훈장 단장'
을 추서하였다. 아들 구정서 전도사에게는 1968년 대통령 표창을 추서

하였고, 1991년에는 건국훈장 애국장을 추서하여 그들의 애국심과 민족 사랑을 치하했다.

이천중앙교회 앞마당에는 김동옥 담임목사의 주도로 이들 부자를 기리는 순교비를 1978년 8월에 세웠다. 순교기념비 옆에는 이천중앙교회 남선교회 연합회가 2007년에 구연영 전도사 순국 100주년을 기념하여 안내판을 세웠다. 국가보훈처에서는 2010년 11월에 '구연영의사 순국 추모비'를 '국가지정현충시설'로 지정하여 이들의 피 흘림이 기독교계 뿐만 아니라 국가적으로도 큰 의미가 있음을 널리 알리고 있다.

그 아버지에 그 아들, 순교자 구정서 전도사

구정서 전도사는 구연영 전도사와 변미례 사모의 네 아들 중 맏이로 1883년 3월 서울에서 태어났다. 어려서부터 영특했던 그는 한학에 능통하였고 신학문을 열심히 배웠다. 아버지가 기독교 복음을 받아들이자 맏아들인 구정서도 교회에 출석하여 열심히 신앙생활을 하다가 19세에 김제안 등과 함께 권사 직책을 받아 복음 전도에 나섰다. 서울 동대문교회에서 전도사로 사역을 하면서 보안회 및 자강회 회원으로도 활동했다.

상동교회에서는 아버지와 함께 전덕기 목사가 조직한 '엡윗청년회'에 속해서 활약하였고, 아버지가 조직한 '기독교구국회' 청년부에서도 일했다. '기독교구국회'는 구연영 전도사가 애국계몽운동을 실천하기 위해 조직한 것으로 기독교 신앙을 바탕으로 믿음·소망·사랑을 실천하는 것이 목적이었다. 1905년에 을사조약이 체결되자 3일간 철시를 단행하는 데 앞장서서 활동하였고, 의병군에 소속되어 여주와 원주에서 일본군과 전투를 벌이기도 하였다.

구연영 전도사의 아들 넷 중 셋이 목회자가 되다

구연영 전도사의 둘째 아들 구성서는 아버지와 맏형 구종서 전도사가
일제의 총탄에 맞아 순교 당하던 1907년에는 13살 소년이었다. 그는 서
울 공옥학교와 배재학당에서 공부하면서 항일정신을 몸에 익혔다. 평양
의학강습소(평양의전)에서 의학을 공부하다가 독립운동에 뜻을 두고
만주로 가서 독립투사들과 교제를 하면서 활동했다. 민족 독립을 추구
하던 그는 만주에서 군자금 모금에 협력하였고 1919년 3·1만세운동이
일어났을 때는 독립선언문을 배포하다가 체포되어 모진 고문을 받기도
했다.

1925년에 협성신학교(현 감리교신학대학)를 졸업하여 '장로 목사'
안수를 받은 구성서 목사는 아버지와 형의 뒤를 이어 본격적인 복음전
도자로 나섰다. 구성서 목사는 여주군 북내면의 당우리교회를 시작으로
이천읍교회, 여주교회 등에서 사역을 하였다. 건강상의 이유로 잠시 휴
직 한 적이 있지만 아버지로부터 이어받은 항일정신과 복음에 대한 열
정을 통해 목회자로서의 사명을 충실히 감당하였다.

1930년대에는 조선주일학교연합회에 파송을 받아 일했다. 그곳에서
주일공과를 비롯한 주일학교 교육자료를 개발하고 기독교 지도자 양성
을 위한 강연에 주력하였다. 홀드크로프트(James Gordon Holdcroft) 선
교사와 함께 한반도를 포함하여 만주까지 돌아다니며 순회전도를 하였
다. 이 과정에서 일본경찰에 수십 차례 구금되기도 했지만 일제의 강압

에 굴하지 않고 복음전파와 조국독립을 위해 고군분투했다. 특히 정춘수 감독이 '혁신5조항'을 발표하고 한국교회를 일본교회에 병합시키려는 계획에 류형기, 송흥국, 정일형, 전효배 목사 등과 함께 반대운동을 펼치기도 했다.

1942년 10월 총회에서는 감리교단의 체제를 바꾸기 위해 시도했으나 계획이 사전에 알려지는 바람에 실패했다. 오랫동안 취조를 받은 끝에 결국에는 재판에 회부되어 징역 8개월을 선고받고 서대문 감옥에서 옥고를 치렀다.

해방 후에는 경기도 이천, 여주, 수원지방 등지에서 감리사로 사역을 하였으며, 서울의 마포, 서강, 동자동, 장사동 등지에서 목회를 하였다.

구성서 목사는 여주중앙교회에서 두 차례에 걸쳐 담임 목사로 사역을 하였다. 이 교회는 아버지 구연영 전도사와 함께 의병운동을 펼쳤고 기독교인이 된 후에는 매서인으로 활동했던 장춘명 목사가 1902년에 설립한 교회다. 구성서 목사는 두 번째로 여주중앙교회에서 사역을 할 때 여주에 여광고아원을 설립하여 전쟁고아를 돌보기도 하였다. 한편으로는 '생각나는 어른들'이라는 주제로 감리교단의 훌륭한 선배 목사들의 발자취를 『감리교생활』과 『기독교세계』에 기고하는 등 활발한 집필활동을 통해 기독교 사상을 전파하는 데 노력하였다.

구성서 목사는 복음전파와 항일운동에 앞장섰다가 일제의 총탄을 맞고 순교한 아버지와 형님의 뒤를 이어 목회자의 길을 걸으며 항일운동의 맥을 이었다. 그는 순국선열유족회장, 신간회지도위원, 광복회 이사,

독립운동사 편찬위원을 역임하는 등 항일운동과 관련된 단체에서 중요한 역할을 맡아 수고하였다.

구종서 목사

차남 구성서에 이어 4남 구종서도 목회자의 길로…

구연영 전도사의 4명의 아들 중 막내인 구종서 목사는 아버지와 2명의 형의 뒤를 이어 목회자가 되었다. 아버지와 맏형이 순교하던 당시에 겨우 다섯 살 철부지였던 구종서는 협성신학교를 졸업하고 목사가 되었다. 구종서 목사도 철저한 항일 정신의 소유자였다. 그는 자녀들에게 애국심을 길러주고 올바른 신앙관을 심어주기 위해 노력했다. 평소 자녀들에게 태극기를 올바로 그리도록 가르쳐 주었으며 자비를 들여 교인들과 지역 주민들에게 태극기 깃봉을 보급하기도 하였다. 가족이 윷놀이를 할 때도 성경적인 윷말을 만들어서 즐기는 등 자녀들의 올바른 신앙관 확립과 민족정신 고취에 노력하였다.

그러나 구종서 목사는 충주제일감리교회에서 목회를 하던 중 정춘수 감독이 이끄는 소위 '기독교조선감리교단' 으로부터 목사직을 박탈당했다. 그것은 교단 지도자들이 앞장서서 교회를 폐쇄하고 예배당을 팔아 국방헌금으로 내면서 교회의 종을 일제의 전쟁물자로 바치라는 교단의 정책에 반대하고 나섰기 때문이었다.

해방이 되고나서도 감리교단의 목사로 복직하지 못한 그는 장로교회에서 목사 안수를 받아 사찰을 구입해서 효성장로교회를 개척하였다. 교회가 겨우 자리를 잡아가던 1950년 6·25 한국전쟁이 일어나자 교인들은 서둘러 남쪽으로 피난을 떠났다. 그러나 교회를 지키겠다고 마음먹고 잠시 머뭇거리는 사이 인민군이 충주까지 진격하는 바람에 피난을 가지 못하게 되었다. 교회를 장악한 인민군은 교회를 지키던 구종서 목사를 붙잡아가서 갖은 폭력을 행사했다. 그러나 다행스럽게도 하나님께서는 공산군 중 '송' 씨 성을 가진 사람을 통해 구종서 목사에게 약을 공급해 주셨고, 때로는 먹을 양식도 공급해 주셨다. 심지어는 내무서에서 구종서 목사를 잡으러 오는 날이 되면 미리 찾아와 정보를 전해주었다. "목사님, 며칠 동안만 다른 곳에 가서 계시다가 오시지요."

인천상륙작전이 성공하여 인민군이 북쪽으로 후퇴하면서 국군이 충주를 회복하자 구종서 목사는 치안대의 책임을 맡아 일하기도 했다. 그러나 중공군이 참전하면서 1·4후퇴가 시작되자 이번에는 온 가족이 피난길에 올랐다. 구종서 목사 가족은 목사들을 수용한다는 소문이 난 거제도를 향해 가다가 경상북도 선산에 머무르게 되었다. 마침 담임 목사를 물색하던 선산장로교회(선산읍교회)의 청빙을 받아 사역을 하였다.

선산읍교회는 1904년 부해리(Henry Munro Bruen) 선교사가 세운 교회다. 부해리 선교사는 1899년에 미국북장로교 선교사로 입국해서 대구 선교부 소속으로 선교사역에 몸을 바친 선교사다. 구미와 선산 등 경상북도 서북부지역을 돌아다니며 복음을 전한 그는 1901년부터 1923년 사이에 무려 57개의 교회를 설립함으로써 경상북도의 복음화에 크게 기여한 인물이다.

6·25 한국전쟁 중에 선산읍교회에 시무하던 구종서 목사는 경상북도를 비롯해서 충청도, 경기도, 강원도 등 전국에서 부흥강사로 초빙을 받기도 하였다. 그의 설교는 감동적이며 생명력이 있어서 많은 성도들의 사랑을 받았다. 그는 말씀선포와 생생한 신앙간증 등을 통하여 많은 성도들에게 감동을 주었다. 그러나 구종서 목사는 선산읍교회에서 목회를 하던 1952년에 위암을 극복하지 못하고 소천하였다. 구종서 목사가 선산읍교회에서 시무한 기간은 1년 남짓으로 짧았지만 청년 학생 교인들의 수가 크게 증가되어 학생회의 활동이 활발하였으며, 그 때 학생회에서 활동하던 학생들 중에는 성장하여 국회의원 또는 장관직을 지낸 사람도 있다.

구종서 목사는 원용한 목사의 맏딸 원소희와 결혼하였다. 원용한 목사는 경기도 안성군 일죽면 죽산리의 사대부 가문에서 태어나서 어린 시절에는 유학과 불경을 두루 섭렵하였다. 원용한 목사가 기독교인이 된 것은 감리교 선교사 버딕(George M. Burdick)이 경기도 광주에 설립한 여학교에 교사로 부임한 것이 계기가 되었다. 여주지역 최초의 기독교 신자인 여주교회(여주중앙교회) 장춘명 목사로부터 세례를 받은 그는 40이 넘은 나이에 협성신학교에 입학하여 1925년 3월에 구연영 전도사의 둘째 아들인 구성서와 같이 졸업(11회)하였고 목사 안수를 받은 후에는 장춘명 목사의 뒤를 이어 여주교회를 담임하기도 했다. 1904년 이후 구연영 전도사와 함께 구국회를 조직하여 배일사상을 전파하기도 했던 그는 신사참배 등을 피해 1943년 목회일선에서 은퇴하였다가 해방 후에 제헌국회의원에 피선되기도 했다.

원용한 목사의 세 자매는 모두 이화여전(현 이화여자대학교)을 졸업한 수재들이었다. 맏딸 원소희는 구연영 전도사의 막내아들 구종서 목사와 결혼하여 5남 1녀를 낳았다. 목사의 가정에서 곱게 자라 공부만 하던 원소희 사모는 순한 양과 같은 인물이었다. 그러나 6·25한국전쟁 중에 남편이 세상을 떠나고 교회로부터 더 이상 도움을 받을 수 없게 된 식구들을 위해 떡 행상을 하면서도 자녀들을 모두 훌륭한 신앙인으로 키웠다. 힘들고 어려울 때도 늘 미소를 잃지 않고 "내 주의 지신 십자가 우리는 안질까. 뉘게나 있는 십자가 내게도 있도다…"를 즐겨 부르며 어려움을 이겨냈다. 젊은 나이에 소천한 남편을 대신하여 자녀들에게 시편 23편의 말씀을 자주 들려주며 하나님에 대한 사랑과 믿음을 잃지 않도록 교육하였다.

"여호와는 나의 목자시니 내게 부족함이 없으리로다. 그가 나를 푸른 풀밭에 누이시며 쉴만한 물가로 인도하시는도다. 내 영혼을 소생시키시고 자기 이름을 위하여 의의 길로 인도하시는도다. 내가 사망의 음침한 골짜기로 다닐지라도 해를 두려워하지 않을 것은 주께서 나와 함께 하심이라. 주의 지팡이와 막대기가 나를 안위하시나이다. 주께서 내 원수의 목전에서 내게 상을 차려 주시고 기름을 내 머리에 부으셨으니 내 잔이 넘치나이다. 내 평생에 선하심과 인자하심이 반드시 나를 따르리니 내가 여호와의 집에 영원히 살리로다"(시편 23:1-6).

할아버지의 순교신앙을 물려받은 손자, 구장회 목사

구연영 전도사 가문에서 3대째 목회자가 된 구장회 목사는 성결교 목사다. 구종서 목사의 넷째 아들 구장회 목사는 어릴 때부터 목회자가 되겠다는 꿈을 키웠다. 어느 날 구종서 목사는 다섯 아들을 불러놓고 장래 꿈을 물었다. 형들은 나름대로 자신들의 꿈을 이야기 했다. 마지막 순번은 막내 구장회였다.

"장회야, 너는 커서 무엇이 되고 싶으냐?"

"예, 아버지 저는 커서 아버지처럼 목사가 되겠습니다"

순교자의 아들로 힘들게 목회를 하던 구종서 목사의 마음을 만족시킨 답변은 바로 막내 구장회였다. 그날 이후 막내아들에 대한 아버지의 대우는 각별했다. 어린 구장회가 아버지의 모든 설교를 빠짐없이 들을 뿐만 아니라 시간이 날 때마다 아버지의 설교를 재현하는 모습을 식구들은 칭찬해 주었다.

그러나 구장회는 목회자가 되기까지 많은 시련을 겪어야 했다. 첫 번째 시련은 바로 아버지가 소천하고 나서 경제적인 어려움 때문에 가족과 헤어져야 했던 일이다. 당시 선산읍교회에는 구종서 목사 가족처럼 전쟁을 피해 남쪽으로 피난 와서 살던 사람들이 많았는데 그 중에는 원주에서 고아원을 운영하던 원홍묵 장로가 있었다. 위암수술을 받고 병원에 누워있던 구종서 목사는 병문안을 온 원홍묵 장로에게 목사가 되는 꿈을 가진 막내아들 구장회의 장래를 부탁했다.

전쟁이 끝나고 고향으로 돌아갈 차비를 차리던 원홍묵 장로는 구종서 목사의 부탁에 따라 당시 11세이던 초등학교 5학년 구장회를 고아원으로 데리고 가고자 했다. 가족들의 반대가 심했다. 구장회도 아버지의 유언이기는 했지만 가족과 헤어져서 고아원에서 살아야 한다는 것에 일말의 두려움도 있었다. 그러나 어린 구장회는 자신이 서원했던 목회자가 되기 위해서는 사랑하는 가족과 떨어지는 것을 감당하기로 하고 원 장로를 따라 나섰다. 그는 원주 성애원에서 300여 명의 고아들과 함께 8년간 지내며 고등학교를 마치고 목사가 되겠다던 꿈을 이루기 위해 자신을 키워준 원홍묵 장로가 속한 성결교단이 운영하는 서울신학대학에 진학했다. 경제적인 문제로 힘들고 어려운 대학생활이었지만 그에게는 8년 만에 온 가족이 다시 만난 기쁨도 있었다.

어렵사리 신학교를 졸업하고 군에 입대한 그에게 두 번째 고난이 닥쳤다. 영양부족으로 인해 허약해진 그는 대구 제일국군병원에서 결핵성 신장염 진단을 받았다. 의사는 그에게 앞으로 7일 정도 더 살 수 있을 것이라는 충격적인 사실을 전해 주었다. 그는 겸손한 마음으로 하나님 앞에 기도했다. 비록 자신이 꿈꾸어 왔던 목사가 되지는 못했지만 남은 인생을 하나님을 위해 살기로 서원했다. 병든 몸을 이끌고 이웃 병실을 돌아다니며 외롭게 투병생활을 하는 환우들에게 복음을 전하며 병 낫기를 위해 기도를 해주었다. 그러나 군의관이 진단했던 7일이 지나고 한 달이 지나도 구장회 목사는 죽지 않았다. 오히려 그는 기적적으로 자신의 병이 낫는 은혜를 입었다. 하나님께서는 모든 것을 내려놓고 남을 위해 기도하고 봉사하는 구장회 목사의 병을 고쳐 주셨던 것이다.

하나님의 은혜로 죽음의 문턱에서 다시 살아난 구장회 목사는 전적으로 하나님을 의지하고 하나님을 위해 살았다. 제대 후 미아리고개 근처의 작은 교회에서 청소년부 담당 부목사로 사역을 하던 구장회 목사는 학생부를 '학생교회'라 이름을 바꾸고 본격적인 청소년 목회를 하여 많은 열매를 맺었다. 그가 섬기던 7년간 학생교회에서 신앙생활을 한 사람 중에는 현재 수십 명이 목회자가 되어 복음을 전하고 있다. 그가 시도한 학생교회는 청소년 신앙교육의 새로운 일면을 보여주는 좋은 사례가 되고 있다.

순교자의 기도, 후손들을 통해 4대째 목회자를 배출하다

조선시대의 양반 가문 출신인 구연영 전도사는 나라의 멸망을 그냥 바라보고만 있지 않았다. 구연영 전도사는 경기도 이천 지방에서 의병을 일으켜 일제의 침략에 항거하였으며, 기독교 복음을 영접한 이후에는 복음전파와 조국독립을 위해 목숨을 바쳤다. 그는 복음을 통한 민족구원과 광복을 열망하면서 일제의 총칼 앞에서도 담대하게 복음을 전하며 일제의 강제침략을 규탄하였다. 이런 구연영 전도사의 정신은 가문의 복음화와 더불어 대한민국의 복음화에 밑거름이 되었다.

구연영 전도사는 일제의 침략에 항거하다 맏아들과 함께 순교자의 반열에 올랐고 둘째 아들 구성서 목사는 감리교 목사, 넷째 아들 구종서 목사는 장로교 목사로 사역을 하였다. 구종서 목사의 넷째 아들 구장회 목사와 손자 구자민 목사는 성결교 목사가 되었다. 구장회 목사의 맏아들인 구자민 목사는 미국 풀러신학교에서 목회학 박사 학위를 받아 LA 동양선교교회에서 부목사로 사역하고 있다. 이처럼 감리교 전도사의 후손 중에 장로교와 성결교 목사가 배출된 것은 시대적인 아픔인 동시에 구연영 전도사의 후손들이 힘들고 어려운 신앙생활을 했다는 반증이기도 하다.

구연영 전도사의 손자 구장회 원로목사는 순교자의 후손으로서 자신의 심정을 다음과 같이 요약하였다.

"저는 아버지의 기도의 열매를 따 먹고 살았던 것 같습니다. 저는 지금까지 목사의 자녀라는 긍지를 가지고 살았습니다. 물론 순교자의 후손임을 감사하면서 살았습니다. 그러나 한편으로는 늘 조심스럽게 살았습니다. 지금은 우리 가문에서 5대째 목회자가 배출되도록 손자들을 위해 기도하고 있습니다."

어린 시절 할아버지 구연영 전도사의 순교사를 읽고 깊은 감명을 받으며 자랐고 지금은 청주내덕교회의 원로 목사로 살면서 대전과 청주를 오가며 복음 증거에 열심인 구장회 목사의 신앙고백이다.

양반가문 출신이요 의병장으로 일제와 맞섰던 구연영 전도사는 복음을 위해 맏아들과 함께 순교를 당하였다. 106년 전 이천 시장의 한 나무 밑에서 부자(父子)가 흘린 거룩한 순교의 피는 이 가문에서 4대에 걸쳐 목회자를 배출하는 밑거름이 되었고 아름다운 믿음의 유산이 이 가문에 끊이지 않고 흐르게 했다.

3 "이렇게 똑똑한 사람들에게 대대로 마당청소만 시켰구나"

- 노비를 해방하고 복음전도자가 된 독립투사 이상동 장로

이상동 장로 이야기

복음에는 사람과 역사, 그리고 사회를 변화시키는 능력이 있다. 가장 대표적인 예가 바로 이상동 장로다. 그는 안동에 500년 이상 뿌리내린 양반 가문이며 일제 강점기에는 9명이나 되는 독립투사를 배출한 명문가문의 후손이다. 그런 그가 복음을 받아들인 것은 아들 이운형이 전해준 마가복음서를 읽은 후였다. 나라를 잃은 충격에 온 가문이 독립운동에 나서던 시절, 이상동에게 전해진 복음은 나라를 살리고 민족을 구할 길을 그에게 보여주었다. 그는 즉시 복음을 받아들이고 기독교로 개종했다.

모든 인간은 하나님 앞에서 평등하다는 말씀은 구한말 기독교 복음을 받아들인 양반들의 사고방식을 근본적으로 바꾸어 놓았다. 이상동 장로도 바뀌었다. 그는 예수를 믿고 난 후, 양반이 누릴 수 있는 기득권을 포기했고, 가문에서의 지위도 내려놓아야 했다. 복음은 그의 삶을 180도 바꾸어 놓았다. 사랑방에서 글을 읽으며 소일하던 이상동은 양반의 체면을 다 벗어버리고 복음전도자가 되어 거리로 나섰다. 안동 인근의 험한 산길을 두루 걸어다니며 아들과 함께 복음을 전하기도 했고 나무껍질을 먹어가며 산골 오지에 교회를 짓기도 했다.

자신과 식구들이 기독교로 개종하고 난 후 가장 먼저 한 일은 자기 집에서 부리던 노비들을 해방시키는 일이었다. 주인이 가르쳐주는 복음을 받아들이고 은혜를 누리는 노비들을 보자 이상동은 "내가 이렇게 똑똑한 사람들에게 대대로 마당청소만 시켰구나" 하고 회개한 후 모든 노비들을 해방시켜 주었다. 그러나 이 일은 가문의 극심한 반대를 불러왔다. "서양 귀신이 머리에 들어와 미쳤다"는 비난을 들어야 했고, 가문의 핍박으로 인해 한 끼의 식사를 걱정해야 하는 배고픔도 맛보아야 했다. 선비의 고장 안동에서 높은 집 양반 자제가 기독교인으로 개종한 사실은 당시 잡지에 실릴 정도로 커다란 화제였다.

이상동 장로

그러던 1919년, 서울에서 3·1만세운동이 일어나자 이상동 장로도 안동교회를 중심으로 추진되던 만세운동 준비에 동참하였다. 그러다가 만세운동이 일제에 의해 사전에 발각되자 이상동 장로는 혼자서라도 만세를 부르겠다고 나섰다. 그는 안동장날, 자전거를 타고 혼자 돌아다니며 대한독립만세를 불렀고, 마침내 안동지역 교인들을 중심으로 안동 곳곳으로 만세운동이 퍼져가게 되는 불씨 역할을 했다. 이 일로 그는 서대문 형무소에 투옥되었지만, 감옥생활은 오히려 투옥된 독립투사들과 양반 자제들에게 복음을 전파하는 하나님의 역사로 나타났다. 가장 대표적인 예가 훗날 안동지역 복음화에 앞장선 이원영 목사의 개종이다.

이상동 장로의 복음에 대한 열정은 가장 보수적인 안동지방의 양반사회를 복음화시켰고, 그의 가문에는 110여 년의 세월을 거치면서 4명의 목사와 10여 명의 장로, 20여 명의 권사를 배출하는 위대한 믿음의 유산을 남겨놓았다. 이 모든 것은 한 사람이 복음 안에서 변화되어 나타난 복음의 능력이었다.

"이렇게 똑똑한 사람들에게 대대로 마당청소만 시켰구나"

— 노비를 해방하고 복음전도자가 된 독립투사 이상동 장로

이상동 장로를 찾아서

어느 날 책을 읽다가 상해 임시정부 초대 국무령을 지냈던 이상룡 선생 집안 이야기 중에, 안동의 본가인 임청각을 지키는 한 후손이 "우리 집안에서는 우연인지 몰라도 기독교를 바탕으로 독립운동을 한 후손이 복을 많이 받았다"는 취지로 말한 것을 접하게 되었다. 그 사람이 바로 이상동 장로이며 안동지역 3·1만세운동 주동자 중 한 사람으로 서대문형무소에서 복역했던 인물이었다.

이상동 장로와 관련된 자료를 수집하는 일은 후손을 찾는 과정에서 벽에 부딪혔다. 후손을 찾기가 쉽지 않았다. 특히 이운형 목사의 자녀들은 대부분 미국에서 거주하고 있어서 우여곡절 끝에 이상동 장로의 둘

째 아들 이운형 목사의 둘째 딸 이인숙 교수(장로)와 연락이 닿았고 그후 이메일로 자료를 구할 수 있었다. 미국 프린스턴신학대학 교수인 이인숙 장로는 동생 이덕화 목사와 함께 아버지 이운형 목사의 목회 일기와 한시(漢詩), 설교 등을 묶어 아버지의 호를 따라 『백광일기』로 세상에 출간하였다.

이상동 장로의 신앙생활을 추적하는 가운데 뇌리를 떠나지 않은 궁금증이 몇 가지 있었다.

첫 번째는 이상동 장로의 아들 이운형이 마가복음을 구입한 장소였다. 이운형이 마가복음을 구입한 곳은 서점이었을까? 그 당시(1906년경) 안동은 지방의 소읍에 불과했고 특히 유교적 색채가 강한 양반이 많이 살던 지역에서 성경을 비롯한 기독교 서적을 판매하는 서점이 존재했을까 하는 의문이 있다. 1906년 경에 성경을 구입할 수 있는 가장 좋은 방법은 바로 매서인을 통해서였을 가능성이 크다. 그들은 5일장을 돌며 신앙서적을 판매하였으며 이 마을 저 마을을 돌아다니며 복음을 전하였던 복음전파의 선구자였다. 게다가 그때만 해도 안동지역에 기독교인이 몇 백 명에 불과했으며 그들을 상대로 기독교 서적을 판매하는 서점이 존재하였다는 것은 무리였을 것으로 보이기 때문이다.

두 번째 궁금증은 '이상동 장로가 복음을 영접하고 나서 포산교회를 세우기 위해 고향을 떠나기까지 3년간 어떻게 신앙생활을 했는가?'였다. 후손들의 증언에 따르면 이상동 장로는 아들과 함께 안동을 비롯하여 하회마을, 영양, 영덕 등지를 돌아다니며 복음을 전하였고, 10여 개의 교회를 설립하였다고 한다. 이것은 그들이 정규적으로 교회에 출석하여 예배를 드리며 복음을 듣지 않고서는 불가능한 일로 보인다. 그러나 아쉽게도 그에 대한 기록을 찾지 못했다.

한 가지 추정해 볼 수 있는 것이 있다. 그것은 바로 1906년을 전후해서 이상동 장로가 살던 임청각에서 20킬로미터 안쪽에 3개의 교회가 설립되어 있었기에 이상동 장로는 그 중에서 한 곳을 택해 주일예배에 참석했을 가능성이다.

세 번째 궁금증은 이상동 장로가 기독교 복음을 영접하고 나서 3년 후인 1909년에 포산교회를 설립한 배경이다. 포산리는 이상동 장로가 살던 임청각에서 멀리 떨어진 깊은 산속마을이며 행정구역상으로도 안동군이 아니라 영양군에 속한 지역이다. 포산리는 안동(57km)보다는 영덕읍(33km)에 훨씬 더 가깝다.

이것은 집안의 극심한 반대를 피해서 고향에서 멀리 떨어진 곳에 교회를 세웠을 것이라는 추측이 가능하게 한다. 지금도 포산리는 외부 사람들이 잘 찾아가지 않는 산꼭대기 마을이며 심지어 포산1리는 휴대폰마저도 동작을 거부하는 깊은 산골이다.

이상동 장로의 흔적을 찾아 포산교회를 찾아나서다

세 번째 궁금증인 '양반집 자손으로 태어나 한학을 공부하며 살았던 이상동 장로가 어찌하여 포산리까지 가서 산속에 기거하며 교회를 지었을까'에 대한 답을 구하기 위해 포산리를 찾아가기로 했다.

그러나 포산교회의 흔적을 찾는 것도 쉽지 않았다. 모두 세 번에 걸친 시도 끝에 포산교회가 처음으로 세워졌던 터를 찾아갈 수 있었다. 처음에는 화매리까지 갔다가 시간이 부족하여 돌아섰다. 두 번째는 포산2리까지 갔다가 돌아왔다. 세 번째는 포산교회 출신 박호권 장로의 도움으로 첫 번째 포산교회가 세워졌던 장소를 찾을 수 있었다.

안동 임청각에서 포산교회가 세워졌던 포산1리까지는 오늘날의 도로를 이용하는 경우 약 60킬로미터 거리다. 임청각에서 직접 가기 위해서는 안동댐 하류의 법흥교를 건너 안동독립운동기념관 방향으로 차를 몰아 임하호 상류로 올라가야 한다. 대중교통을 이용하려면 안동에서 석보면을 거쳐 산 아래 화매까지 갈 수 있다. 그 후에는 4킬로미터를 걸어서 가야 한다. 그것도 3킬로미터 정도는 겨우 자동차 한 대가 다닐 수 있는 좁은 산길을 가야 한다.

포산교회 가는길

첫 번째 산꼭대기에 도착하면 포산교회 터가 나온다. 처음으로 세웠던 교회는 이곳에서 임도를 따라 1킬로미터 이상 더 떨어진 곳이었다. 교인이 늘어나자 산꼭대기에 있던 교회를 이곳으로 옮긴 것이다. 이상동 장로가 포산리에 와서 세웠던 교회 터에서는 현대문명의 이기인 휴대폰 통화가 불가능하다. 교회가 세워졌던 곳에서 조금 떨어진 깃대봉은 옛날 봉화대가 설치되었던 곳으로 그곳에서는 강구항이 보이고 항구를 드나드는 뱃고동 소리를 들을 수 있다.

이처럼 포산리는 세상과 거의 단절된 분지형태의 주거지였다. 다행스러운 것은 교회가 세워졌던 포산1리에는 지하수가 풍족하여 주민들은 가물 때에도 별 어려움 없이 논농사를 지을 수 있었다. 지금도 계곡의 작은 웅덩이 주변에는 커다란 버드나무가 여러 그루 서 있고 웅덩이에는 맑은 물이 가득 고여 있다.

행정구역상으로는 영양군 석보면에 속해 있는 포산리 사람들의 생활은 3개 군과 연결되어 있다. 일상생활은 동해안 쪽의 영덕군 지품면의

포산교회 터

원전리로 가서 해결했다. 옛날에는 좁고 험한 산길을 이용하여 외부 사람들과 소통할 수 있었다. 아이들은 행정구역상 영덕군이 아닌 영양군 화매리에 있는 초등학교를 다녔고, 중학교는 진보면까지 가야 했다.

이상동 장로가 설립한 포산교회의 초기 역사는 구하기가 어려웠다. 포산교회에 대한 이야기는 이상동 장로의 아들 이운형 목사가 남긴 목회 일기와 용상교회의 박호권 원로 장로의 증언에 바탕을 두고 기록하였다.

박호권 장로의 가정은 할머니를 시작으로 포산교회 설립초기부터 5대째 신앙의 대를 이어오는 믿음의 가문이다. 그는 이원영 목사가 교장으로 재직하던 경안성경고등학교 제12회로 졸업하였다. 포산교회에서 결혼식을 올렸던 박 장로는 60년대 후반에 직장을 따라 고향을 떠나 지금은 안동에 있는 용상교회에 출석하고 있다.

그에 따르면 1960년대 후반까지 포산리에서는 57가구 중에서 80여 명이 포산교회에 출석하였다. 주일에는 산 아래 화매리에 사는 교인들이 4킬로미터 산길을 올라와서 예배를 드렸다. 포산2리와 3리에 사는 교인들은 2~3킬로미터 산길을 걸어 산꼭대기에 있던 포산교회 새벽예배에 참석하였다. 아쉽게도 교인들이 마을을 떠나면서 포산교회는 10여 년 전에 폐쇄되었다. 포산리에 남아 있는 소수의 교인들은 산 아래 마을에 세워진 화매목양교회에 출석하고 있다.

복음을 위해 기득권을 버린 이상동 장로

이상동 장로는 기독교에 대한 이해가 부족하고 심지어는 기독교에 적대적이었던 1900년대 초기에 자신이 가졌던 모든 것을 내려놓고 자비량으로 복음을 전했다. 그는 스스로 고난의 길을 택하였다. 자신의 집에 데리고 있던 노비에게 복음을 전하고 그들을 해방시켜 주었던 양반 이상동이 봇짐을 지고 이 고을 저 마을을 돌아다니며 갖은 박해와 비아냥거림을 참아가며 복음을 전했다는 사실 자체만으로도 대단한 일이었다.

안동교회가 설립된 1909년과 비슷한 시기에 세워진 포산교회 설립에 대해 경안노회는 다음과 같이 기록하고 있다.

"석보면 포산교회는 안석종이 영덕시장에 가서 전도를 받고 처남인 조병우와 함께 이상동 조사로 더불어 1909년경에 설립하였다. 이 포산교회에서 영덕 황장동의 홀무골교회, 원전교회 등이 분립되었다."

포산리에 도착한 이상동 장로 부자는 예수님의 지상명령인 땅끝까지 복음을 증거하기 위해 그때까지 자신들이 가지고 있던 모든 것을 내려놓았다. 집안에서 하인을 두고 일을 시키기만 했던 양반이 하나님을 알지 못하는 산골 마을에 와서 교회를 세우기 시작했다. 낮에는 산에서 나무를 베어다가 교회를 세우고 저녁에는 고단한 몸을 이끌고 마을 사람들의 사랑방을 찾아다니며 복음을 전했다. 예수를 영접한 후 자신이 부리던 노비들을 해방시켜주었던 것이 결코 일시적인 감정의 결과가 아니었다. 이는 이상동 장로와 그의 아들이 포산리에 와서 움막에 거주하며 나무껍질과 풀뿌리를 먹으며 복음을 전하고 교회를 세우는 것에서 확실하게 증명되었다.

포산교회를 시작으로 원전교회, 광덕교회 등 영양군 일대의 여러 교회를 돌보면서 복음을 전했던 이상동 장로는 선교사의 조사로, 교회 장로 직분을 가지고 교회를 세우며 하나님의 말씀을 전하는 데 심혈을 기울였다. 양반 출신의 40대 남자가 외국 선교사의 조사(助事, helper)가 되어 복음을 전한다는 사실은 쉬운 일이 아니다. 선교사를 돕는 조사란 직책 자체가 선교사를 뒷바라지하는 궂은일을 하는 것인데, 그것을 자청한 것은 결코 쉬운 일이 아니다. 그것은 구원에 대한 확신이 있어야 가능했던 것이다.

이상동 장로 부자가 산속에서 초근목피로 끼니를 해결하며 세운 것은 작은 초가집 예배당이었다. 1909년에 설립된 이 교회는 깊고 높은 산마루에서 외롭게 살아가던 포산리 주민들에게 복음을 전해 주었다. 그는 포산1리에 거주하면서 포산교회와 산 아래에 있는 원전교회를 10년 가까이 섬겼다.

이상동 장로의 생애

상해임시정부 초대 국무령 이상룡 선생과 고성 이씨 가문

이상동 장로의 집안은 양반의 고장 안동지역에서 500여 년 동안 유교에 바탕을 두고 양반으로 살아온 가문이다. 그들은 안동에서 22대에 걸

처 살면서 대를 이어 필첩과 문집을 발간할 정도로 학문에 정진한 고성 이씨 가문이다.

현재 고성 이씨 종손이 살고 있는 임청각은 보물 제182호로 지정된 문화재다. 국가보훈처로부터 '현충시설'로 지정받은 곳이기도 하다. 바로 옆에는 국보 16호인 7층 전탑이 서 있다. 임청각은 한 눈에 보기에도 신분이 높은 사람들이 살았던 집임을 알 수 있다. 대문을 들어서면 '군자정(君子亭)'이라고 씌어진 현판이 눈에 들어온다. 돌계단을 올라 방문을 열어보면 임청각 출신 독립투사들의 사진과 훈장들이 방안 가득히 걸려 있어 방문객들을 어리둥절하게 만든다.

이 가문은 일제 강점기에 국내외에서 독립운동의 일선에 나섰다. 대

임청각 군자정

표적인 인물로는 상해임시정부 초대 국무령이었던 석주 이상룡 선생이 있다. 이상동 장로는 이상룡 선생의 동생이다. 이 가문에서는 이상룡 선생과 그의 동생 이상동과 이상훈 3형제 모두 독립운동을 하였다. 이승목과 부인 권씨의 세 아들이었던 이들은 어릴 때부터 전통적인 양반교육을 받으며 투철한 국가관을 가지고 조국 광복을 위해 나섰다. 그들의 뒤를 이어 후손들도 독립운동에 뛰어들었다.

이승목의 후손 중 9명이 조국 독립을 위해 투쟁하여 국가로부터 훈장을 받았다. 맏아들 이상룡과 손자 이준형, 그리고 증손자 이병화에 이르는 3대가 독립운동을 하였다. 둘째 아들이었던 이상동 장로와 그의 아들 이형국, 이운형, 이제형도 독립운동을 하였다. 비록 예수를 믿는다는 이유 때문에 가문에서는 소외를 당했지만 나라의 독립을 위한 마음만큼은 다른 형제 못지않았던 이상동 장로는 기독교를 통한 독립을 추구하였다. 셋째 아들 이상훈과 그의 아들 이광민도 독립운동에 몸을 던졌다.

이처럼 한 집안에서 9명이나 되는 독립투사를 배출하는 것은 결코 쉬운 일이 아니다. 여기에 자녀들의 결혼으로 인하여 맺어진 사돈집안 가문의 사람까지 합하면 무려 47명이 독립운동 관련 훈장을 받은, 집안 자체가 독립운동 가문이다.

아들이 전해준 복음서를 읽고 자발적으로 기독교인이 된 이상동

안동지역에 처음으로 발을 디딘 선교사는 1893년에 부산 주재 배위량(Baird) 선교사다. 1902년에는 배위량 선교사의 처남인 대구 주재 안의와(Adams) 선교사가 경북지역을 순회하던 중에 들러서 복음을 전했다.

1903년에는 베럿(Berrett) 선교사와 부해리(Bruen) 선교사가 다녀갔다.

경상북도 북부지역인 안동지역에 최초로 설립된 교회는 안의와 선교사의 전도로 기독교인이 된 국곡 사람 권수백이 1902년에 세운 국곡교회다. 이후 권수백의 전도로 풍산교회가 설립되었다.

1906년에는 김성복 영수가 안동시 와룡면 나소리에 방잠교회를 설립하였다. 교회가 설립된 해에 열린 기독교 집회에 수백 명의 기독교인들이 참석하였다. 집회에 참석했던 인근지역 사람들이 말씀에 감동을 받아 자기 마을로 돌아가서 교회를 설립하였다. 이처럼 방잠교회는 안동지역 복음화의 기폭제 역할을 했다. 초기 안동지역의 여러 교회는 선교사가 직접 세운 것이 아니라 방잠교회에서 열린 사경회에 참석했던 사람들이 자발적으로 세운 교회들이다. 안동교회도 그중의 하나다.

뿌리 깊은 양반인 임청각의 고성 이씨 가문에 기독교복음이 들어온 것은 1865년에 이승목의 둘째 아들로 태어난 이상동에 의해서다. 이상동이 성경을 처음으로 접한 것은 안동에 정식으로 선교부가 개설되기 3년 전인 1906년 경이다. 안동 5일장에 갔던 이상동의 아들 이운형이 매서인이 판매하는 누가복음서를 한 권 구입했다. 아들이 건네준 누가복음서를 읽은 이상동은 지금까지 자기가 공부한 유교경전과는 전혀 다른 사상에 빠져들었다. 가슴속에서 솟구쳐 오르는 기쁨을 맛본 이상동 장로는 즉시 기독교로 개종하고 인근에 있는 교회에 출석하기 시작했다.

"똑똑한 사람들에게 마당청소만 시켰구나" 회개하고 노비들을 해방시 키다

나라를 잃어버린 충격에 온 가문이 독립운동에 나서던 시절에 아들이 건네준 복음은 이상동의 삶을 180도 바꾸어 버린, 말 그대로 복된 말씀 이었다. 가족과 함께 기독교로 개종한 이상동은 "이렇게 사는 것이 기독 정신에 합당하지 않다"며 처음부터 성경 말씀대로 살기로 작정하고 하 나하나 실천해 나갔다. 먼저 상투를 잘라버렸다. 양반가문에서 전통적 으로 지켜오던 각종 제례의식에도 참석하지 않았다. 심지어 조상 대대 로 자기 집에서 부리던 노비들에게도 성경을 가르쳐 주었다. 주인이 가 르쳐 주는 복음을 열심히 영접하고 은혜를 받는 노비들을 보자 "이렇게 똑똑한 사람들에게 대대로 마당 청소만 시켰구나" 하면서 노비들을 모 두 해방시켜 주었다. 주인으로부터 복음과 함께 자유를 얻은 사람 중 일 부는 인근 마을로 이사를 가서 살면서 작은 교회를 설립하여 신앙생활 을 하기도 하였다.

안동지역의 대표적인 양반가문 출신인 이상동이 기독교로 개종한 것 과 노비를 놓아준 사실이 외부로 알려지자 가문에서는 극심하게 반대를 했다. 심지어는 머리에 서양귀신이 들어와서 미쳤다고 비난하기도 했 다. 선비의 고장에서 지체 높은 양반 집안 출신인 이상동과 그의 아들 이운형이 유교를 버리고 기독교인이 된 사실은 이상동이 기독교로 개종 하고나서 십수 년의 세월이 흐른 뒤에도 세간의 화제가 되었다. 심지어 는 이상동의 개종이 『개벽』(1920년 창간, 1949년 폐간)이란 잡지에 실릴

정도로 오랫동안 세인들의 커다란 관심을 끌었다.

이 사건은 경상북도 북부지역의 전통적인 유교가문에 본격적으로 복음이 전해지는 신호탄이었다. 하나님께서는 양반지역에 양반가문의 자제를 택하셔서 복음이 전파되게 하셨다. 그것도 500년을 넘게 지방의 이름난 양반가문의 자제를 통해 양반사회에 기독교가 전해지도록 하신 것이다.

만세운동이 발각되자 홀로 안동장날 자전거를 타고 만세운동을 주동하다

기독교인이 되기 전 이상동은 1895년 고종 32년에 을미사변이 일어나자 31세의 나이로 형 이상룡과 함께 신돌석 장군 휘하에 들어가서 의병으로 투쟁을 하였다. 이어서 1907년에는 동생 이상훈이 대한협회 안동지회를 조직하자 이 협회에 가입하여 계몽활동에 적극 나서기도 했다. 형과 동생이 가족을 데리고 만주로 망명하여 독립운동을 하는 동안 이상동 장로는 고향에 남아서 가문을 돌보는 한편 자신의 둘째 아들 이운형을 만주로 보내 독립운동을 도와주도록 했다.

형제들이 만주에서 무력으로 일본과 맞서는 동안 이상동 장로는 경상북도 북부지역을 돌아다니며 복음을 전하는 삶을 살았다. 그러던 중 서울에서 1919년 3·1만세운동이 일어났다는 소식을 접한 이상동 장로는 안동지역의 만세운동에 적극 동참하였다. 그는 안동교회의 김병우, 김재성, 이인홍, 김익현, 김계한, 김명인, 황인규, 권점필 등과 함께 주도적으로 안동지역 독립만세운동을 하기로 뜻을 모았다. 그러나 이들이 만세운동을 준비하는 것이 사전에 발각되어 뜻을 이루지 못하게 되자 이상동 장로(당시 조사)는 중대한 결심을 하였다. 그는 혼자서라도 만세를 부르겠다는 뜻을 정하고 비밀리에 태극기를 만들었다.

마침내 안동 장날인 3월 13일에 혼자서 자전거를 타고 대한독립만세를 외치며 장터를 돌아다녔다. 처음에는 장을 보러 왔던 사람들이 어리둥절해 하다가 계속되는 만세소리에 합세하여 시장 곳곳을 돌아다니며 만세를 불렀다. 이후 안동교회 교인들을 중심으로 만세운동은 안동지역 곳곳으로 번져 나갔다. 이날의 만세운동을 주동한 혐의로 일경에 체포된 이상동 조사는 서대문형무소에서 1년 6개월의 옥고를 치렀다. 이 공로를 인정받아 1968년에는 대통령 표창, 1990년에는 건국훈장 애족장이 추서되었다.

하나님의 예비하심으로 감옥에서 독립투사들에게 복음을 전하다

3·1만세운동 이후 서울의 서대문형무소는 전국에서 만세운동을 펼치다가 잡혀온 독립투사들로 가득했다. 그 중에는 일제의 강점에 항거하는 데 앞장섰던 목사와 장로 등 기독교 지도자가 많았다. 전국에서 잡혀온 그들은 일본 경찰의 혹독한 고문 속에서도 굴하지 않고 날마다 기도하며 찬송하고 성경말씀을 묵상하면서 조국 독립의 의지를 다졌다. 하나님께서는 이들을 통해 마치 바울 사도가 로마 감옥에서 간수들에게 복음을 전할 기회를 주신 것처럼 이들에게도 대한민국의 독립을 염원하던 민족 지도자들에게 복음을 영접할 기회를 주셨다.

양반 출신이자 한학에 조예가 깊고 안동지역 여러 교회를 돌보았던 이상동 조사의 전도는 힘이 있었다. 그는 옥중에서 한 젊은이를 만났다.

그가 만난 사람은 예안지방 3 · 1만세운동을 주도한 혐의로 체포되어 서대문형무소에서 옥살이를 하던 이원영이었다. 그는 안동지역에서 고성이씨 못지않은 양반 가문인 퇴계 이황 선생의 후손이었다. 이상동 장로의 둘째 아들 이운형과 함께 평양신학교를 졸업한 이원영 목사는 일제강점기에 창씨개명과 신사참배를 거부하다 오랫동안 옥고를 치른 인물이다. 50대 중반의 양반이 30대 중반의 양반 자제에게 전한 복음이 뿌리를 내려 결국에는 전통적인 유교의 고장 경북 북부지역에 복음이 널리 전파되는 하나의 계기가 되었다.

가문에선 냉대 받았으나 안동 복음화의 밑거름이 되다

1918년 1월 경북노회에서 조사로 임명을 받은 이상동 조사는 그해 12월에는 포산교회와 원전교회 두 교회의 장로로 피택되면서 그에 합당한 공부를 할 것까지 허락을 받았다. 그러나 이듬해 3월 안동교회 교인들과 함께 3 · 1만세운동을 주도하다 옥고를 치르는 바람에 출옥 후에야 장로 장립을 받았다. 장로가 되고나서도 열심히 복음을 전하던 이상동 장로는 1926년과 1927년 경안노회에서 조사로 임명받아 계곡교회, 주곡교회, 감연교회와 광덕교회 등 10개 교회를 맡아서 교회를 돌보았다.

안동읍내의 유일한 교회였던 안동교회의 교인수가 크게 늘어나자 교단에서는 안동교회를 건설적으로 분가하기로 결정했다. 구체적인 방법으로는 교인의 거주지별 지역 분담을 하고, 1932년 2월 첫 주 안동교회 교인들 중 예안-대구 도로를 경계로 동편에 거주하던 남녀 교인 70여 명을 분가식으로 나누어서 설립한 교회가 신세교회(현 동부교회)다. 안동교회에 출석하던 이상동 장로는 동부교회가 분립될 당시 자신의 땅을 바치는 등 교회 설립에 주도적 역할을 하였다. 한편 도로 서편에 거주하던 교인들은 함께 분립한 안기교회(현 서부교회)에 출석하게 되었다. 이원영 목사는 안동교회에서 분립한 동부교회와 서부교회를 맡아 사역을 하다가 2년 뒤에는 서부교회만 담임을 하였다.

아버지를 뒤이어 독립투사가 된 아들 이운형 목사

이운형은 1892년 독립운동가인 이상동 장로와 유연룡 권사의 둘째 아들로 태어났다. 그는 8세부터 16세까지 동양사와 사서삼경을 통독하고, 행문, 행시, 율시 등의 저작법을 배움으로써 양반 가문의 후손으로 손색없는 자질을 키웠다. 21세가 되던 해인 1913년에는 큰 아버지인 이상룡과 유인식이 1907년에 세운 협동학교 중등과에 입학하여 신학문을 공부하였다. 2년 동안 서양교육을 받고 협동학교를 졸업한 이운형은 조교로 일하였다.

자기 아버지에게 마가복음을 전해주었던 이운형은 1918년 만주로 가서 큰 아버지의 지도 아래 독립운동을 시작했다. 1919년에는 잠시 귀국하여 3·1만세운동에 동참하였다. 3월 1일 파고다 공원에서 수천 명의 학생단과 청년들과 회집하여 독립선언문을 살포하면서 수십 분 동안 대한독립만세를 고창하고 열광적으로 부르짖었다.

만세사건 후 잠시 숨어 지내다가 5월에는 남만주로 가서 서로군정서(西路君政署) 특파원으로 서울과 상해 임시정부 등을 오가며 활동하던 중 그해 12월에 다시 서울로 온 이운형은 종로경찰서에 체포되어 2주간

심한 취조를 당하였다. 그는 2주 동안 2백대 이상의 매를 맞았으며 취조 중 여러 번 사경을 헤매기도 하였다. 출옥 후에 열심히 독립운동을 하던 이운형은 이번에는 헌병대 사령부에 체포되어 18일간 유치생활을 하였다. 서대문 감옥으로 이감되어서는 애국동지끼리 함께 거하였다. 옥고를 치르는 동안에도 수감자들끼리 동포애를 나누며 신앙생활을 하였다. 매 식사 시간마다 함께 기도하고 기독교 서적을 돌려가며 읽기도 했다. 힘든 감옥생활 속에서도 유일한 위로의 일이었다. 그는 서대문 감옥에서 4개월간 옥고를 치렀다.

그 후에도 이운형은 계속해서 독립운동을 하였다. 1920년 12월에는 임시정부 내무총장 안창호의 지시로 한국인 관리사직 권유서를 배포하다가 체포되어 3년 징역을 언도 받고 옥고를 치렀다. 이처럼 목사가 되기 전 이운형은 독립운동을 하다가 붙잡혀 감옥에서 4년 6개월간 고생을 했다. 그의 이런 독립운동을 인정한 정부는 1968년 3월 1일에 독립유공자 공로표창을 수여했다.

이운형은 큰 아버지인 석주 이상룡 선생을 따라 만주에서 독립운동을 하던 중 온 가족이 전면에 나섰던 3·1만세운동이 실패로 돌아가자 깊은 시름에 잠겼다. 무력으로는 대한민국의 독립을 쟁취할 수 없음을 깨달은 이운형은 아버지의 제의를 받고 목회자가 되기 위해 1927년 평양신학교에 입학하였다. 경제적인 여유가 없었던 그는 안동 선교부의 권찬영 선교사로부터 매학기 70원의 보조를 받으며 신학교에 다녔다. 1929년 여름방학 때는 고향으로 돌아갈 여비가 없어 평양에서 보내기도

했다. 신학교에 재학하면서 고향의 하회교회와 평양의 장대현교회, 서문밖교회 등에서 전도사로 사역을 하였다.

감옥에서도 조국의 독립을 염원하며 시를 지은 이운형 목사

이운형 목사는 일제 강점기가 끝날 때까지 여러 차례 옥고를 치렀다. 그는 그는 모진 고문을 당했다. 그러나 그는 기독교 목사로서 애국운동을 쉬지 않았다. 옥중에서도 복음을 전하였던 그는 수감 중일 때는 수감인 학대에 반대하는 단식투쟁을 벌이기도 했다. 일제는 신사참배와 창씨개명을 거부하는 이운형 목사를 십자가에 거꾸로 매달아서 고춧가루 물에 얼굴을 담그기도 하였고 혼수상태인 이운형 목사의 손을 끌어다가 강제로 각서를 쓰게 했다. 일제의 끊이지 않는 감시와 핍박으로 이운형 목사는 사역지를 자주 옮겨야 하는 어려움도 당했다.

이운형 목사는 일제 강점기 동안 일본과 중국을 여러 번 방문하여 동포들이 모인 교회를 두루 돌아다니며 부흥전도집회를 개최하였다.

그는 고난 속에서도 조국의 광복을 잊지 않았다. 다음 한시(漢詩)는 이운형 목사가 1936년 일본의 나고야, 도쿄 등지에서 전도집회를 마친 후 자신의 심정을 고백한 시이다.

繁華文物極東部(번화한 문물이 동방에서 제일이니)

雄市榮名與日學(큰 도시와 영광스러운 이름이 일본과 더불어 높구나)

難畵難言諸施說(모든 시설의 모습은 그리기도 말로 하기도 어려우

며)

如龍如虎總絶豪(용도 같고 범과도 같아 모두가 강하고 호기롭다)

臥薪嘗膽先王敵(와신상담 나라의 원수를 갚으려고 참고 견디며)

擧國團心一世超(온 나라가 단결하여 한 세상에서 초월하였다)

天借何時光復運(어느 때나 하나님이 우리에게 광복하는 기쁨을 주
셔서)

喜狂吾族舞且蹈(우리 겨레 기뻐 춤추며 뛰어놀거나)

**친아들은 경남으로, 믿음의 아들은 자기 교회 담임목사로 청빙한 이상
동 장로**

1930년 이운형은 평양신학교를 제25회로 졸업했다. 동기생 중에는
아버지로부터 전도를 받아 기독교인이 된 이원영도 있었다. 두 사람은
졸업장을 손에 쥐고 함께 귀향열차에 몸을 실었다. 잠시 고향 안동에서
머문 후 두 사람은 헤어졌다.

이상동 장로의 둘째 아들 이운형 목사는 경남지방으로 가서 사역을
시작했다. 그는 목사 안수를 받아 창원 웅천교회에서 사역을 시작했다.

이상동 장로에게 복음을 받은 이원영 목사는 경북에서 사역을 시작했
다. 그는 목사 안수를 받아 안동 신세교회(현 동부교회)에 부임했다.

당시 동부교회에는 이상동 장로가 시무장로로 교회를 섬기고 있었다.
이상동 장로는 동부교회를 설립할 때 토지를 헌납했고, 교회에서 영향
력 있는 장로로서 자신의 아들을 담임목사로 청빙할 수 있는 위치에 있
었지만 이상동 장로는 자신의 아들을 자기가 출석하는 교회 담임목사로

청빙하지 않고 경남지역으로 보냈다. 이상동 장로가 자기가 장로로 섬기는 교회에 담임목사로 청빙한 사람은 이원영 목사였다. 자신의 아들은 타지로 보내고 자신의 믿음의 아들은 자신이 섬기는 교회 담임목사로 청빙하는 것은 결코 쉽지 않은 결정이었다.

이상동 장로는 겸손하면서도 복음 전파에는 열심이어서 안동지역 양반계층에게 복음이 두루 퍼지는 데 크게 기여했다. 뿐만 아니라 한국인의 민족혼을 말살하려는 일제의 창씨개명을 거부한 것은 물론이고 신사참배를 거부하다가 여러 차례 구속되기도 했다.

교회를 세우는 동시에, 교육사업과 사회복지사업에 힘을 기울이다

목사 안수를 받은 후 창원의 웅천교회에서 사역을 시작한 이운형 목사는 밀양읍교회와 거창읍교회에서 목회를 하였다. 부산 광복교회 설립에 동참하여 2년간 당회장을 역임하기도 했다.

이운형 목사는 목사가 되기 전부터 교육계에 종사하였다. 1921년에 경북 영덕군 덕신학원 교원을 시작으로 안동의 계명여학교, 경안성서학원에서 학생들을 가르쳤다. 경남 웅천에서 사역을 할 때는 웅천유치원을 설립하였고 이후 밀양읍유치원과 거창읍유치원을 설립하고 원장에 취임하였다. 1945년에는 부산 남성여학교 교목 및 교사로 시무하였으며 부산 외국어대학교 강사(국사 담당)를 거쳐 1946년에는 동아대학교 설립에 동참하였고 동양사 교수와 서무과장을 역임하였다. 그는 자신의 일기에 그 때의 심정을 기록했다(1946년 4월 2일).

"조선 해방 후에 허다한 사업이 있었으나 나는 교육계에 헌신하기로 결심하고 진행 중에 대학교 설립이 제1차 소원 성취라. 마음이 심히 흡족하였다. 담임 과목은 한문과 국사였다."

이운형 목사는 웅천교회를 비롯하여 경남에서 목회활동을 마치고 18년 만에 고향으로 돌아왔다. 경북 영주제일교회 담임목사로 부임한 이후 경안노회장과 경북노회장을 역임하기도 하였다.

경북 북부지역에서 목회를 하던 이운형 목사는 대구지역으로 사역지를 옮겼다. 선교사가 설립한 대구 계성학교에서 교장 서리 및 교목(1950-1957년)으로 사역을 하면서 전쟁고아를 위한 선린고아원과 혜생보육원을 설립하여 아이들을 돌보며 교육하였다. 이처럼 이운형 목사는 목회를 하면서도 교육사업 및 사회복지사업을 병행하였다.

이운형 목사는 두 번에 걸쳐 의미 있는 교회를 설립하였다. 이운형 목사가 세운 첫 번째 교회는 1909년 복음을 영접하였던 어린 시절에 아버지 이상동 장로와 함께 설립한 포산교회다.

두 번째로 설립한 교회는 대구 남신교회다. 6·25 한국전쟁이 한창이던 1950년에 설립한 교회다. 1950년 10월 초에 대구 계성학교 교목으로 재직하던 이운형 목사 사택으로 젊은 부부가 어린 여자 아이를 데리고 찾아왔다. 서울 남대문교회에서 신앙생활을 하던 중 전쟁이 일어나자 대구로 피난 와서 어렵게 살아가는 부부였다. 그는 자기를 찾아온 그들에게 방 한 칸을 선뜻 내주고 함께 살았다. 전쟁으로 힘들게 살아가던 남대문교회 출신 피난민들 사이에서 이 소문이 퍼지면서 대구 서문시장

일대에서 살고 있던 피난민들이 하나 둘씩 예배에 참석했다. 1950년 12월 크리스마스에는 남대문교회 출신들이 한자리에 모여 이운형 목사를 모시고 예배를 드렸다. 이를 시작으로 이운형 목사는 주일 예배 설교를 하였고, 이듬해 10월에는 50여 명의 교인들이 모여 예배를 드렸다. 서울의 남대문교회가 대구의 대신동에 자리를 잡았다는 의미에서 교회 이름을 남신교회라 정하였다. 남신교회에서 이운형 목사는 1950년부터 1957년까지, 1960년부터 1965년까지 두 번에 걸쳐 담임목사로 사역을 하였다.

그 외에도 이운형 목사는 경남지역에서 사역을 할 때는 밀양읍 사포교회를 설립하였다. 대구에 와서는 대구 북문교회, 효목제일교회를 설립하는 등 교육사업과 더불어 교회 설립에도 심혈을 기울였다.

부창부수의 여장부 전응조 사모

이운형 목사의 배후에는 전응조 사모가 있었다. 안동명동교회에서 사역을 하던 전기석 목사의 딸로 태어난 그녀는 안동교회 부설 계명여자학원과 미국 북장로교 선교부가 대구에 세운 최초의 여학교인 신명여학교를 졸업한 신여성이었다. 1927년 이운형 목사와 결혼할 당시는 자신이 졸업한 안동 계명여자학원의 교사로 재직 중이었다.

전응조 사모의 동생 전성도 목사는 아버지의 뒤를 이어 목회자가 되었고 고신대 교수와 마산 창신대 학장을 지냈다. 이처럼 기독교 가정에서 자란 전응조 사모는 평소 자녀들 앞에서 자신이 사모가 된 것에 대해 늘 자랑스럽게 말했다.

"하나님은 나를 사랑하셔서 사모의 직분을 주셨구나. 세상의 평범한 어머니가 아니란다. 하나님께서 사모되게 미리 훈련시켰고 십자가 정병을 만들었지…."

신식교육을 받고 곱게 자란 전응조 사모는 가정이 위기에 처하게 되자 여장부의 모습을 발휘했다. 남편이 목사가 되기 위해 평양신학교에 진학 하려고 준비하는 중에 집안이 기울어져 겨우 집 한 채만 남았을 때 그녀는 남편을 뒷바라지하기 위해 모든 것을 내려놓았다. 양반 가문의 며느리의 체면과 자존심을 버리고 신학생들의 하숙을 치기로 결단했다. 기독교에 대한 핍박이 극심했던 일제 강점기에 평범한 신앙인이 아닌 목사가 된다는 것은 많은 희생을 각오해야 하는 일이었다. 그럼에도 불구하고 하나님의 일을 하려는 남편을 적극 지지하면서 자녀들을 훌륭하게 길러냈다.

저명한 여성 신학자요 프린스턴신학대 교수가 된 딸, 이인숙 장로

이 글을 쓰기 위해 이운형 목사의 둘째 딸인 이인숙 장로와 이메일을 여러 차례 주고 받았다. 이인숙 장로는 이운형 목사의 막내딸로 태어나 연세대학교를 졸업하고 미국으로 유학을 가서 각고의 노력 끝에 45세에 컬럼비아대학에서 교육학 박사를 받았다. 그녀는 뉴욕신학대학원 교수를 시작으로 뉴브런스윅 신학대학원 부학감 및 교수를 거쳐 프린스턴신학대학원 교수를 역임했다.

특히 프린스턴신학대학은 부부가 함께 교수로 재직할 수 없다는 원칙을 깨고 남편 이상현 장로와 함께 부부교수로 임명했다. 비록 늦은 나이에 박사 학위를 받았지만 이인숙 교수는 여성 신학자로서 새로운 지평을 열었다. 부부 교수로 재직한 프린스턴신학대학에서는 최초의 아시아계 여성교수로 23년간 학생들을 가르쳤다.

저명한 여성 신학자이자 교수였던 이인숙 장로는 교회 내에서의 여성교육에 대해서도 관심을 가지고 많은 활동을 했다. 학교에서 강의를 하는 중에도 미국과 한국을 오가며 각종 강의와 세미나를 통해 여성 지도자 양성에 노력했다. 교회 여성장로로서 미장로교 한인교회 여전도회 전국연합회 회장을 역임하기도 한 이인숙 장로는 활발한 연구와 대외활동으로 세계교육학상, 미북장로교 여성국 종신회원상, 뉴욕신학교 공로상과 프린스턴 한국학교 공로상을 수상하기도 하였다.

2006년에는 아버지 이운형 목사가 목회활동 기간에 한문으로 기록한 목회 일기와 한시, 설교를 모아 『백광일기』라는 책으로 출판함으로써 일제 강점기와 해방 후의 한국 기독교 역사의 일부분을 이해하는 데 많은 도움을 주고 있다.

그녀의 머릿 속에는 "매일 새벽 기도회를 인도하시며 나라를 위해 뜨겁게 부르짖으시던 아버지"의 모습이 생생하게 남아있다.

4명의 독립투사와 4명의 목사를 배출한 힘은 가훈과 가정예배 때문

이상동 장로의 가문은 여느 양반가문처럼 자녀교육에 엄격하였다. 일제 강점기에 3대에 걸친 독립투사를 배출한 집안이면서도 그 후손들을

훌륭하게 길러낸 집안에서는 후손들이 금과옥조로 삼고 지켜야 할 가문의 전통이 이어져 내려오고 있다. 그 가훈은 다음과 같다.

첫째, 어떤 처지에 있더라도 공부를 게을리 하지 말 것.

둘째, 무슨 일이 있더라도 정도를 걸을 것.

셋째, 무슨 일을 하더라도 오점을 남기지 말고 깨끗하게 살 것.

넷째, 남에게 폐를 끼치지 말 것.

다섯째, 집안의 화목을 위해 형제간이라도 말조심을 할 것. 특히 시집간 시누이들이 며느리에 대해 이러쿵저러쿵 참견하지 말 것.

여섯째, 아무리 어려워도 해야 할 일과 해서는 안 될 일을 정해 반드시 실천할 것… 등이다.

이상동 장로 집안에서는 비록 일제의 박해로 자녀들을 공립학교에 보내 많이 공부시키지는 못했지만 신앙교육만큼은 철저하였다. 이운형 목사 가문에는 이처럼 전통적으로 내려오는 가훈보다 더 중요하게 여기고 지켜온 것이 있다.

그것은 바로 가정예배다. 새벽기도를 마친 이운형 목사는 어김없이 온 식구를 불러 모아 예배를 드렸고 저녁 식사 후에도 가정예배를 드림으로써 예배의 중요성과 생활화를 통해 믿음의 전통이 대를 이어갈 수 있도록 자녀들의 신앙훈련을 했다. 예배시간마다 자녀들의 이름을 부르며 기도함으로써 자라나는 아이들에게 하나님의 사랑을 전해주었다.

나라의 독립을 위해 목숨을 걸고 만세를 부르던 이상동 장로는 자신을 포함해서 세 아들 이형국, 이운형, 이제형이 독립운동을 하여 국가로부터 훈장을 받았다. 그의 후손 3남 2녀 중에 둘째 아들 이운형이 목사가 되었고, 손자 2명과 증손자 1명이 목회를 하는 등 4명의 목사와 10여 명의 장로, 20여 명의 권사가 배출되었다.

이상동 장로의 후손들은 110년이 넘는 세월 동안 선조의 위대한 유산을 지키며 대를 이어 믿음의 가문으로 살아가고 있다.

• 임청각(보물 제182호)

이상동 장로 형제들이 태어난 안동시 법홍동의 임청각은 조선시대 명문가의 한 단면을 보여주고 있다. 개인 소유의 집이 보물로 등록된 것은 별로 없다. 조선 초기인 1519년에 지어져 500년의 세월 동안 명문대가의 맥을 이어오고 있는 임청각은 대지가 1000평이고 70칸 규모의 한옥이다. 원래는 99칸 규모로 지어졌으나 일제가 독립운동을 하던 이상동 장로 가문의 맥을 끊기 위해 1930년대 후반에 임청각과 낙동강 사이에 중앙선 철도를 부설하면서 집의 규모가 지금처럼 축소된 것이다. 게다가 1944년부터 철도 선로반원의 합숙소로 징발되었다가 1975년이 되어서야 현재 상태로 복원이 되었다.

유서 깊은 임청각은 일제로부터 핍박당했고 해방 후에 근 30년 동안 방치되었다. 비록 바로 앞에 방음벽이 처진 중앙선 철도에 하루도 쉬지 않고 기차가 달리며 정적을 깨뜨리고 있지만 군자정에서 바라보는 안동호의 푸른 물과 보조댐 아래로 유유히 흘러가는 낙동강 물은 이곳을 찾아오는 방문객의 마음에 평온함을 제공해 주고 있다. 아쉽게도 임청각 앞 도로를 따라 여행하면서 임청각을 볼 수 없는 형편이다. 임청각과 도로 사이에 부설된 철로변에는 높은 방음장치가 세워져 있어 임청각을 볼 수 없기 때문이다.

임청각 출신 자손들이 본격적으로 독립운동에 뛰어든 것은 상해 임시정부 초대 국무령을 지냈던 맏아들 석주 이상룡이다. 그는 1896년에 의병활동을 시작하여 1907년에는 협동학교를 설립하였다. 일제의 강제침략에 격분한 그는 1911년에 가족을 데리고 만주로 망명하여 신흥무관학교 운영에 참여했다. 그의 동생 이상동 장로는 신돌석 장군에 협력하여 의병운동을 하였고 막내인 이봉희는 신흥무관학교 교장을 지내기도 했다. 뿐만 아니라 그들의 후손들도 대를 이어 여러 가지 형태로 독립운동의 최전방에 나섰다. 한 가문에서 9명의 독립운동 유공자를 배출하였다는 사실은 임청각 후손들의 나라 사랑을 대변해 주고 있다.

• 장로교 조직

1. 총회

매년 개최되며 교단 대표자(총회장)을 선출한다.

2. 노회

장로교 교구 단위로 지역별로 21개 이상의 개체교회로 구성된다. 대표자는 노회장이라 칭한다.

3. 시찰회

10~20개 이하의 개채교회가 모여 시찰회를 구성한다. 대표자는 시찰장이라 칭한다.

• 목회자

1. 목사 : 남자, 여자(통합, 기장)

2. 강도사 : 남자(합동)

3. 전도사 : 남자, 여자

• 장로교 평신도 직분

1. 장로 : 남자, 여자(통합, 기장)

2. 권사 : 남자(기장), 여자(합동, 통합)

3. 안수집사 : 남자, 여자(기장)

4. 집사 : 남자, 여자

4 만세운동, 고난, 기도, 환상…
4대에 걸쳐 역사하시는 하나님

- 편항시장 3·1만세운동의 주역 김성복 영수와 방잠교회

김성복 영수와 방잠교회 이야기

　안동 북쪽의 시골마을 안홍에서 한 청년은 꿈을 꾸었다. 그 꿈은 증조부와 조부의 업적을 세상에 알리고 교회를 재건하는 것이었다. 방잠마을을 지날 때마다 청년은 증조부 김성복 영수가 교회를 세웠던 곳을 바라보며 "방잠마을에 사라진 하나님의 교회가 다시 세워지게 해주소서" 기도했다.

　기도는 응답되지 않는 듯했다. 청년의 기도가 노인의 기도가 되었을 때, 하나님께서 드디어 응답하셨다. 방잠교회 설립자 중 한 사람인 이호명 영수의 다섯째 아들 이기동 집사를 통해서였다. 그는 어린 시절 아버지의 손을 잡고 방잠교회를 다니던 것을 잊지 않고 살았다. 초등학교를 졸업하고 나서 고향을 떠난 그는 힘들게 재산을 모았다. 경제적 여유가 생기자 그는 고향교회를 재건하였다. 그러나 교회를 짓는 것과 교회를 운영하는 것은 별개였다. 거액을 봉헌해 현대식 예배당도 짓고 목회자를 청빙해 전도도 했지만 시골 교회에 출석하는 사람은 거의 없었다.

　1991년 어느 날, 김세진 장로는 한 통의 전화를 받았다. 방잠교회에서 잠시 사역을 했던 김재오 전도사였다. 경안노회 70주년 기념책자 발간을 위한 자료를 수집하던 차에 김성복 영수를 비롯한 방잠교회 교인들의 만세운동 자료를 발견했다는 정보였다. 그 길로 김세진 장로는 안동 원호청에 가서 관련 자료를 확인했고, 부산의 문서관리보관소에서 재판기록도 찾아냈다. 이듬해 3·1절, 만세운동이 일어난 지 73년 후 김 장로는 두 분 할아버지를 대신해 훈장을 받았다.

비슷한 시기, 방잠교회 정봉기 목사로부터 또 한 통의 전화가 왔다. 설립자의 후손이 방잠교회를 다시 일으키는 데 힘을 합해달라는 부탁이었다. 김 장로 부부는 기도할 시간을 달라고 했다. 한 달간 기도한 후 답변하겠다고 했다. 고향마을에 교회가 다시 세워졌다는 사실은 기쁜 일이었지만 방잠교회가 사라진 후 60여 년간 안흥교회에서 신앙생활을 했고 안흥교회의 시무장로로 섬기고 있었기 때문이었다.

약속한 한 달이 거의 다 되어갈 무렵 하나님께서는 김 장로의 부인 서경옥 권사에게 기도 중 환상으로 응답하셨다. 김 장로 부부는 새해 첫 주일부터 방잠교회에 출석하기로 했다. 1997년 새해 첫 주일 아침, 밤새 내린 눈이 온 천지를 하얗게 덮었다. 김 장로 부부는 택시를 타고 눈길을 헤치고 방잠교회를 찾아갔다. 눈 때문에 예배가 끝나갈 무렵에야 교회에 도착했다. 예배당 문을 열고 들어선 순간 서 권사는 자신의 눈을 의심했다. 예배당의 모습은 하나님께서 환상 중에 보여주셨던 바로 그 모습이었다. 한 청년의 기도는 수십 년의 세월을 뛰어넘어 그렇게 응답되었다.

1905년에 방잠교회를 세웠고, 3·1만세운동에 앞장섰던 김성복 영수의 믿음은 그렇게 세대를 뛰어넘어 열매를 맺었다. 지금 방잠교회의 시무장로는 증손자 김세진 장로이고 담임목사는 김세진 장로의 첫째 사위다.

만세운동, 고난, 기도, 환상…
4대에 걸쳐 역사하시는 하나님
― 편항시장 3·1만세운동의 주역 김성복 영수와 방잠교회

김성복 영수를 찾아서

안동지역 초기 기독교역사 자료를 검토하던 중 방잠교회와 김성복 영수에 관심을 갖게 되었다. 처음에는 김성복 영수의 후손들이 예수를 잘 믿고 있는지에 대한 확신이 없었다. 김성복 영수의 후손인 김세진은 농부라고만 소개되었기 때문이었다.

몇 달 뒤 안동 일대의 교회를 방문하던 중 방잠교회에 전화를 걸었더니 전화를 받은 사람은 공교롭게도 필자가 찾는 김세진 장로의 맏딸이자 방잠교회 임상욱 목사의 아내 김선미 사모였다. 교인 심방을 마친 임상욱 목사 부부를 안동 시내의 한 음식점에서 만나 방잠교회와 김성복 영수 가문에 대해 이야기를 나눴다.

김세진 장로를 만난 것은 그로부터 몇 달 후였다. 90세 고령으로 건강이 좋지 못한 김세진 장로의 모친 이옥이 권사가 입원한 안동 성소병원에서 김세진 장로 부부를 만났다. 6.25 한국전쟁 중에 남편을 잃고 평생을 수절하면서 네 자녀를 키워온 이옥이 권사는 가문과 신앙을 지켜온 여인이다. 어머니에 대한 김세진 장로의 신앙고백이다.

"지금 우리 가족이 증조부의 대를 이어 신앙생활을 하는 것은 모두 할머니와 어머니의 기도와 신앙교육 덕분입니다. 저는 두 분의 눈물을 결코 잊을 수 없습니다."

김세진 장로 부부는 경제적으로는 어려웠지만 결코 구차하게 살지는 않았으며 할머니와 어머니로부터 이어받은 기독교 신앙을 자녀들에게도 잘 물려주었다. 2남 2녀 중 두 딸은 모두 목사 사모가 되었고, 아들은 집사로 교회에 출석하고 있다.

방잠교회를 찾아간 것은 그로부터 몇 달 후였다. 방잠교회는 안동시내에서도 조금 떨어진 시골에 있다. 안동에서 도산서원으로 가다가 군자동 못 미쳐 3거리에서 우회전해서 조금 가면 방잠교회가 나온다. 안동에서 약 17km 정도 거리에 있는 방잠 교회는 기업체 연수원을 연상하리만큼 잘 정돈된 넓은 정원을 가지고 있다. 초기 방잠교회의 모습을 전혀 찾아 볼 수 없는 것이 많이 아쉽다.

1905년에 설립된 방잠교회는 1923년에 이웃에 있는 지내교회와 통합되면서 사라졌다. 65년 만에 재건된 방잠교회는 고난의 세월을 거치는 동안 제대로 된 역사기록물을 남기지 못했다. 방잠교회를 통합했던 지내교회와 김성복 영수 가족이 출석했던 안흥교회에서도 정확한 기록물은 찾을 수 없다. 일제 강점기와 6·25한국전쟁을 거치면서 교회 자료가 거의 사라진 탓이다. 김성복 영수 부자가 만세를 불렀던 편항시장도 안동댐 건설로 수몰되어 과거로의 여행에 많은 제약을 안겨주고 있다.

따라서 방잠교회와 김성복 영수 가문에 대한 기록은 생존해 있는 후손들의 증언을 많이 참조할 수밖에 없었다. 김성복 영수의 증손자 김세진 장로와 그의 부인 서경옥 권사, 그리고 김세진 장로의 어머니 이옥이 권사의 증언은 중요한 역사 자료로 남게 될 것이다.

방잠교회와 김성복 영수의 생애

"하나님 나라의 족보만 필요하지 세상의 족보는 필요 없다"

김성복은 1859년 경북 의성군 금성면 탑리에서 김대옥과 안동 권씨의 셋째 아들로 태어났다. 그는 1900년대 초에 대구에 잠시 들렀다가 미국 북장로회 선교부 소속의 선교사가 건네준 쪽복음을 받아서 읽었다. 평소 생업으로 채장사를 하면서 여러 지방을 다니던 그에게 기독교는 전혀 새로운 사상이었다. 선교사가 건네준 쪽복음을 열심히 읽은 김성복은 고향으로 돌아와서 가족들에게 복음을 전했다.

김성복이 전한 복음을 받아들인 사람은 그의 가족뿐이었다. 집안 어른들은 오히려 김성복에게 기독교를 포기하고 자기들의 전통을 따를 것

을 강요하였다. 그러나 기독교로 개종하고 제사 참여를 거부하며 교회
에 출석하는 그에게 가해진 것은 문중으로부터 쫓겨나는 것이었다. 게
다가 김성복은 기독교를 '외래종교'로 규정하고 심하게 배척하였던 당
시 상황에서 "하나님 나라의 족보만 필요하지 세상의 족보는 필요 없
다"고 하면서 문중에서 발간하는 족보를 거부하기도 하였다.

집안 식솔들을 데리고 고향을 떠나야 하는 김성복의 마음은 착잡하였
다. 평소 5일장을 돌며 채상사를 하던 그였지만 무작정 고향을 떠난다는
것은 결코 가벼운 사건이 아니었다. 고향을 떠나 북쪽으로 가던 그는 안
동을 지나 구룡리에 정착해서 1905년 경에 방잠교회를 세웠다.

김성복이 기독교로 개종하고 나서 안동으로 이주하기까지 3~4년간
어떻게 생활을 했을까? 대구에서 가져온 성경을 집에서 읽는다는 것만
으로 가문에서 핍박을 했을리는 없는 노릇이다. 그보다는 김성복이 대
구에서 전도를 받고 기독교로 개종한 때와 비슷한 시기에 김성복의 고
향 탑리에서 십리(4km) 정도 떨어진 곳에 세워진 비봉교회에 출석하며
예배를 드리며 마을 사람들에게 복음을 전하였기 때문일 가능성이 크
다.

비봉교회는 의성과 안동을 포함하는 경상북도 북부지역에서 최초로
세워진 교회다. 설립자 김수영이 경북 청도에서 선교하던 배위량
(William Martyn Baird) 선교사로부터 복음을 받아들이고 세례를 받은
후 1900년경에 세운 교회가 바로 비봉교회다. 비봉교회가 세워진 뒤 의
성읍교회가 세워지는 등 비봉교회는 의성군 일대의 모교회가 되었다.

구룡리에 정착한 김성복은 인근 지역을 돌아다니며 채를 팔았다. 채를 사러오는 부인들과 구경나온 아이들에게도 부지런히 복음을 전했다. 그러던 어느 날 구룡리에서 조금 떨어진 지금의 안동시 와룡면 방잠마을(일명 나소리)에서 복음을 전하던 중 이호명이란 사람을 만났다. 성경에 대해 열린 마음을 가지고 있던 그는 다른 사람보다 빨리 복음을 받아들였다.

처지가 비슷했던 두 사람은 힘을 모았다. 김성복이 방잠마을에 들를 때마다 함께 예배를 드렸다. 때로는 길가에서 예배를 드리기도 하였다. 이때가 1905년이었다. 이것이 선교사의 도움을 받지 않고 자생적으로 설립된 방잠교회의 시작이었다. 두 사람은 이웃 마을을 돌며 열심히 전도하였다. 교회에 출석하는 교인들이 급속도로 증가하자 이웃 마을인 삼산동의 오래된 가옥을 매입하여 그 재목으로 10칸 규모의 방잠교회를 건축하였다. 선교사들은 김성복과 이호명 두 사람을 방잠교회의 영수(領首, Leader 현재의 장로에 해당. 선교사가 임명하였음)로 임명하여 예배를 인도하며 교회를 돌보게 하였다.

유교의 고장인 안동지역에 복음의 씨앗이 된 방잠교회

안동지역 최초의 교회는 안의와 선교사의 전도를 받은 권수백이 1902년에 세운 국곡교회다. 두 번째 교회는 권수백의 전도로 정봉모, 강덕수, 김인수, 박경오 등에 의해 1902년에 세워진 풍산교회로 알려져 있다. 세 번째 교회는 김성복과 이호명이 1905년에 세운 방잠교회다. 안동지역의 중심교회인 안동교회는 1909년 권서로 일하던 풍산교회 출신 김병우와 방잠교회 출신 강복영 등 7명이 설립하였다.

담임목사를 청빙하지 못하고 장로도 세우지 못한 초대 교회에서는 선교사가 임명한 영수들이 주로 예배를 인도하고 설교를 담당하였다. 방잠교회는 김성복 영수가 주로 예배를 인도하였다. 때로는 지역을 순회하는 조사들이 예배시간에 말씀을 전하기도 하였다. 목사와 선교사는 일 년에 한두 번 방문하여 세례와 성례를 베풀 정도였다. 이호명 영수의 아들 이승동은 1912년에 13세의 나이로 권찬영(J. V. Crothers) 선교사로부터 세례를 받았다고 전해진다.

영수로 임명받은 뒤에도 김성복 영수는 마을과 5일장을 돌며 채장사를 계속했다. 때로는 교회에 들러 설교를 했고 마을 사람들에게 열심히 복음을 전하였다. 김성복 영수의 맏며느리 황옥각은 주일에 멀리서 출석하는 교인들에게 식사를 제공하였고 예배에 참석한 한센씨병 환자들과 함께 밥을 비벼 먹는 등 온 가족이 힘을 모아 교회를 돌보며 하나님의 사랑을 실천하였다.

방잠교회는 유교의 영향이 강한 양반의 고장에 복음의 씨앗을 뿌리는 원천이 되었다. 원근 각처에서 방잠교회에 출석하던 교인들이 하나 둘씩 자기 마을에 교회를 설립하기 시작했다. 평양대부흥운동이 일어난 1907년을 전후하여 안동지역에 여러 개의 교회가 설립되었다. 1906년에는 강재원이 영주에 내매교회를 설립하였고, 1907년에는 최영구 등이 방하교회를 설립하였으며, 1909년에는 남수용 등이 안흥교회를 설립하는 등 방잠교회에 출석하던 교인들이 설립한 교회는 9개 교회에 이른다.

선교사들의 보고서에 따르면 1909년에 안동교회가 설립되기 전 경상북도 북부지역에는 이미 몇 몇 교회가 세워졌고 많은 교인들이 예배에 출석하고 있었다. 1903년에 7개 마을에 기독교인이 12명에 불과했던 것이, 5년 뒤인 1908년에는 약 1,000명이었다. 이처럼 방잠교회와 국곡교회, 풍산교회 등이 유교사상에 깊이 물들어 있던 안동지역 복음화에 귀하게 쓰임 받았다.

김성복 영수 부자와 편항시장 3 · 1만세 운동

안동지역은 석주 이상룡 선생과 김동삼, 이육사 등 독립운동계의 거목을 중심으로 전국적으로 가장 많은 독립운동가를 배출한 곳이다. 유림의 고장으로 알려진 안동에서는 3 · 1만세운동도 매우 활발하게 진행되었다. 안동에서 임하호를 거슬러 올라가다 의성김씨 종갓집이 있는 내앞마을 앞에 세워진 안동독립운동기념관에는 수백명에 이르는 이 지역 출신 독립운동가의 이름이 새겨진 기념비가 조성되어 있다. 만세운동에 앞장선 사람 중에는 혁신 유림출신 외에도 양반사회를 중심으로 기독교로 개종한 기독교 지도자들도 많이 있다.

안동에서 만세운동이 제일 먼저 일어난 것은 1919년 3월 17일 예안장날이었다. 3월 18일 안동읍장날에 이어 3월 21일은 편항장을 비롯하여 안동 인근의 여러 장터에서 만세운동이 벌어졌다. 이곳에서는 1919년 3월 17일부터 27일까지 11일 동안 11개 지역에서 모두 14회에 걸쳐서 일어났다. 그 중에서도 안동군 임동면 중평동 편항시장에서 벌어진 3 · 1

만세운동은 다른 지역보다 격렬하였다.

서울에서 독립선언서를 갖고 안동으로 내려온 류동기를 비롯하여 많은 동지들이 사발통문으로 규합되어 태극기와 독립선언서를 준비했다. 이 지역에서 만세운동을 계획한 사람은 애국지사의 후손인 류연성이었다. 그는 류동수, 이강욱 등 7명의 애국지사들을 규합하여 임동면 중평동 편항시장에서 만세운동을 하기로 결의하였다.

1919년 3월 21일 편항장날을 기해 류연성을 비롯한 10여 명의 주동인물들이 편항시장에서 군중을 모아놓고 큰 소리로 연설을 시작했다. 류연성이 군중 앞에 나서서 독립만세를 불러야 하는 이유를 설명한 후 주

편항장터
예전의 편항장과
수몰된 편항장터

동 인물들이 '대한독립만세'를 부르자 시장에 모인 군중들이 목이 터져라 만세를 불렀다. 갑작스런 만세소리를 듣고 급히 출동한 일본경찰은 선두에 서서 만세를 부르던 류연성, 박진성 등을 체포하려 하자 시위 군중들은 합세하여 일본경찰을 주재소로 쫓아 버렸다.

임동면의 3·1만세운동을 이야기할 때면 방잠교회의 지도자였던 61세의 김성복 영수와 35세였던 그의 아들 김치경을 빼놓을 수 없다. 김성복 영수 부자는 편항장터에서 일어난 만세운동에 앞장섰다. 구룡리에 살던 김성복 영수는 예안장의 공원(公員)으로 일을 하면서 인근 장터를 돌아다니며 생업인 채장사를 했다. 시장의 질서는 물론이고 심지어는 물가까지도 관리하는 임무를 맡은 그는 주변의 크고 작은 5일장에서 상당한 영향력을 발휘하고 있었다. 예안장날 벌어진 만세운동을 지켜본 김성복 영수는 편항시장 만세운동에는 적극적으로 나섰다. 61세 노인이 아들 김치경과 만세운동을 독려하고 앞장서서 만세를 부르자 상인들도 모두 합세하였다. 표면적인 주동자는 동교교회의 류연성 등이었지만 실질적으로 만세운동에 영향을 끼친 인물은 바로 김성복 영수 부자였다.

군중의 위세에 눌려 잠시 철수했던 일본 경찰은 병력을 증강하여 만세 현장에 다시 돌아왔다. 경찰이 군중을 해산시키기 위해 총을 쏘고 칼을 휘두르며 위협했으나 만세를 부르는 사람들을 당해내지 못하고 또다시 물러났다. 사기가 충천한 군중들은 인근에 있던 중평주재소를 점거하고 총기와 실탄을 탈환한 뒤 중평동 일대를 돌며 무력을 앞세워 만세를 불렀다.

만세 군중은 여기서 멈추지 않고 이튿날까지 계속해서 만세를 불렀다. 만세 주동자들은 마을주민들과 함께 임북면으로 몰려가서 면사무소와 사월주재소를 습격하여 일본인들을 끌어내고 각종 문서를 불태워버렸다. 사태가 걷잡을 수 없는 지경에 이르자 시위를 저지하던 경찰관들은 군대병력의 지원을 얻어 시위대의 행진을 겨우 진압할 수 있었다.

모진 고문으로 평생 손을 쓰지 못하게 되다

이처럼 편항 장날 벌어진 만세운동은 다른 지역의 평화적인 만세운동보다는 상당히 과격하였다. 일본 경찰로서는 자존심에 커다란 상처를 입었고 주동자를 포함한 중평동 마을 주민 67명을 연행하여 혹독한 고문을 하였다. 시골장터에서 벌어진 만세운동의 주동자였던 류연성이 대구복심법원에서 7년형을 선고받은 사실은 편항장터에서 벌어진 만세운동이 얼마나 대단했는가를 말해주고 있다. 류연성은 감옥에서 모진 고문을 견디다 못해 그해 9월 25일 옥사하였다.

김성복 영수와 그의 아들 김치경은 재판에 넘겨져 대구복심법원에서 보안법과 건물 손괴, 가택침입 등의 혐의로 아버지는 1년 6개월, 아들은 3년의 6개월의 징역을 선고받아 복역을 하였다. 김성복 영수에 대해 대구복심법원이 징역 1년 6개월을 판결한 이유는 이렇다.

"피고 성복은 예수교도로서 평소 조선독립 사상을 품고 대정 8년(1919년) 3월 21일 오후 2시 경 안동군 임동면 중평동 편항시장에서 조선 독립의 목적으로 그 거사가 공안을 해할 것을 알면서 많은 군중과 함께 대한 독립 만세를 고창하여 안녕질서를 방해한 것인데 그 무렵 광분

한 폭민 중 성명 미상의 사람들은 마침내 동 순사 주재소를 파괴하기에 이르렀다."

시장상인과 주민들을 선동하여 격렬한 만세운동을 펼친 것에 화가 치민 일본 경찰은 김성복 영수 부자에게도 혹독한 고문을 가했다. 일본 경찰은 다른 지역 만세운동 참가자들과 달리 김성복 영수 부자에게는 양손을 뒤로 해서 수갑을 채워둔 상태로 고문하고 음식을 먹도록 했던 것이다. 때문에 김성복 영수 부자는 만기 출소를 해서도 손을 제대로 사용할 수 없는 지경에 이르렀다. 특히 나이가 많았던 김성복 영수는 평생 동안 숟가락으로 밥을 떠먹지 못하고 남이 떠 먹여 주거나 그릇에 담긴 밥을 입으로 직접 먹어야 하는 고난의 세월을 지내야 했다.

복음의 씨앗이었던 방잠교회, 역사의 뒤안길로 사라지다

김성복 영수와 맏아들 김치경이 한꺼번에 감옥살이를 하게 되자 수입이 없어진 집안 경제는 극도로 어려워졌다. 이에 김치경의 아내 황옥각은 시어머니와 자식들을 위해 이웃집 일을 도와주며 살아가야했다. 두 손을 뒤로 묶인 채 감옥살이를 하는 두 사람을 면회할 때마다 가슴이 찢어지는 고통을 견디어야 했다. 게다가 일본 경찰들은 남아있던 가족들에 대한 감시와 탄압을 계속하는 바람에 어린 자녀들은 불안에 떨며 살았다.

김성복 영수 부자가 출옥한 후에도 일본 경찰은 그들을 끊임없이 괴롭혔다. 그들은 걸핏하면 김성복 영수 부자를 주재소로 데리고 가서 온갖 죄목을 덮어 씌워서 취조를 하였다. 때로는 교회 지도자인 김성복 영수를 도둑으로 몰아 창피를 주기도 하였다. 방잠에서 정상적으로 살아가기 어렵게 되자 김성복 영수는 가족을 데리고 인근의 봉화지역으로 피신해서 살았으나 일제의 괴롭힘은 계속되었다.

봉화에서 잠시 머물던 김성복 영수 가족은 방잠에서 멀리 떨어진 녹전면 안홍으로 이사를 갔다. 안홍에는 방잠교회에 출석하며 신앙생활을 하던 남홍수 등이 1909년에 세운 안홍교회가 있어서 김성복 영수 가족은 안홍교회를 중심으로 새로운 삶을 살 수 있었다. 교인들은 교회 지도자요 나라의 독립을 위해 만세를 부르다 옥고를 치른 김성복 영수를 사랑으로 영접하여 주었다. 김성복 영수의 증손자 김세진 장로는 안홍에서 태어나서 장로가 되었다.

경상북도 안동지역의 모판교회로서의 역할을 하였던 방잠교회는 김성복 영수 부자가 3 · 1만세운동에 적극적으로 가담한 죄목으로 옥고를 치르는 사이 위기를 맞았다. 교회 지도자인 김성복 영수의 공백은 곧바로 교인의 감소로 이어졌다. 더구나 설상가상으로 교회에 대한 일제의

안홍교회

핍박이 심해지자 방잠교회 교인들은 정상적인 신앙생활을 하기 힘들게 되었다.

김성복 영수가 일제의 박해를 견디다 못해 이웃 지역으로 피신을 가자 교회는 급격하게 쇠락해졌다. 결국 방잠교회의 유지가 어렵게 되자 경북노회에서는 1923년 방잠교회를 이웃에 있는 장수동교회(현 지내교회)에 통폐합시키기로 결의했다. 방잠교회 예배당은 방매하여 기도실을 사는 것으로 결정되어 방잠교회는 설립된 지 18년 만에 폐쇄되었다. 방잠교회 예배당 매각대금은 60원으로 몇년 뒤 방잠교회가 재건되면 돌려주기로 결정되었다. 일부 교인들은 통합된 지내교회에 출석하였으나 나머지 교인들은 방잠마을을 떠나 안동으로 이주를 했다. 이로써 안동지역에서 세 번째로 설립되어 여러 교회를 분립함으로써 양반지역 복음화에 기여했던 방잠교회는 오랫동안 암흑기로 접어들었다.

지내교회

두 과부가 눈물과 기도로 가문과 신앙을 지키다

김성복 영수는 안흥교회에 출석하며 신앙생활을

계속했다. 일제의 감시와 박해 속에서도 김성복 영수는 며느리 황옥각에게 직접 한글을 가르쳐 주었고 안동교회 부설 성경학교에 보내 공부할 수 있도록 배려했다. 시아버지의 전폭적인 지지를 받으며 성경학교를 다녔던 황옥각은 교회 전도사로 사역을 하였다.

김성복 영수의 맏아들 김치경은 부인 황옥각과 어린 자녀들을 남겨두고 혼자 일본으로 건너갔다. 그러나 김치경은 감옥에서 받은 고문 후유증으로 1931년에 37세의 젊은 나이에 일본에서 숨을 거두었다. 젊은 아들이 일본에서 세상을 떠났다는 소식에 마음 아파하던 김성복 영수는 1938년 조국의 해방을 보지 못하고 79세를 일기로 세상을 떠났다.

1950년 6월 25일에 발발한 한국전쟁은 일제로부터 해방이 되어 신앙의 자유를 누리던 김성복 영수 집안에 또 다른 슬픔을 가져다주었다. 일본에서 세상을 떠난 김치경의 맏아들 김득실이 십자군에 자원입대하여 훈련을 받고 곧바로 전투에 투입되었다가 목숨을 잃은 것이다. 그의 동생 김득룡은 참전 중 여러 발의 총알을 맞고 상이용사가 되었다. 이처럼 김성복 영수 집안의 남자들은 일제 강점기에는 3·1만세운동에 앞장섰다가 모진 고난을 당하였고 6·25 한국전쟁 중에는 전사를 당하거나 총상을 입었다.

김득실의 아내 이옥이 권사는 28세에 남편을 잃었다. 그녀는 홀로된 시어머니 황옥각 전도사를 모시며 4남매를 키워야 했다. 막내 김원진은 유복자였다. 시어머니 황옥각 전도사가 28세의 나이에 남편을 잃었듯이 며느리 이옥이 집사도 28세에 남편을 잃었던 것이다. 3·1만세운동 이후 집안의 남자들이 일찍 세상을 떠나자 집안의 안주인이었던 황옥각 전도사와 이옥이 권사의 삶은 극심한 고난의 연속이었다.

남편을 잃은 시어머니와 며느리의 눈에는 눈물이 마를 날이 없었다. 날마다 새벽을 깨우며 하나님께 나아가 눈물로 간구하는 두 여인의 기도를 하나님께서는 선한 것으로 응답해 주셨다. 가정을 지키고 자녀를 키우기 위해 날마다 몸이 부서져라 일을 해야 했던 여인들은 비록 경제적으로는 풍부하지 못했으나 자녀들의 신앙교육만큼은 철저히 시켰다. 자녀들이 '아비 없는 자식'이라는 소리를 듣지 않고 신앙인으로 살아가기를 기도했던 여인들의 눈물의 기도는 결코 헛되지 않았다. 그들이 하나님 앞에서 흘린 눈물의 기도 소리는 자녀들의 신앙의 지침이 되었고, 삶의 나침반이 되었다.

3·1만세운동 73년 만에 증손자가 대신 훈장을 받다

김성복 영수 훈장증

김세진 장로는 방잠교회의 설립자 김성복 영수의 증손자다. 그는 5세인 1950년, 아버지 김득실이 전사하는 아픔을 당했다. 그는 집안의 종손인 동시에 가장 나이가 많은 남자였다. 할머니와 어머니는 어린 세진을 아끼고 사랑하였다. 그는 어린 손자를 집안의 대를 이어갈 올바른 사내아이로 키우기 위해 엄하게 교육했다. 할머니 황옥각 전도사는 시간 날 때마다 어린 손자를 품에 안고 증조할아버지와 할아버지, 그리고 아버지의 이야기를 들려주었다. 특히 편항시장에서 독립만세를 부르다 옥고를 치렀던 김성복 영수 부자의 이야기는 나이 어린 김세진의 가슴 깊은 곳에 고스란히 남았다.

젊은 시절 전도사로 사역을 하였던 할머니는 며느리가 들에 나가 일을 하는 동안에 김세진을 포함한 어린 손자들을 데리고 신앙교육을 하였다. 할머니의 노력은 세월이 흐른 지금까지도 후손들의 뇌리에 남아 있다. 그때 암송한 성경구절은 어려운 청소년기를 거치면서도 삶의 중요한 나침반이 되어주었다. 할머니는 손주들에게 늘 입버릇처럼 말했다.

'착하게 살고 성경말씀을 많이 읽어라. 절대 싸우지 마라. 남의 물건을 탐내거나 도적질 하지 마라. 거짓말 하지 마라' 등이었다. 하다못해 막대기 한 개라도 다른 곳에서 주워오지 못하게 했다. 어찌보면 너무나 당연한 것이지만 어른 남자가 없는 집안에서 자라는 아이들에게는 더욱 엄격하게 적용되는 규칙이었다.

전도부인이었던 시어머니의 신앙을 이어받은 이옥이 권사도 자녀들에게 성경을 많이 읽고 암송하라고 했다. 자신이 솔선수범했다. 세상을 떠나기 전까지도 성경을 몇 절 단위가 아니라 몇 장 단위로 암송하였다. 이옥이 권사는 자신도 어려운 처지에 있었지만 형편이 어려운 사람을 보면 그냥 지나치지 못했다. 특히 6 · 25 한국전쟁 중에는 피난민들에게 숙식을 제공하였다. 전쟁 후에는 이북에서 피난 와서 오갈데가 없는 백이갑이라는 청년을 집으로 데려와서 함께 농사를 짓고 살면서 예수를 믿게 하였고, 결혼을 시켜서 살림을 내보냈다. 이 외에도 여러 명의 청년을 돌봐주었다.

이옥이 권사는 시어머니의 본을 받아 목회자를 성심껏 섬겼다. 안흥교회에 목회자 사택이 없을 때는 자기 집 사랑방을 목회자 사택으로 제공하는 모범을 보였다. 안동시에서는 홀로되신 시어머니를 정성껏 모시는 이옥이 권사에게 효부상을 수여하기도 하였다.

마치 어린 디모데가 외할머니 로이스와 어머니 유니게의 믿음을 이어받아 든든한 신앙인이 되었던 것처럼 어린 김세진과 그의 동생들은 두 여인의 신앙훈련과 가르침을 통해 성실한 청년으로 자라났다. 그들은 남들처럼 물질적으로는 풍족한 삶을 살지 못했지만 하나님의 말씀 안에서 바르게 살기 위해 노력하며 살았다.

김세진은 성장하면서 할아버지와 아버지가 계시지 않는 집안의 맏아들로써 조상들의 행적을 자랑스럽게 여기며 살았다. 동시에 마음 한 구석에는 조상들이 3·1만세운동에 참여했다는 사실이 공식적으로 인정을 받지 못한 것이 가슴 아팠다. 안동지역 3·1만세운동사에는 기록이 있으나 공식적인 자료가 없어 국가로부터 독립유공자로 인정을 받지 못했던 것이다.

두 분 할아버지의 공적을 찾은 것은 방잠교회에서 잠시 사역을 하였던 김재오 목사(당시 전도사)의 제보에 의해서였다. 안동 경안노회 70주년 기념책자 발간을 위한 자료를 수집하던 차에 김성복 영수를 비롯한 방잠교회 교인들의 만세운동과 관련한 자료를 발견한 그는 설립자의 후손인 김세진 장로에게 전화를 해 주었다. 그 길로 김세진 장로는 안동보훈지청과 대구지방 보훈청에 가서 관련 자료를 확인하였고, 부산에서 목회를 하는 처남은 부산의 정부기록보존소에서 당시의 재판기록을 찾아내었다. 이듬해인 1992년 3·1절에는 두 분 할아버지의 공적을 인정받아 김세진 장로가 대신 훈장을 받았다. 그들이 목숨을 걸고 참여한 3·1만세 운동이 일어난 지 70여 년의 세월이 흐른 뒤였다.

방잠교회, 두 설립자의 후손을 통해 65년 만에 다시 재건되다!

1905년에 설립된 방잠교회가 1923년 지내교회로 통합됨으로써 사람들의 기억에서 사라진 역사속의 교회가 되었다. 많은 사람들은 방잠교회가 지구상에서 영원히 사라진 것으로 생각했다. 그러나 하나님께서는 방잠교회의 재건을 계획하고 계셨다. 하나님께서는 110여 년 전에 방잠교회를 설립했던 김성복 영수의 후손 김세진 장로와 이호명 영수의 다섯째 아들 이기동 집사를 통해 방잠교회를 재건하게 하셨다.

하나님께서는 먼저 이기동 집사의 마음을 움직이셨다. 어린 시절 방잠교회를 다녔던 이호명 영수의 다섯째 아들 이기동 집사는 사업으로 성공하여 부를 축적하였다. 그는 아홉 살인 예안보통학교 2학년 때 안동으로 이사를 간 이후로 평생을 객지에서 살았다. 열네 살 때 일본으로 건너가서 고학으로 동양외국어학교 영문과를 다니다가 2차 대전으로 말미암아 학업을 중단하기도 하였다. 해방 후 미 군정청 통역관 등으로 일하기도 하면서 어렵게 부를 축적한 그는 어린 시절 부모의 손을 잡고

방잠교회에 다녔던 추억이 서린 고향교회를 늘 안타까워하며 잊은 적이
없다.

　방잠교회가 세워졌던 마을에 새롭게 교회가 시작된 것은 1983년이었
다. 그러나 아이들 몇 명 외에 교회를 찾는 주민들은 없었다. 이러한 사
실을 알게 된 이기동 집사에게 하나님께서 감동을 주셨다. 경제적 여유
가 있던 그는 무너진 하나님의 교회를 자신이 직접 재건할 마음을 먹었
다. 예전에 방잠교회가 세워졌던 마을에 넓은 터를 구입하여 현대식 3층
예배당을 1988년에 완공하여 하나님께 봉헌하였다.

　오늘날의 방잠교회를 재건한 이기동 집사는 필자와의 전화통화에서
다음과 같은 신앙고백을 했다.

재건된 방잠교회

"방잠마을은 깊은 산골에 위치하고 있기 때문에 웬만한 가정에서는 자녀들의 교육에 대해 관심이 없었지만 우리 가정은 예수를 믿었기 때문에 부모들이 자녀교육에 대해 적극적으로 지원을 해 주었습니다. 지금 우리 가문은 예수를 믿음으로 말미암아 이러한 축복을 받았다고 생각하며 언제나 하나님 뜻대로 살기 위해 노력하고 있습니다. 우리 집에서는 가정예배를 빠짐없이 드렸고, 잠자기 전에도 기도를 하였으며, 식사 때마다 아버지 이호명 영수는 가족들을 위해 감사의 기도를 드렸습니다."

이호명 영수의 후손은 7남매였다. 그들은 모두 아버지의 믿음을 따라 신앙생활을 하고 있다. 맏아들 이승동은 1912년 13세의 나이에 권찬영 선교사로부터 세례를 받았다. 방잠교회가 문을 닫자 고향을 떠난 그는 20세에 독립운동에 뜻을 두고 만주의 신흥무관학교에 입학하여 활동하기도 하였다. 서울 중동학교를 졸업한 후 서울의대의 전신인 경성의학전문학교에서 의학을 공부하여 의사가 되었다. 안동 최초의 전문 의료인이기도 했던 그는 영주, 서울 등지에서 의사로 살았다.

하나님께서 기도 중에 환상을 통해 응답하시다

1988년 11월 65년의 암흑기를 마감하고 방잠교회가 지상 3층의 현대식 예배당으로 재건되었지만 출석하는 교인은 거의 없었다. 심지어는 목회자 한 사람만 교회를 지키던 시절도 있었다. 그것은 방잠교회가 없어지고 나서 방잠리 사람들 중 일부는 타 지역으로 이사를 가서 신앙생활을 계속했고, 나머지 사람들은 신앙을 버렸기 때문이었다.

1996년에 부임한 정봉기 목사는 기도를 했다. 그는 혼자서 교회를 가만히 지키고 있지 않고 설립자 후손들을 직접 찾아 나섰다. 6개월 만에 설립자 후손 중 한 사람인 김세진 장로가 안동에 살고 있다는 소식을 듣고 찾아가서 설득했다. 그렇지만 김세진 장로는 안흥교회를 쉽게 떠날 입장이 아니었다. 증조부가 일제의 핍박을 피해 정착한 곳이 바로 안흥교회였고, 자신은 그곳에서 태어나 어릴 때부터 신앙생활을 해 오다가 1984년 1월에는 장로로 장립을 받아 교회를 섬기고 있었기 때문이었다.

김세진 장로는 한 달의 기도할 여유를 달라고 했다. 김세진 장로와 서경옥 권사 부부는 하나님께 간절히 기도했다. 하나님께서는 기도하는 서경옥 권사에게 환상을 보여 주셨다. 너무나 생생한 환상을 본 서경옥 권사는 남편에게 환상에 대해 이야기했다. 부부는 방잠교회에 출석하는 것이 하나님의 뜻임을 확신하고 1997년 1월 첫 주일부터 방잠교회로 출석하기로 정봉기 목사에게 통고했다.

그러나 방잠교회에 출석하기로 약속한 1997년 첫 주일 아침에 일어난 김세진 장로 부부는 기가 막혔다. 밤새 폭설이 내리는 바람에 자가용을 몰고 갈 수가 없어 택시를 타고 교회로 가야 했다. 두껍게 눈이 쌓인 시골길을 어렵게 헤치며 교회에 도착하자 예배는 마지막 주기도문 순서였다. 예배당 입구에서서 기도를 마친 서 권사가 예배당 안을 들여다보고는 깜짝 놀랐다. 기도 중에 하나님께서 보여 주신 환상과 눈앞에 펼쳐진 교회 내부의 모습이 너무나도 똑같았기 때문이다. 김세진 장로 부부가 예배에 참석하기를 초조하게 기다리던 정봉기 목사는 김세진 장로 부부의 손을 잡고 감사의 기도를 드렸다.

집으로 돌아오는 택시 안에서 김세진 장로의 두 눈에는 자기도 모르게 눈물이 고였다. 두 분 할아버지가 방잠교회를 세우고 3·1 만세운동에 앞장섰다가 고난을 당했던 것과, 일제의 핍박을 피해 일본으로 건너갔던 김치경 할아버지가 젊은 나이에 세상을 떠났던 일, 그리고 6·25한국전쟁 때 아버지가 전사하는 바람에 할머니와 어머니 슬하에서 힘들게 살았던 과거가 김세진 장로의 머릿속에서 주마등처럼 지나갔다. 그는 부인 서경옥 권사의 두 손을 꼭 잡고 허물어졌던 방잠교회가 65년 만에 이 땅에 다시 태어나게 하신 하나님께 감사를 드렸다.

1996년 방잠교회는 안동 시내의 교회와 연계해서 다시 예배를 드리게 되었다. 교회는 틀이 잡혀가면서 교인들이 하나 둘씩 늘어나기 시작했다. 특별히 산골 교회에 안동시내에서 청년과 대학생들이 모여 들기 시작하면서 교회는 활기를 띠기 시작했다. 한때는 청년들이 20여 명에 이르기도 했다. 청년 대학생들을 중심으로 교회가 부흥발전하면서 말씀으로 든든히 서가는 교회가 되었다.

그 당시 출석하던 대학생들 중에서 6명의 목회자가 배출된 것만 보아도 하나님이 얼마나 방잠교회의 재건을 기뻐하셨는지 짐작이 간다. 지금 방잠교회의 임상욱 담임목사도 1990년대 대학생으로서 방잠교회에서 뜨겁게 신앙생활을 하던 대학생 중 한 명이다.

하나님의 역사는 믿음의 가문을 통해 대를 이어 계속된다

방잠교회의 역사는 김성복 영수와 이호명 영수 두 가문에 의해 이어지고 있다. 1905년에 두 가문이 힘을 합쳐 방잠교회를 설립했고 65년의 암흑기를 거쳐 현재의 방잠교회를 재건한 것도 두 가문의 후손들이다.

1923년에 지내교회에 통합되면서 사라졌던 방잠교회를 재건한 것은 초대 교인 이호명 영수의 다섯째 아들 이기동 집사다. 어릴 때 가족을 따라 고향을 떠났지만 그의 가슴 속에는 한 시도 고향 교회가 떠난 적이 없었다. 고향에 들를 때마다 사라진 교회가 눈에 아른거렸다. 하나님은 이기동 집사에게 무너진 방잠교회를 다시 세우는 믿음과 물질의 축복을 주셨고, 그는 겸손하게 하나님의 은혜에 감사하며 고향 교회를 재건하여 하나님께 헌납했다.

이호명 영수의 후손을 통해 방잠교회를 재건하신 하나님은 교회 설립자요 지도자였던 김성복 영수 후손들에게 교회를 섬기도록 하셨다. 3·1만세운동과 6·25 한국전쟁으로 집안의 남자들이 고난과 전사를 당하였지만 황옥각 전도사와 이옥이 권사의 기도와 눈물은 자녀들에게 올바른 신앙을 심어주었다. 4대 만에 첫 번째 장로가 된 김세진 장로는 맏사위 임상욱 담임목사를 도와가며 증조부 김성복 영수가 설립한 방잠교회를 섬기고 있다.

김세진 장로는 결혼할 당시 부인 서경옥 권사에게 한 가지만 부탁했다. "어머니(이옥이 권사)에게 효도만 해 주세요." 서경옥 권사는 결혼 후 지금까지 남편의 유일한 부탁을 잘 지키며 살았다. 김세진 장로 부부는 항상 새벽기도를 드리며 잠들기 전에 가정예배를 드린다. 철저하게 주일성수를 하며 살아간다. 할머니와 어머니의 본을 따라 겸손하게 교회를 섬기고 있다. 농사를 지을 때는 제일 먼저 수확한 농산물 중 가장 좋은 것을 골라 목회자에게 드렸다. 김세진 장로 부부에게 있어서 삶의 우선순위는 하나님, 주의 종, 어려운 자들 그리고 가정이다.

하나님께서는 방잠교회 설립자요 지도자였던 두 사람의 후손들을 통해 65년 동안 역사의 뒤안길로 사라졌던 방잠교회를 거듭나게 하셨다. 한 가문은 무너진 예배당을 다시 세우고, 한 가문은 하나님의 교회를 섬기고 있다.

방잠교회의 역사를 통해 우리는 하나님이 교회를 사랑하시는 법을 깨닫게 된다. 모든 것이 하나님의 예비하심이요 은혜일 뿐이다.

5 "동학보다 예수를 믿는 것이 나라를 사랑하는 첩경이다"

- 동학군에서 술꾼으로, 술꾼에서 복음전도자가 된 백낙규 장로

백낙규 장로 이야기

　말 한 마디가 한 사람의 인생을 바꾸어 놓았다. 한 사람의 가슴에 심겨진 복음은 그 사람뿐만 아니라 그가 살았던 지역과 그 후손들의 삶까지 바꾸어 놓았다.

　일찍이 아버지를 여의고 소년가장이 된 백낙규는 어린 나이부터 가족들을 부양하기 위해 포목장사 일을 해야 했다. 포목장사를 하는 과정에서, 피폐해진 농촌의 삶을 목격한 청년 백낙규는 1895년 동학혁명에 참가하였다. 동학 소접주로서 크고 작은 전투에 참가했던 그는 공주에서 벌어진 우금치전투에서 패한 뒤 도망자가 되어 익산으로 숨어들었다. 거기서 그는 실패한 동학운동과 일제에 빼앗긴 나라꼴을 보며 울분에 잠겨 술과 도박으로 지내며 술에 취해 행패나 부리는 술꾼이 되어 있었다.

　그런 그를 바꾸어 놓은 말 한 마디가 있었다. 그것은 "동학보다 예수를 믿는 것이 나라를 사랑하는 첩경이다"라는 말이었다. 오긍선 조사가 백낙규에게 전해준 이 말은 실패한 동학군에서 술꾼으로 전락한 한 사람의 삶을 완전히 바꾸어 놓았다. 나중에 연세대 의대학장이 된 오긍선 조사가 전해준 이 말 한 마디에 백낙규는 그 길로 상투를 잘라버리고 예수를 영접했다. 그 좋아하던 술도 끊었다. 그러고는 구국의 신념으로 1900년

익산지역 최초의 교회인 동련교회를 세웠다. 선
교사의 도움 없이 세워진 동련교회가 세상에 알
려진 것은 백낙규가 하위렴(Harrison) 선교사로
부터 세례를 받은 1904년이었다.

백낙규 장로

교회를 설립한 백낙규는 새사람이 되었다. 시
장에서 함께 술을 마셨던 옛 친구들에게 복음을
전하는 자로 변해갔다. 마을에 궂은 일이 발생하면 백낙규는 솔선수범해
서 해결했고, 심지어 한여름 전염병에 걸려 죽은 시체들을 직접 염을 하
고 장례를 치르기도 했다. 이처럼 백낙규는 가정이나 생업보다 교회 일
을 더 우선적으로 처리하는 성실한 교인이 되었다. 이런 그를 두고 사람
들은 "예수를 믿으려면 동련교회의 백낙규처럼 믿으라"고 할 정도였다.

동련교회는 모든 면에서 모범적인 농촌교회였다. 동련교회는 세 가지
의 자랑거리가 있는데, 첫째는 계동학교다. 배움에 목말랐던 백낙규는
서당조차 제대로 없던 시골에 계동학교를 세웠는데 후일 계동학교는 복
음과 독립운동의 요람이 되었다. 둘째는 장학사업이다. 동련교회는 장학
사업을 통해 중.고,대학생들에게 장학금을 지급했다. 셋째는 신용협동조
합과 양곡조합의 운용이다. 이런 사회선교 사업을 통해 동련교회는 농민
들이 가난에서 벗어나는 계기를 만들어주었다.

백낙규 장로의 믿음과 헌신은 후손들에게 이어졌다. 그의 후손들은
"세상의 물질보다 신앙의 유산이 더 중요하다"는 고백으로 5대째 대를
이어 동련교회를 섬기고 있다. 제헌의원을 지낸 그의 사남 백형남 집사
는 신앙을 지키다 한국 전쟁 때 거룩한 순교의 피를 흘렸다.

"동학보다 예수를 믿는 것이 나라를 사랑하는 첩경이다"

— 동학군에서 술꾼으로, 술꾼에서 복음전도자가 된 백낙규 장로

백낙규 장로와 동련교회를 찾아서

백낙규 장로가 주축이 되어 설립한 동련교회는 옛날부터 석재로 유명한 익산시 황등면 소재지에서 3킬로미터 정도 떨어진 곳에 있다. 익산시 일대의 교회를 방문하던 과정에 들른 동련교회는 농촌의 여느 교회와는 다른 느낌을 주었다.

이 교회는 익산시 일대에서 가장 먼저 설립된 교회답게 교회가 설립되자 인근 여러 지역에서 교인들이 몰려들어 한때는 지역에서 제일가는 교회가 되어 복음화에 기여하고 있다. 교회 입구를 들어서면 오른쪽에 종탑이 있고 그 밑 화단에는 일제 강점기에 동련교회에서 부설로 운영했던 계동학교 후원회 비골이 세워져 있다. 일제가 황등에 설치한 신

사에 깃발을 꽂기 위해 빼앗아 갔던 것을 해방 후에 다시 제자리로 옮겨온 것이다.

오래된 예배당 좌측에는 어르신들을 위한 공간인 '계동관'이 있다. 동련교회 부설 초등학교를 기념하여 지은 건물에 '계동관'이라 이름을 붙여두고 동련노인학교로 사용하고 있다. 건물 바로 앞에는 어린아이들을 위한 놀이시설이 있다. 예배당 오른쪽에는 교육관이 있고 뒤편으로 넓은 주차장이 마련되어 있다. 주차장 끝부분에는 아담한 '재가장기요양기관'이 있다. '사랑의 집'이라 이름을 붙인 주간노인복지센터에서는 지역에서 거동이 불편한 노인들을 찾아가서 목욕서비스를 제공하는 등 하나님의 사랑을 실천하고 있다. 주차장 옆 넓은 공터는 주말농장을 개설하여 각종 채소를 재배하고 있다. 이처럼 동련교회는 교인들이 모여 예배만 드리는 곳이 아니라 지역을 아우르며 지역을 선도하는 교회로 존재하고 있다.

동련교회를 찾아간 필자에게 김일원 담임목사는 친절하게 동련교회의 역사를 들려주었다. 김일원 목사가 건네준 『동련교회 90년사』를 비롯해서 교회 역사가 기록된 책을 들고 교회 인근에 살고 있는 백낙규 장로의 손자 백기선 장로 댁을 찾아갔다. 백기선 장로와 부인 유요순 권사는 전형적인 농부였다. 할아버지 백낙규 장로가 주축이 되어 설립한 동련교회를 3대째 시무장로로 섬기며 신앙생활을 하는 노부부는 겸손했다. 백기선 장로는 술꾼에서 교회 설립자요 지도자였던 할아버지와 아버지의 삶에 대해 진솔하게 들려주었다.

제헌국회의원을 지낸 백낙규 장로의 넷째 아들 백형남 집사는 6·25 한국전쟁 중에 인민군의 총탄에 맞아 순교하였다. 그의 유일한 후손인 백운선 장로는 서울대학교를 졸업하고 지금 호남대학교 대학원장으로 재직 중인 교수다. 갓 돌을 지난 시기에 아버지를 여읜 백운선 교수는 어머니 강복식 장로의 눈물과 기도 덕분에 대학 교수가 되었고 장로로 교회를 섬기노라고 간증했다.

백낙규 장로의 생애

소년가장 백낙규, 동학군 소접주에서 도망자로, 도망자에서 술꾼으로 변하다

전북 익산시 동련교회의 설립자인 백낙규 장로는 1876년 전남 승주군에서 태어났다. 가난한 집 장남이었던 그는 친구들이 서당에서 한문을 배울 때 친구들의 어깨 너머로 한자를 익혔다. 배움의 열정을 못 이겨 인근의 송광사에 사동으로 일하기도 하였다. 그러던 중 열 살 정도 되었을 때 아버지와 형이 괴질로 세상을 떠나자 졸지에 집안의 가장이 되어 버렸다.

소년가장이 된 백낙규는 홀어머니와 동생들을 위해 일을 해야 했다. 어린 나이에 할 수 있는 일은 많지 않았다. 어른들을 따라 광목과 삼베, 명주, 비단을 등에 지고 다니며 판매하여 얻은 수입으로 집안 살림에 보태었다.

1895년 동학농민운동이 일어나자 19세의 피 끓는 청년 백낙규는 정의감에 불타 장사를 그만 두고 동학에 가담하였다. 포목장사를 하면서 이 마을 저 고을로 돌아다니며 피폐해진 농촌 형편을 보아왔던 그로서는 동학을 통하여 민초들의 어려움을 해결할 수 있을 것으로 생각했던 것이다.

동학군의 소접주까지 하며 크고 작은 전투에 참가할 정도로 적극적인 활동을 펼쳤으나 공주 부근의 우금치 전투에서 패하자 도망자 신세가 되었다. 관군 때문에 고향으로 돌아갈 수 없게 된 백낙규는 고향 가는 길목인 익산시 황등 지역에 잠시 숨어 지냈다.

동학운동이 잠잠해지자 자신의 본업인 포목장사를 다시 시작했다. 자신의 삶은 안정을 찾았고 형편이 좋아졌지만 일반 백성들의 생활은 동학농민운동 전보다 나아진 것이 없음을 본 백낙규는 깊은 번민에 빠졌다. 국가의 운명을 비관하며 가슴속에서 끓어오르는 울분을 참지 못해 술과 노름으로 세월을 지냈다. 게다가 술만 마시면 시장에서 주변사람들에게 행패를 부리며 살아가는 삶을 이어나갔다.

백낙규를 변화시킨 한 마디, "동학보다 예수 믿는 것이 나라 사랑하는 첩경이다!"

젊은 나이에 술에 빠져 있던 백낙규에게 복음이 전해졌다. 나중에 연세대 의대학장을 지낸 오긍선 조사로부터 전도를 받은 그는 익산시 황등면 인근에서 개최하던 집회에 참가하여 복음을 영접하면서 그의 삶은 변화를 받게 되었다.

"동학보다 예수를 믿는 것이 나라를 사랑하는 첩경이다"라는 복음 전도자의 말에 감동을 받아 그 즉시 상투를 잘라버리는 결단을 보였다. 예수를 영접한 백낙규는 즐겨 마시던 술도 끊었다.

동학농민운동을 포기하고 나서 5년 만에 복음을 영접한 백낙규는 이전과는 다른 새로운 삶을 살게 되었다. 그는 동학이 아닌 기독교를 통한 조국 광복을 염원하면서 구국의 신념으로 자기 마을에 교회를 세웠다. 마을 사람인 송군선, 장치오, 정순국, 장희서 등과 힘을 합쳐 익산시 황등면 장평마을의 지성옥의 뒷방에서 첫 예배를 드렸다. 그때가 1900년이었다. 익산지역 최초의 교회는 이렇게 세워졌다.

선교사의 도움 없이 시골에 세워진 교회가 교계에 알려진 시기는 교회 설립자 중의 한 사람인 백낙규가 전주 선교부 소속의 하위렴(Harrison) 선교사로부터 세례를 받은 1904년이었다.

"예수를 믿으려면 저기 동련의 백낙규처럼 믿으라"

교회를 설립한 백낙규는 이전의 못된 습관을 다 벗어버리고 전혀 새로운 사람이 되었다. 시장에서 함께 술을 마셨던 옛날의 술친구들에게 복음을 전하는 자로 변해갔다.

백낙규가 하루아침에 술꾼에서 기독교 복음을 전하는 자로 변하자 주변사람들은 처음에는 의아해 했다. 그러나 마을에 궂은 일이 발생하면 젊은 백낙규는 솔선수범해서 해결했고 심지어 한여름 전염병에 걸려 죽은 시체들을 직접 염을 하고 장례를 치르기도 했다.

이처럼 백낙규가 교회 일이라면 만사를 제쳐두고 발 벗고 나서자 그제서야 주변 사람들도 마음을 열고 하나 둘씩 교회에 출석하였다. 어떤 면에서는 가정일이나 생업보다도 교회 일을 더 우선적으로 처리하는 성실한 교인이 되었다. 이런 그를 두고 5일장을 돌며 장사를 하던 사람들은 "예수를 믿으려면 저기 동련의 백낙규처럼 믿으라"고 할 정도였다.

익산지역 최초의 교회 동련교회에서 이웃사랑을 몸으로 실천하다

동련교회의 초기 구성원들은 주로 세상에서 제대로 대접을 받지 못하던 계층 사람들이 많았다. 그들은 주로 아이를 낳지 못하여 버림받은 여인, 타향에서 이사를 와서 천대 받으며 살던 사람들, 가난하고 배우지 못해 사람다운 대접을 받지 못하던 사람들이었다. 그들은 복음을 받아들이자 새로운 삶을 살아가기 시작했다. 예수 안에서 평등하며 인간으로서 대접을 받은 그들은 마음을 다해 헌신하며 살았다. 커다란 광목으로 남녀 좌석을 구분한 예배당 안에서 예배를 드렸던 그들은 세상에 태어나서 처음으로 진정한 자유를 누리며 신앙생활을 했다.

백낙규 장로는 포목장수를 하면서 벌어들인 수입 중 일부는 이웃을 위해 사용하였다. 8남매의 맏아들로서 홀어머니를 모시고 살아가느라 자기도 넉넉하지 못한 살림이었지만 헐벗은 거지들에게는 옷감을 거저 주었고, 끼니를 굶는 사람에게는 양식을 사다주기도 했다. 말로만 하는 이웃 사랑이 아니라 직접 행동으로 보여준 것이다.

이처럼 백낙규 장로가 교회와 이웃을 위해 헌신하고 사랑을 베풀 수 있었던 배경에는 현명한 아내가 있었다. 시집을 와서 남편과 함께 예수를 영접한 그의 아내는 어릴 때부터 책을 많이 읽으며 자란 덕분에 자녀들의 교육에 많은 관심을 가지고 키웠다.

그는 매사에 부지런하였다. 전주와 군산 등 인근지역의 5일장은 그의 활동무대였다. 장을 보러온 사람들에게 옷감을 팔뿐만 아니라 그들에게 자기가 믿는 예수 그리스도를 전하는 것도 잊지 않았다. 그는 어려서부터 가정경제를 책임지고 일했기 때문에 부지런한 삶을 살았다. 아침 일찍 말을 몰고 시장에 나갈 때면 동네 아낙네들은 말방울 소리를 듣고 아침잠을 깨어 식사를 준비할 정도였다고 한다.

이처럼 교회 일에 충성스럽게 일하던 백낙규는 1904년 봄에 학습을 받고, 가을에 동련교회 최초로 세례를 받아 교회를 섬겼다. 1912년 집사로 임명을 받은 백낙규 집사는 군산의 영명학교 내에 설립한 성서학원에 등록하여 교인들과 함께 60여 리가 넘는 길을 걸어 다니며 성경을 공부하였다. 이처럼 열심히 성경을 공부하면서 교회 일에 봉사하던 백낙규 집사는 3년 후인 1915년에 장로로 장립을 받아 교회 지도자로 성실하게 교회를 섬겼다.

동련교회의 자랑1 -계동학교의 설립

동련교회는 100여 년의 세월을 거치면서 많은 수난을 당하고 어려운 고비를 넘기면서 오늘날 모범적인 농촌교회로 성장하였다. 동련교회가 자랑할 수 있는 많은 일들 중 대표적인 자랑거리는 다음과 같다.

첫째로 계동학교의 설립이다.

백낙규 장로는 1909년에 동련교회 부설로 '계동학교'를 설립했다. 지역에서 처음으로 세워진 계동학교는 시골의 어린이들에게 신학문과 복음을 교육하는 장소가 되었다. 한문을 배우는 서당조차 없던 시골 마을에 세워진 계동학교는 교인뿐만 아니라 주변 사람들로부터 커다란 관심을 불러일으켰다.

〈계동학교 교가〉

"만여 리에 최후지에 문명 날개는
금마터에 계동학교 분명하구나
장내 영웅호걸 장사 큰일 배우러
매우사리 힘써주소
구름같이 뭉쳐오소

계동학교 전교생

앞으로 앞으로

우리 계동학교가

앞으로 앞으로

선뜻 선뜻 나가며…."

　계동학교는 설립 이듬해인 1910년 8월 15일에 정식 학교 설립 허가를 얻었다. 학생들에게 새로운 학문을 가르칠 교사들은 주로 미국 남장로회 선교부가 세운 전주의 신흥학교와 기전여학교, 군산의 영명학교 졸업생들이었다. 젊은 선생들과 함께 학생들을 교육한 선생 중에는 한학을 공부하다가 기독교로 개종한 선비출신들도 섞여 있었다.

　계동학교는 복음과 나라 사랑에 교육 목표를 두고 열심히 학생을 가르쳤다. 1912년부터 1947년 폐교될 때까지 계동학교는 총 266명의 졸업생을 배출하여 황등면 일대의 기독인재를 양성하는 귀한 사명을 잘 감당하였다. 계동학교는 1912년부터 1935년까지는 4년제로 운영되었고, 1936년부터 1947년까지는 6년제로 운영되었다.

　그러다가 계동학교는 일제가 면소재지에 공립 황등공립보통학교(현 황등초등학교)를 세우자 위기를 맞기도 했다. 황등면 소재지에서 다니던 학생들이 황등공립보통학교로 전학을 가는 바람에 학생수가 급감하였다. 그러나 계동학교는 설립 취지에 맞게 성경과 신학문을 열심히 가르쳤다. 남아있는 학생들은 대부분 공립학교에 갈 수 없는 교인들의 자녀와 가난 속에서 허덕이던 농민의 아이들이었다. 간혹 배움의 기회를 잃어버렸던 나이든 어른들도 입학하여 어린 아이들과 함께 성경과 새로운 학문을 공부하였다.

계동학교에 대한 백낙규 장로의 사랑은 각별하였다. 교회 재정의 80~90%를 계동학교의 운영비로 사용할 정도였다. 4년제로 운영되던 1916년에 학교후원회를 조직하여 학교 운영에 필요한 재정을 확보하기도 했다. 그래도 재정이 부족할 경우에는 자신의 자산을 팔아 충당하기도 하였다.

계동학교를 설립하여 운영하던 백낙규 장로는 3·1만세운동이 일어나자 용산교회와 서두교회 등 3개 교회 합동으로 비밀리에 협약하여 황등 장날에 모여 장꾼들을 모아 만세를 부르는 데 앞장서기도 했다. 젊었을 때 동학군에 가입하여 일본 군인과 싸웠던 것과는 달리 나라를 사랑하는 한 사람의 기독교인으로 만세운동에 적극적으로 참여하였

다. 그는 대한민국의 독립을 위해 상해에서 독립운동을 하는 상해 임시정부에 남몰래 자금을 보내기도 하는 등 평생을 조국독립을 위해 직간접적으로 나섰다.

계동학교 후원회비

동련교회의 자랑2 –장학사업

동련교회의 두 번째 자랑거리는 장학사업이다.

동련교회는 교회 부설로 계동학교를 설립하여 운영한 경험이

있다. 교회에 출석하는 학생들이 학업을 계속할 수 있도록 장학기금을 마련하여 장학금을 지급하였다. 1968년부터 기금을 모으기 시작해서 1970년대 말에는 목표액 100만원을 모아서 유무상의 장학금을 지급하였다.

장학금은 1978년에 쌀 6가마를 시작으로 해서 1990년까지 총 33명에게 183가마의 쌀이 지급되었다. 처음에는 무상으로 장학금을 지급하였으나 두 번째부터는 장학금 수혜자의 가정형편에 따라 유,무상을 병행하여 지급하였다. 또한 지급대상자도 대학생뿐만 아니라 전문대학과 중고등학교 학생에 이르기까지 다양화하였다.

동련교회의 자랑3 −신용협동조합과 양곡조합

동련교회의 세 번째 자랑거리는 신용협동조합과 양곡조합의 운용이다.

동련교회는 1970년대에 들어서면서 재정적인 자립과 더불어 사회선교적 사업으로 눈을 돌렸다. 그 중에는 1970년부터 시작한 신용조합운동과 1976년부터 시행된 양곡조합운동 및 1983년에 시작한 묘지관리위원회 사업이 있다.

신용조합운동을 통해서는 가난한 농촌 교인들의 자녀들이 상급학교에 진학할 수 있었으며, 양곡조합운동을 통해서는 농민들이 근본적인 가난에서 벗어날 수 있는 계기가 마련되었다.

10계명에 근거한 생활지침을 철저히 지키고 책벌도 엄하게 한 동련교회

우리나라에 세워진 초대교회는 10계명을 엄격하게 지키기 위해 노력한 흔적이 여러 곳에서 발견된다. 동련교회도 성경말씀을 잘 지키기 위해 교인들의 잘못에 대한 징벌을 엄격하게 지켰고, 성경에 근거한 생활지침을 세워놓고 교인들이 따르도록 했다.

10계명을 중심한 생활 지침 가운데서도 초기 동련 교인들에게 크게 영향을 끼친 교훈은 다음과 같은 사항들이었다.

1. 우상을 섬기지 말 것: 그러므로 잡신을 섬기거나 조상님께 제사를 드리거나 그 무엇에도 절해선 안 됨. 그러나 효도는 잘할 것.

2. 안식일은 거룩히 지킬 것: 주일은 하나님의 날이다. 꼭 이날은 일하지 말고 하나님께 드리고 예배에 참석할 것.

3. 도적질하거나 간음하지 말 것: 하나님이 보시므로 남의 것을 탐내거나 훔쳐서는 안 되고 축첩을 하거나 이혼을 하지 말 것.

4. 술, 담배를 먹거나 노름을 하지 말 것….

동련교회는 이런 규칙들을 세워두고 엄격하게 적용하였다. 교회 당회록에 기록된 책벌 사항들을 보면 당시의 교인들이 얼마나 말씀에 충실하게 따랐는가를 엿볼 수 있다. 특히 전통적 남성 권위 의식 속에 물들었던 사람들은 기독교인은 되었지만 옛 버릇을 버리지 못해 축첩을 하여 엄격히 교회로부터 치리되었다.

동련교회의 110여 년의 역사 속에는 가슴 아픈 일이 하나있다. 일제가 패망하기 직전 교회가 강제로 폐쇄를 당한 것이다. 일제가 한 면에 한 교회만 남기고 나머지는 폐쇄하는 바람에 1944년 3월 26일 마지막 예배를 드리고 1년이 넘도록 교회는 문을 닫아야 했다.

해방이 되어 동련교회에서 다시 예배를 드릴 때까지 교인들은 4킬로미터를 걸어서 면소재지의 황등교회에 출석해야 했다.

목회자의 길을 거절하고 독립운동을 도운 장남 백홍길 장로

백낙규 장로의 맏아들 백홍길은 머리가 명석하여 아버지의 기대를 한몸에 받았다. 백낙규 장로는 맏아들이 목회자가 되기를 희망하면서 미국남장로회 선교사들이 세운 전주 신흥학교에 보내 공부를 시켰다. 그러나 아들은 아버지의 기대를 외면했다. 이에 백낙규 장로와 맏아들 백홍길 장로는 갈등을 겪었다.

백낙규 장로의 맏 증손녀 백은숙 권사의 증언에 의하면 백홍길 장로가 외부 활동으로 집을 비우는 동안 그의 맏아들 백인선 권사가 백낙규 장로를 봉양했다. 백인선 권사의 맏딸인 백은숙 권사는 어릴 때 몸이 약해 부모가 살던 군산을 떠나 익산에서 할머니와 함께 살았다. 할머니 전점순 권사는 어린 백은숙에게 증조할아버지 백낙규 장로와 할아버지 백홍길 장로의 삶에 대해 자주 이야기해 주었다.

백홍길 장로는 아버지의 뜻을 따라 목회자가 되지는 못했지만 아버지의 기질은 이어받았다. 민족의 고난 앞에 분연히 일어섰던 그는 전주 신흥학교에 재학 중이던 1919년 3월에 만세운동에 참가하는 바람에 일본 경찰을 피해다녀야 했다. 고향 집에 머물지 못하고 거처를 옮겨 다녔다. 마치 아버지 백낙규 장로가 동학농민운동에 참가하였다가 고향으로 돌아가지 못하고 타향에서 살았던 것과 흡사한 형편이 되었던 것이다.

백홍길 장로는 결혼 후에도 가정을 잘 돌보지 못했다. 그는 추수가 끝나면 곡식을 판 돈을 가지고 집을 나가 한참 후에 돌아오기를 반복했다. 그러다 보니 가족들은 어렵게 살았다. 아버지 백낙규 장로와의 갈등 때문에 반항하는 것처럼 보였다. 그런 그를 두고 주변사람들은 방탕한 인물이라고 수근거렸다.

백홍길 장로가 바깥으로 나도는 동안에도 시아버지를 섬기며 자녀를 교육하고 집안을 꾸려 나가야 할 몫은 전적으로 그의 아내에게 주어졌다. 전주 기전여학교를 졸업한 전점순 권사는 전형적인 한국의 여인이었다. 그는 묵묵히 가정을 잘 꾸려나갔다. 선교사가 세운 기전여학교에서 신앙훈련을 받은 전점순 권사는 자녀들이 신앙적으로 올바로 자라도록 늘 기도하였다. 자녀들이 거짓말을 하거나 예배에 빠지는 것은 결코 용납하지 않는 단호함을 보였다.

그러나 백홍길 장로는 아버지의 심부름으로 임시정부에 자금을 지원해 주고 있었다. 그는 그 사실을 가족은 물론이고 주변사람들에게 알리지 않았기 때문에 오해를 받았던 것이다. 백낙규 장로는 맏아들의 경제 사정이 여의치 못하면 둘째 아들 백홍택에게 돈을 마련하라고 지시했다. 백홍길 장로는 해방 후에야 이런 사실을 가족들에게 알려 주었다.

우리나라가 일본으로부터 해방되던 날 계동학교 선생들과 학생들이 교정에 모여 만세를 불렀다. 백홍길 장로는 일장기에 덧칠을 해서 태극기를 게양했다. 비록 아버지의 강압적인 교육방침에는 반기를 들었던 처지지만 어릴 때 아버지가 장롱 속에 감추어둔 태극기의 형상을 기억해서 해방의 기쁜 소식을 교인들에게 알려주었던 것이다.

해방 후 백홍길 장로는 동련교회로 돌아왔다. 일제 강점기 동안 조용히 독립자금 운반을 담당했던 그는 동련교회 장로로 임직을 받아 교회를 섬겼다. 그는 아버지의 뒤를 충성하였다. 백홍길 장로는 자녀들에게 신앙의 모범을 보여주었다. 1958년에 54세의 나이에 장로로 임직을 받았다. 그는 아버지가 세운 계동학교의 교장을 맡아 열심히 노력했으며, 황등면 의회 의장을 역임하는 등 교회일과 지역사회의 중요한 일을 맡기도 했다.

맏아들인 백홍길을 목회자로 키우겠다던 백낙규 장로의 꿈은 4대 만에 이루어졌다. 그의 증손자인 백종근이 백낙규 장로의 직계 후손 중 첫 번째 목사가 되었다. 백인선 권사와 조연실 권사의 2남 3녀 중 맏아들인 백종근 목사는 대학 졸업 후 산업연구원에서 근무하다가 미국으로 가서 신학을 공부하고 목사 안수를 받았다. 포틀랜드에서 목회를 한 후 은퇴하였다.

제헌의원을 지내던 중 한국전쟁 중 순교한 사남 백형남 집사

백낙규 장로의 넷째 아들인 백형남 집사는 어릴 때부터 머리가 총명

하고 리더십이 뛰어났다. 미국 남장로회 선교부가 전주에 세운 신흥학
교를 졸업하고 일본 동경대학에서 공부하여 주위로부터 기대를 한 몸
에 받았다.

　제1대 제헌국회의원을 지냈던 그는 남침한 인민군의 총탄에 맞아 순
교했다. 고향에 머물던 그는 6·25 한국전쟁이 일어나자 아내의 친정
이 있는 목포로 피난을 갔다가 그곳에 주둔하던 인민군에게 체포되었
다. 국회의원을 지낸 경력이 탄로나자 인민군은 백형남 집사에게 협력
해줄 것을 강요하였다. 그러나 대한민국 국회의원을 지낸 기독교인으
로서 남침한 인민군을 도와줄 수 없다고 거절하자 그들은 백형남 집사
를 총살하였다. 30대 초반의 백형남 집사는 27살 된 아내 강복식과 갓
돌을 지난 백운선을 남겨두고 먼저 하나님 품에 안겼다.

계동학교
교장시절의
백형남 집사

"부모가 기도하면 결코 자식은 헛되지 않는다"는 걸 보여준 강복식 장로

순교자 백형남 집사의 아내 강복식 장로는 믿음의 집안에서 태어났다. 어려서 아버지를 여의고 어머니 홍복만 권사의 사랑을 받으며 살면서 목포 고등여학교와 전문학교를 졸업한 신여성이었다. 자신도 어머니처럼 젊어서 남편이 세상을 떠나는 슬픔을 당했던 강복식 장로는 모진 고난을 믿음으로 극복하며 외아들을 남부럽지 않게 키웠다.

6·25 한국전쟁이 끝나자 목포에서의 피난살이를 마감하고 시댁이 있는 익산으로 돌아왔다. 남편이 다녔던 동련교회는 강복식 장로에게는 제2의 모교회가 되었다. 익산에서 황등국민학교와 함열중학교 교사로 근무하던 강복식 장로는 전주여자상업고등학교로 발령이 나자 외아들과 함께 직장이 있는 전주로 이사를 갔다. 전주 대광교회에서 장로 임직을 받은 그녀는 사랑하는 아들을 신앙적으로 키우기 위해 새벽기도를 쉬지 않았다. 공산군에 의해 순교당한 아버지의 삶과 신앙을 자랑스럽게 여기도록 세심한 배려를 하면서 아들을 키웠다. 아버지를 닮아 총명한 아들은 어머니와 외할머니의 기대에 어긋나지 않게 성실한 청년으로 성장하였다. 두 여인의 눈물어린 기도는 백운선 장로에게는 힘이 되었으며 하나님을 향한 믿음의 든든한 기초를 제공해 주었다. 디모데 후서 1장 5절에 기록된 디모데의 외할머니 로이스와 어머니 유니게의 신앙계승을 연상케 하는 신앙훈련이었다.

전주여자상업고등학교에서 교사로 학생을 가르쳤던 강복식 장로는

불우한 이웃을 돕는 데도 열심이었다. 일례로 수필가 목경희는 수필집 『길 바보의 노래』에서 자신이 자녀교육문제 등으로 경제적으로 어려웠던 1980년대 초에 자신의 딱한 사정을 전해들은 강복식 장로가 300만원이라는 거금을 지원해 주었다고 적고 있다. 자신도 혼자서 어렵게 아들을 키우며 살아가던 강복식 장로는 자기보다 더 어려운 이웃에게 자기 월급의 거의 1년치에 상당하는 300만원을 선뜻 건네주었던 것이다.

평소 사회활동에 관심이 많았던 강복식 장로는 전주 YWCA가 어려움에 처하자 정년을 5년 앞두고 교직을 떠나 전주 YWCA 회장을 맡아 전주 YWCA 발전에 혼신의 힘을 기울였다. 심지어 간부들과 함께 참기름, 김, 젓갈 등을 팔아서 현재의 효자동 YWCA 부지를 확보하는 데 앞장을 섰고, 자신의 사재를 털어 헌납하기도 하였다. YMCA에서의 활동을 마감한 후에는 광주에서 아들 내외의 효도를 받으며 지내다가 천수를 다하고 2012년 4월에 순교자 남편의 뒤를 따라 하나님의 부르심을 받았다.

비록 순교자 아버지의 얼굴을 기억하지 못하지만 백운선 장로는 아버지에 대해 좋은 기억을 가지고 있다. 어머니는 외아들이 바른 신앙인으로 자라나도록 기도하였을 뿐만 아니라 평소에도 할아버지와 아버지의 신앙과 삶에 대해 긍정적으로 전해주었다. 백운선 장로는 어머니와 주변의 기대에 부응하여 열심히 공부하여 전주고등학교와 서울대학교를 졸업하였다.

평생을 수절하며 아들을 위해 헌신한 어머니의 눈물과 기도는 백운선 장로의 삶에 선한 영향을 끼쳤다. 광주 가나안교회에서 장로로 임직을 받은 백운선 장로의 결혼 조건은 오직 하나였다. 그것은 세상의 물질이나 명예가 아니라 바로 신앙이었다. 예수를 믿는 집안의 신앙 좋은 처녀가 유일한 조건일 정도로 강복식 장로와 백운선 장로의 신앙생활은 하나님 중심이었던 것이다. 안전은 권사와 결혼한 백운선 장로는 할아버지 백낙규 장로와 아버지 백형남 집사의 믿음을 이어받아 하나님의 말씀에 순종하는 신앙인으로 살아가며 1남 1녀를 신실한 신앙인으로 길러냈다.

호남대학교 대학원장으로 재직 중인 백운선 장로의 신앙고백은 단순하면서도 직설적이다.

"부모가 열심히 기도하면 자식은 결코 헛되지 않는다."

외할머니 홍복만 권사와 어머니 강복식 장로의 기도에 이어 아내 안전은 권사의 대를 이은 기도는 백운선 장로의 후손들이 대를 이어 올바른 신앙인으로 살아가는 밑거름이 될 것이다.

"물질보다는 신앙의 유산이 더 소중하다"며 5대째 동련교회를 섬기는 후손들

동련교회에서는 1987년 교회 설립자인 백낙규 장로 부부의 묘를 교회묘지로 이전하면서 기념비에 다음과 같은 글을 새겨두었다.

"조국 독립의 선구자이시고 개화운동의 선각자이시며 기독교 초대교회 지도자이신 백낙규 장로의 유훈을 추모하며, 그 후손들과 동련교회 교우 일동은 여기 다시 한 번 그 크고도 깊으신 가르침과 유덕을 삼

가 추모하며 적고 새긴다."

3대째 동련교회 시무장로로 섬기는 백기선 장로는 3대째 장로라는 중책을 묵묵히 수행하는 중이다. 30여 년간 장로직분을 감당하면서 교회에 큰 분란을 일으키지 않으려고 노력했고, 자녀들에게도 조상들의 아름다운 믿음의 유산을 잘 전해주기 위해 노력하고 있다.

유요순 권사와의 슬하에 아들 하나, 딸 둘을 두고 있는 백기선 장로는 "비록 남들보다 경제적으로 많이 가진 것이 없고 자랑할 것이 없지만 명절 때 온 집안 식구들이 모여서 하나님 앞에 예배를 드릴 수 있는 것이 가장 큰 축복이라고 생각한다"고 고백한다.

"세상의 물질보다 신앙의 유산이 더 중요하다"라는 말을 언제나 잊지 않고 자녀들에게 들려준다는 백기선 원로장로는 할아버지의 믿음이 자손대대로 이어지기를 소망하고 있다. 그와 아울러 동련교회가 지역의 복음화에 온전하게 쓰임 받기를 기도하고 있다.

그의 할아버지와 어머니의 기도가 그랬듯이 백기선 장로의 기도도 하나님 앞에 응답받기를 간절한 마음으로 소망한다.

6 "너는 후일, 만인을 거느리는 믿음의 사람이 되거라"

- 한국인 최초로 침례교단 총회장이 된 순교자 이종덕 목사

이종덕 목사 이야기

"이제 가면 다시 못 돌아오니 저 하늘나라에서 만납시다." 한국전쟁이 한창 진행 중이던 1950년 9월 28일 강경침례교회 이종덕 목사는 인민군에게 끌려가면서 곁에 서 있던 아내에게 자신의 손목시계를 풀어주면서 마지막 말을 건넸다. 그리고 몇 시간 뒤 그는 강경 인근을 흐르는 금강변 갈대밭에서 인민군에 의해 총살당했다. 감시가 소홀한 틈을 타 얼마든지 탈출할 수 있었지만 끝까지 남아 있다가 순교를 당한 것이다.

이종덕 목사는 침례교단의 최초의 한국인 총회장을 역임하는 등, 100여 년 한국침례교 역사에서 총 9회, 14년간 총회장으로 섬긴 인물. 그런 그는 마지막 순간까지도 자신이 목회하던 교회를 지켰고, 다른 이들을 위해 기꺼이 자신의 목숨을 바쳤다.

이 모든 것은 어린 시절 그를 위해 항상 기도하던 어머니의 기도와, 하나님이 명하신 것에는 무조건 순종하는 그의 믿음 때문이었다. 어머니의 기도에 대한 응답으로 하나님은 독립운동을 하다 숨어 다니던 그에게 장기영 감로와 그의 아들 장석천을 보내 복음을 영접하게 하셨고, 30세의 젊은 나이에 펜윅 선교사에 이어 한국인 최초의 침례교단 총회장이 되게 하셨다.

젊은 이종덕 목사가 제2대 침례교단 총회장이 된 데는 이유가 있었다. 어느 날 초대 침례교단 총회장인 펜윅 선교사는 침례교단 임원들에게 배추 한 포기씩을 나눠주며 "배추를 거꾸로 심어 놓으세요" 지시하고는 자리를 비웠다. 대부분의 사람들은 자신의 판단대로 똑바로 배추를 심었

이종덕 목사

고, 지시대로 거꾸로 심은 사람은 이종덕 목사를 포함한 소수였다. 잠시 후 나타난 펜윅(Malcom C. Fenwick)은 이것이 성 프란시스코의 예화를 따른 일임을 밝히며, 지시대로 거꾸로 배추를 심은 사람들의 믿음을 칭찬 하였다. 이처럼 이종덕 목사는 자신의 기준보다는 하나님의 말씀을 기준 으로 사는 사람이었다. 이러한 이종덕 목사의 믿음은 일제의 탄압을 견 디며 옥고를 치를 때도, 해방 후 2번의 총회장을 더 지내며 무너진 침례 교단을 재건할 때도 변하지 않았다.

한국전쟁 때도 피난가거나 숨어있기보다는 오히려 인민군에게 명함을 나눠주며 자신이 교회 목사임을 알리고 다녔다. 그리고 전세가 불리해진 인민군이 퇴각할 때 자신을 처형할 것임을 알면서도 순순히 잡혀 처형장 으로 끌려갔다. 그러다가 감시가 소홀한 틈을 타 함께 잡혀갔던 다른 사 람들을 탈출시켰다. 함께 탈출할 것을 권하는 김 집사에게 이종덕 목사 는 이렇게 말했다. "나는 일제 강점기에 이미 순교를 했어야 하는 몸인 데 이렇게 살아온 것이 부끄러울 뿐입니다. 하나님께서는 지금 이 순간 에 순교하라고 명령하시는 것 같습니다" 그렇게 그는 자기 자신이 거꾸 로 심긴 배추가 되어 강경 땅에 거룩한 순교의 피를 뿌렸다.

"너는 후일, 만인을 거느리는 믿음의 사람이 되거라"

— 한국인 최초로 침례교단 총회장이 된 순교자 이종덕 목사

이종덕 목사를 찾아서

이종덕 목사는 침례교단의 최초의 한국인 총회장을 지냈으며 한국전쟁 중에 인민군의 총에 맞아 순교한 목사다. 어릴 때부터 조국의 독립에 대해 굳은 신념을 가지고 있던 이종덕 목사는 목회를 하면서도 국가와 민족을 늘 생각하였고, 맡은 바 임무를 성실하게 수행하는 모범을 보였다.

이종덕 목사에 대한 자료를 수집하기 시작해서 후손의 전화번호를 손에 넣기까지는 몇 개월의 시간이 흘러야 했다. 손자 중에는 두 사람이 목회를 하고 있다. 둘째 손자 이상린 목사는 강원도 화천에서 목회를 하고 있으며 셋째 손자 이상철 목사는 경기도 용인에서 목회를 하고 있다.

수소문 끝에 이상철 목사의 전화번호를 알게 된 필자는 조심스럽게 전화를 걸어 필자를 소개하고 이종덕 목사와 가문의 신앙 이야기를 들을 수 있는 기회를 달라고 부탁했다.

이상철 목사를 만난 것은 대전의 한 교회에서였다. 온화한 이미지의 이상철 목사는 자신이 순교자의 후손인 것이 자랑스럽기도 하지만 항상 몸가짐을 바로하기 위해 조심을 한다고 하였다. 침례교단에서 한국전쟁 중 순교한 목사가 많지 않은데 자칫 할아버지의 거룩한 순교정신을 훼손하지 않기 위해 남들에게 말하기를 꺼려한다고도 했다. 그러나 침례교단의 초대 한국인 총회장을 역임하였으며, 순교자의 반열에 오른 할아버지와 집안의 신앙 이야기를 사실 그대로를 세상에 알리는 것이 중요하다는 필자의 설득에 동의한 그는 가문의 신앙 이야기를 담담하게 들려주었다. 겸손한 할아버지를 연상케 하는 목사였다.

그 후로도 몇 차례 보충질문을 위해 전화를 걸 때마다 이상철 목사는 자신이 알고 있는 내용을 진솔하게 들려주었다.

이종덕 목사의 발자취와 강경침례교회

이종덕 목사가 남긴 사역의 흔적은 젓갈로 유명한 충남 강경에 가면 만날 수 있다. 먼저 들러야 하는 곳이 바로 이종덕 목사가 순교를 당하기까지 섬기던 강경침례교회다. 강경침례교회는 동시에, 우리나라에서 제일 먼저 세워진 침례교회이기도 하다.

그 다음이 강경에서 처음으로 예배를 드린 예배당이 있는 옥녀봉이다. 금강변의 나지막한 옥녀봉 자락에 있는 첫 예배처소에서 금강을 내려다보면 이종덕 목사의 순교기념비를 발견할 수가 있다. 이종덕 목사가 순교한 지 60년이 지난 지금도 충남의 젖줄 금강은 유유히 흘러 서해안으로 발길을 재촉하고 있다.

이종덕 목사는 강경침례교회의 제4대 목사로서 6.25 한국전쟁 중에 교회를 지키다가 인민군에게 순교를 당하였다. 이종덕 목사의 순교현장을 찾아간 것은 강경침례교회를 세 번째로 방문하던 날이었다. 마침 유금종 담임목사는 강경침례교회의 첫 예배처소의 복원작업을 위한 업무협의를 위해 논산시청에 갔기 때문에 조성란 사모가 직접 순교현장으로 안내를 해 주었다.

문화재로 지정된 침례교 첫 예배처소는 강경침례교회에서 조금 떨어진 옥녀봉에 있다. 금강변에 나지막하게 솟아있는 옥녀봉에서는 강경을 휘감아 흐르는 금강을 한 눈에 내려다 볼 수 있다. 슬레이트 지붕으로 덮혀 있는 예배당은 보존 상태가 허술하여 금방이라도 무너질 것 같아 이곳을 찾아오는 사람들의 마음을 아프게 한다. 근처에 있는 강경북옥교회가 깔끔하게 기와로 단장하고 있는 것과는 대조되는 모습이다. 강경침례교회 최초 예배당은 2012년 12월에 해체해서 2013년 5월경에는 원래 형태의 초가집으로 복원할 예정이다.

이종덕 목사의 순교비는 2006년 11월 19일 그가 순교한 금강변에 세워졌다. 강경침례교회에서 논산시 성동면으로 가다가 금강의 지류인 논산천과 금강이 만나는 지점 끝자락에 세워진 순교비는 이종덕 목사의

발자취를 찾아오는 손님들을 말없이 맞아주고 있다. 강둑에서 순교비가
세워진 삼각점에 가기 위해서는 키 높은 갈대숲을 지나야 한다. 행여나
궂은비라도 내리면 장화를 준비해야 한다.

성지순례코스가 된 강경

강경에서 제일 먼저 설립된 교회는 1896년에 세워진 강경침례교회
다. 그 다음이 1901년에 강경제일감리교회, 그리고 강경성결교회는
1918년에 세워졌다. 우리나라 선교초기 장로교와 감리교의 선교지 분할
협정의 영향을 비교적 적게 받았던 강경에 3개 교단에서 교회를 설립한
것이 이채롭다.

일제 강점기 동안 금강변
에 위치한 강경에는 일본인
들이 많이 거주하였다. 1943
년에는 신사를 짓는다는 명
분을 내세워 교회를 폐쇄하
고 재산을 몰수하였다. 강경
침례교회가 세워졌던 옥녀봉
에는 저들의 신사를 건립하
고 기독교를 탄압하는 근거
지로 삼았다.

강경침례교회는 1895년경
강경에서 복음을 전한 엘라

이종덕 목사 순교지에 세워진 기념비

씽 기념선교회(The Ella Thing Memorial Mission)의 폴링(Edward C. Pauling) 선교사가 복음을 전하면서 시작되었다. 몇 년 후에는 공주에 선교부를 두고 강경에 복음을 전하였던 감리교의 맥길(McGill)과 샤프 (R.A.Sharp) 선교사가 교회를 설립하였다. 이어서 성결교에서는 정달성 전도사가 1918년에 옥녀봉에 작은 초가집에서 예배를 드렸다.

3·1만세운동이 일어나자 강경지역 교인들도 만세운동에 참여하였 다. 이때 동양선교회(성결교)의 영국인 선교사 토마스(J. Thomas) 감독 이 강경에 왔다가 일본 경찰에게 구타를 당했다. 토마스 선교사의 폭행 은 영국과 일본의 외교문제로 번졌고 결국은 총독부가 공식적으로 사과 하고 배상을 했다. 지금 옥녀봉에 세워진 북옥리 예배당은 그 때 받은 배상금으로 지어진 한옥교회다. 북옥리 교회는 2002년 9월에 문화재청 으로부터 등록문화재 제42호로 지정을 받은 대한민국 근대문화유산이 되었다.

강경성결교회는 우리나라에서 최초로 신사참배를 거부한 교회다. 교 회 앞마당에는 이를 기념하는 '최초신사참배거부선도기념비'가 세워져 있다. 서울 남산에 일본의 신궁이 세워지기 1년 전인 1924년 10월에 강 경소학교 학생 62명이 옥녀봉에 세워진 신사에 참배하는 날 결석을 하 거나 신사참배를 거부하는 사건이 일어난 것을 기념하는 기념비다. 그 중 57명은 김복희 선생과 함께 강경성결교회에 출석하던 교인의 자녀들 이었다. 그 당시 강경성결교회에는 3·1만세운동에 나섰고 대한 애국부 인회의 결사대장으로 활동했던 백신영 전도사가 교인들에게 신사참배 의 부당성을 고취했다. 학생들은 "신사참배는 미신이며 우상에게 절하는 것은 하나님 앞에 큰 죄가 되므로 절대 절하지 않겠다"는 신앙으로 학교에서 단체로 신사에 참배하는 행사에 동조하지 않았던 것이다. 이 일로 학생들은 학교에서 퇴학을 당하였고 김복희 선생은 스스로 교사직을 사임하였다.

강경성결교회 앞마당에 세워진 최초신사참배거부선도 기념비

1950년 6·25 한국전쟁은 강경일대에 많은 순교자를 배출했다. 강경 침례교회 이종덕 목사가 교회를 지키다가 순교를 당하였고, 금강 건너편 논산시 성동면의 병촌성결교회에서는 66명의 교인들이 인민군들에 의해 총살당하였다. 당시 병촌성결교회 74명의 교인 중 살아남은 사람은 장년 5명과 주일학교 어린이 3명뿐이었다고 한다. 순교자 중에는 임신한 몸으로 젖먹이를 가슴에 안은 여인도 있었다. 1933년에 세워진 병촌성결교회 앞 마당에는 순교자 66명의 이름이 새겨진 순교비가 세워져 있다. 병촌에서 북쪽으로 2킬로미터 남짓 떨어진 곳에 있는 우곤감리교회 교인 중에도 퇴각하던 인민군에 의해 여러 사람이 총살당하였다.

강경지역 교계지도자들은 일제시대와 6·25 한국전쟁을 거치면서 환난과 핍박을 이겨낸 교회의 역사를 보존하고, 예수를 믿는다는 사실 하나만으로 순교를 당해야 했던 선조들의 불굴의 신앙을 후세에 전해주기 위해 힘을 모았다. 강경지역 기독교 성지순례코스를 개발하고 역사적인 보존가치가 있는 교회 건물을 복원하는 작업을 펼치고 있다.

이종덕 목사의 생애

"너는 만인을 거느리는 믿음의 사람이 되거라"던 어머님의 기도

인민군의 총칼 앞에서도 죽음을 두려워하지 않고 하나님의 교회를 지킨 이종덕 목사는 1884년 공주시 이인면 신영리에서 이시영의 2대 독자로 태어났다. 어려서부터 총명했던 그는 남들처럼 한문을 배우며 자랐다. 그러나 아홉 살 되던 해에 조부모와 아버지가 같은 날 돌아가시고 홀어머니 슬하에서 자랐다.

하루아침에 시부모와 남편이 세상을 떠나자 이종덕의 어머니는 가녀린 여자의 몸으로 가정살림을 이끌어가며 자녀를 키워야 했다. 경제적으로는 넉넉하지 못한 어려운 살림이었지만 그의 어머니는 똑똑한 외동아들이 큰 뜻을 품고 살아가기를 바랐다.

"너는 후일에 장성하여 100인 이상 만인을 거느리는 믿음의 사람이 되어야 한다." 이 말은 이종덕 목사의 어머니가 평소 입버릇처럼 하던 말로써 아버지 없이 자라나는 이종덕에게는 자신의 삶의 목표를 뚜렷하게 하는 데 큰 도움이 되었다.

어머니의 바람과 기도대로 이종덕은 침례교단의 거목이 되어 큰 흔적

을 남겼다. 이처럼 부모가 자녀에게 줄 수 있는 최고의 선물은 바로 아낌없는 격려의 말이다. 어머니의 작은 격려가 이종덕 목사가 남을 거느리는 사람이 아니라 예수님의 사랑으로 많은 사람을 섬기는 자리에 이르게 만들었던 것이다.

독립운동가에서 믿음의 사람으로 거듭나다

젊은 시절 동네 서당에서 한문을 가르치며 평범하게 살던 그에게 일제의 침략은 견딜 수 없는 치욕이었다. 1903년에는 마을 청년들과 함께 독립당에 가담하여 독립운동을 하였으나 곧 바로 일본 경찰에 체포되어 친구들과 함께 옥살이를 하였다. 감옥에 갇혀서 고문을 당하던 이종덕에게 하나님께서는 두 사람을 보내 주셨다. 한 사람은 부여군 임천면 일대에서 복음을 전하던 펜윅 선교사였고 다른 한 사람은 칠산교회의 장기영 감로(현재의 장로에 해당하는 직분으로, 당시에는 선교사가 교회지도자로 지명하였음)였다. 장기영 감로는 이종덕이 독립운동을 하다가 투옥되었다는 사실을 알게 되자 자신의 영향력을 행사하여 이종덕이 석방되도록 했다.

장기영 감로의 도움으로 출옥을 하였지만 이종덕은 홀어머니와 동갑나기 아내 남철납이 기다리는 고향 집으로 돌아갈 수 없었다. 독립운동을 한 경력 때문에 일본 경찰의 집요한 감시를 피해 공주와 부여 등지를 돌아다니며 살아야 했다. 어느 날 이종덕은 임천면 출신의 장석천을 만났다. 그는 칠산교회 장기영 감로의 아들로서 이종덕보다 한 살 아래의 청년이었다. 14세까지 병으로 고생하다가 예수를 믿고 병고침을 받았던 장석천은 신명균 목사에게 5년 동안 신앙훈련을 받은 신실한 기독교인이었다.

　장석천의 전도로 1906년 경에 기독교로 개종한 이종덕은 부인과 함께 칠산교회에서 신앙생활을 시작했다. 그는 결혼 7년만인 1906년에 첫딸을 얻었다. 15세인 1899년에 출생연월일이 똑같은 부인 남철납과 결혼하였던 이종덕은 자녀 이름을 성경에 등장하는 인물의 이름을 따서 지었다. 1906년에 태어난 장녀는 馬太(마르다)로 1909년에 태어난 차녀는 馬利亞(마리아)로, 1919년에 태어난 외동아들은 납살로(나사로)로, 그리고 1922년에 태어난 삼녀는 基洗亞(긋시아)로 이름을 지을 정도로 철저하게 성경적으로 살았다.

　부지런하고 똑똑한 이종덕을 지켜보던 장기영 감로는 침례교단에서 설립한 공주성경학원에 입학하여 공부할 것을 권하였다. 1907년부터 1910년까지 3년간 열심히 성경을 공부한 이종덕은 가족을 데리고 원산으로 이사를 갔다. 원산에 도착한 이종덕은 펜윅 선교사가 개설한 성경학교에서 매일 성경을 배우는 동시에 시간을 내서 부지런히 원산 시내를 돌아다니며 복음을 전하였다. 펜윅 선교사는 자신을 도와 복음전파에 매진하는 이종덕을 목사 후보인 교사로 임명하였다. 선교사로부터 공식적인 전도자로 인정을 받은 이종덕은 가족을 원산에 남겨두고 전국을 돌며 복음 전도에 나섰다.

　펜윅 선교사는 캐나다 토론토 출신으로 28세이던 1889년 12월에 한국에 왔다. 그는 어느 교단에도 속하지 않는 독립선교사였다. 한국말과 풍습에 익숙해지기 위해 황해도 송천의 서경조를 찾아가 한국말을 배웠다. 그러나 3년 간 한국에 머물던 그는 선교사로서 부족함을 메우기 위해 1893년 미국으로 건너갔다. 메사추세츠주에 있는 보스톤의 클라렌든 침례교회(Clarendon Street Baptist Church)의 담임 목사 고든(A. J. Gordon) 박사에게 3년 동안 신학을 배운 후 목사 안수를 받았다. 1896년 다시 한국으로 돌아온 그는 원산으로 가서 복음을 전했다.

침례교 선교사가 한국에 처음으로 입국한 것은 1895년 초였다. 첫 번째 선교사는 폴링(Pauling) 선교사였다. 그는 보스톤의 클라렌든 침례교회의 엘라 씽(S. B. Thing) 기념선교회의 후원으로 한국에 들어왔다. 이후 1896년에 한국으로 파송받은 스테드맨(F. W. Steadman) 선교사와 폴링 선교사 부인, 그리고 2명의 여선교사들이 공주와 강경지방으로 내려와 본격적인 복음전파에 힘을 쏟았다. 그들이 이곳을 선택한 것은 그들이 한국에 입국했을 때는 이미 장로교와 감리교 두 교단 사이에 선교지를 할당한 후여서 침례교 선교사가 선교할 구역은 극히 제한되어 있었기 때문이었다.

엘라 씽 기념선교회의 재정 지원이 어렵게 되자 한국에서 복음을 전하던 침례교 선교사들은 하나 둘씩 미국으로 돌아갔다. 폴링 선교사 부부는 1897년 북옥동에 교회를 신축하고 2년 뒤에 미국으로 귀국하였다. 마지막으로 강경침례교회를 담당하던 스테드맨 선교사가 1901년 미국으로 돌아가면서 원산에서 사역을 하던 펜윅 선교사에게 충남지역 침례교 선교지역을 물려주었다. 펜윅 선교사는 강경과 부여 일대에서 복음을 전하고 교회를 설립하였다. 펜윅 선교사는 1906년 강경침례교회를 중심으로 31개의 교회를 모아 현재의 총회에 해당하는 '대화회(총회,

conclave)'를 구성하였다.

"이 배추를 뿌리가 위로 오게 해서 거꾸로 심어놓으시오."

1911년 원산에서 공주 신영리로 돌아온 이종덕은 칠산교회에서 개최된 대화회에 참석한 후 11월에 경남 밀양으로 파송받아 복음을 전했다. 이종덕 목사는 기독교로 개종하고 나서 5년 만인 1912년 10월 경북 산점교회에서 개최된 총회에서 김규면, 이영구 등과 함께 목사 안수를 받아정식으로 목회자가 되었다. 어려서부터 총명한 데다 한학을 공부한 이종덕은 기독교의 교리를 이해하는 속도도 빨랐고, 말씀을 전하는 능력도 뛰어났다. 그는 일제의 압박으로 고통 받는 백성들에게 밤낮으로 복음을 전했다.

그러던 중 침례교단에 한바탕 회오리바람이 불었다. 그것은 다름 아닌 침례교 제2대 감목(監牧, 현재의 총회장에 해당) 임명과 관련된 것이었다. 1914년 원산에서 개최된 침례교 총회에서 펜윅 선교사는 자신의뒤를 이어 침례교단의 첫 한국인 감목으로 이종덕 목사를 임명하였다. 펜윅 선교사는 나이 30세의 이종덕 목사를 자신의 뒤를 이은 제2대 감목이자 첫 한국인 감목으로 임명하였던 것이다.

펜윅 선교사의 이런 결정은 당시 침례교단의 지도자급 목사들로부터심한 반발을 불러일으켰다. 그들 중 일부는 이종덕 목사가 예수를 믿기이전부터 펜윅 선교사를 도와 복음 전파에 열심이었으며 조직 장악능력도 있었다. 게다가 그들은 가는 곳마다 힘있는 설교를 통해 예수를 전하였고 설교를 듣고 기독교로 개종하는 사람들도 많았다. 사정이 이렇다

보니 이종덕 목사가 침례교단의 수장이 되어 이끌고 가기에는 부족한 것처럼 보였다. 우선 나이가 너무 어렸다. 이종덕 목사는 그 때 겨우 30세로 젊은 나이였다. 어떻게보면 한 교단의 최고 지도자로서는 젊다기 보다는 어리다는 표현이 더 적합할 정도였으며 게다가 목사 안수를 받은 지도 2년밖에 안되었고, 교회를 담임해본 적도 없었다.

이처럼 많은 사람들의 기대와 예상을 뒤엎는 감독이 결정되자 내심 제2대 감독으로 임명받을 것으로 기대했던 몇 몇 목사들은 펜윅 선교사의 결정에 반발하여 불만을 표출하였다. 대표적으로는 공주성경학원에서 펜윅 선교사와 함께 이종덕 목사를 가르쳤던 신명균 목사를 비롯하여, 이종덕 목사와 함께 목사 안수를 받았던 김규면 목사 등이었고, 몇몇 목사들이 침례교단을 이탈하였다.

그러나 이종덕 목사가 펜윅 선교사의 신임을 얻어 침례교단의 제2대 감독으로 임명받은 데는 그만한 이유가 있었다.

첫 번째는 이종덕 목사는 성경공부를 제일 오래 한 목사였다. 공주성경학교를 졸업하였을 뿐만 아니라 펜윅 선교사가 설립한 원산성경학교에서도 공부하였다. 다시 말해서 신학적으로 펜윅이 가장 신뢰할 수 있는 인물이었던 것이다.

두 번째는 이종덕 목사는 순종의 목사였다. 하루는 원산에 모인 침례교 임원들에게 펜윅 선교사가 배추 한 포기씩을 나누어 주면서 거꾸로 심으라고 지시했다. 펜윅 선교사가 잠시 자리를 비운 사이에 대다수의 참가자들은 배추를 거꾸로 심을 수 없다고 하면서 자신들의 판단대로 바로 세워서 심었다. 그러나 이종덕 목사와 소수의 임원들은 선교사가 지시한 대로 배추를 거꾸로 심었다. 잠시 후에 다시 나타난 펜윅 선교사는 이종덕 목사를 비롯하여 자기의 지시대로 배추를 거꾸로 심은 사람들을 칭찬하였다. 특히 젊은 이종덕 목사에게는 어떤 어려운 일이라도 하나님께서 명하시면 그대로 순종해야 복을 받고 큰일도 감당할 수 있는 것이라고 격려를 해 주었다고 한다.

이처럼 이종덕 목사는 주어진 일에 성실하게 충성하였을 뿐만 아니라 하나님 말씀 중심으로 살기 위해 노력하는 인물이었다. 비록 나이도 어리고 신앙경력도 일천하였지만 제2대 감목에 임명된 이종덕 목사는 교단 내부의 어려움을 대화와 설득으로 잘 수습하여 교단 발전의 기틀을 마련했다.

이종덕 목사가 감목으로 섬기던 기간 동안 일제는 기독교 복음 전파를 방해하기 위해 포교계를 제출하라고 명령을 했다. 그러나 침례교단에서 이를 거부하자 극심하게 핍박을 했다. 결국 일제는 침례교단에 속한 모든 교회에서의 예배와 집회를 금지시켰다. 그러나 이종덕 목사는 일본 경찰의 끈질긴 협박에 굴하지 않고 버티었다.

재임 중인 1917년에는 침례교단의 제12회 총회를 간도에 있는 종성동에서 개최하여 전치규 교사(목사 후보), 노재천 교사, 한봉관 교사에게 목사 안수를 하는 등 이국땅에서의 복음전파에도 힘써 노력하였다.

비록 어리고 목회 경험은 일천하였지만 이종덕 목사는 1914년부터 1924년까지 10년 간 침례교단의 초대 한국인 감목으로 일하면서 일제강점기의 크고 작은 어려움을 이겨내고 오랫동안 침례교단을 성공적으로 이끈 지도자가 되었다.

"내가 가장 먼저 순교해야 할 사람인데 그렇지 못함을 참회합니다"

감목을 성공적으로 수행한 이종덕 목사는 충남 홍성군 장곡면 화계교회에서 시무하였다. 일제의 교회탄압이 갈수록 심해지고 목회활동에 사사건건 트집을 잡고 괴롭혔다. 1937년에는 신사참배를 거부하다가 4개월간 옥고를 당한 후 이종덕 목사는 가족을 데리고 만주땅 간도로 망명길에 올랐다. 간도성 종성동에 성경학원을 세우고 신앙청년들을 모집하여 성경을 가르치며 훈련하는 등 만주지역을 순회하면서 복음을 전하였다.

그러나 만주 땅에서 사역을 하면서도 그에게는 늘 마음에 빚이 있었다. 자신이 조국을 떠나 만주에서 망명생활을 하는 동안 고국의 교회가 일제로부터 고난을 받는 것을 보고 늘 가슴 아파했다. 교단차원에서 신사참배를 거부하다가 전국의 침례교 지도자 32명이 2년간 옥살이를 하게 되자 자기가 그 자리에 참여하지 못함을 원통하게 생각했다. 특히 울진침례교회를 담임하던 전치규 감목이 일제의 혹독한 고문에 견디지 못하고 1944년 2월에 옥중에서 순교하자 한국인으로서는 처음으로 감목을 역임하였던 그는 "내가 제일 먼저 순교해야 할 사람인데 그렇지 못했다"고 참회하였다.

8 · 15 해방을 맞이하여 만주에 살던 많은 사람들이 고향으로 돌아갈 채비를 차릴 때 이종덕 목사는 고국의 교회 지도자를 생각하며 잠시 귀국을 망설였다. 자기가 만주로 망명해 있던 기간에 국내의 동료들이 옥고를 치르며 순교를 당하면서 교회와 믿음을 지키며 살았는데 그렇지 못한 자신에 대한 자책 때문이었다. 해방된 조국으로 돌아가지 않고 만

주에 남아있는 우리 민족들을 위해 여생을 바쳐 복음을 증거하리라 생각했으나 공산화된 중국에서 교회에 대한 압박이 거세지자 이종덕 목사도 할 수 없이 가족을 데리고 남쪽으로 내려왔다.

최초의 침례교회인 강경교회에 부임하다

죽을 고비를 넘기며 월남한 이종덕 목사는 충남 광천의 말미라는 작은 동네에 정착을 하였다. 함께 월남한 교인들과 힘을 합쳐 광천교회를 설립한 그는 백성들에게 복음의 기쁜 소식을 전하는 데 힘을 썼다.

광천교회에서 목회를 하던 이종덕 목사는 교회를 사위인 신혁균 목사에게 맡기고 1945년에 강경침례교회 제4대 목사로 부임을 하였다. 한국인으로는 최초의 담임 목사였다. 그는 부임하자마자 강경읍 홍교리 114번지의 일본인 소유 사찰을 매입해서 교회로 사용했다.

강경침례교회는 우리나라 최초의 침례교회로서 1896년 2월 미국 출신 폴링 선교사가 세웠다. 초대교인으로는 폴링 선교사 부부와 아만다 가델린(Amanda Gardeline) 선교사 및 지병석의 부인 천성녀 등이다. 그

강경침례교회 첫 예배처소

러나 최초의 침례교회인 강경교회는 신사참배를 거부하다가 일제강점기 말엽에 강제로 교회 문을 닫아야 했다. 뿐만 아니라 1943년에는 일제가 신사로 사용하기 위해 옥녀봉 일대의 교회 대지 4천여 평을 강제로 몰수하기도 했다.

침례교단 최초의 예배처소는 1897년 강경읍 북옥동에 세워졌다. 논산시에서는 2009년에 이 예배당을 논산시 향토문화 유적 제38호로 지정했다. 침례교단에서는 전국총회에서 강경읍 북옥동 137번지 일대를 침례교단 사적지로 지정하였다.

만장일치로 두 번째 침례교단 총회장에 취임하다

이종덕 목사는 해방이 되어 귀국한 이듬해인 1946년에 두 번째로 감목에 선출되었다. 일제에 의해 강제로 해산되었다가 6년 만에 다시 열린 총회였다. 총회에서 회원들이 이종덕 목사를 감목으로 추천하자 자기는 자격이 없다면서 극구 사양을 하였다. 초대 한국인 감목을 지냈던 이종덕 목사는 침례교단의 지도자 32명이 체포될 때 자신은 만주에 머무르는 바람에 화를 면하였기에 감목 자격이 없다고 극구 사양하였다. "나는 이미 머리를 잘리운 삼손입니다. 원산 32인 사건에도 동참하지 못한 사람이 감히 총회장이 무엇이오. 이는 여러분들이 본인에 대한 대접이 아니라 모욕을 주는 것이오. 후의는 감사하나 이러한 막중한 책임은 천부당만부당입니다"라고 취임을 거부하였다. 그러나 전회원들의 간곡한 부탁에 제36대 감목에 억지로 취임하였다. 이후 제40대 감목까지 다섯 차례 연임을 함으로써 이종덕 목사는 제2대(1915-1923) 감목과 제5대

(1939년) 임시 감목에 이어 세 번째 (1946-1950)로 감목에 취임하여 총 9회, 14년 동안 침례교단의 감목을 역임하였다. 이종덕 목사는 감목으로 5년간 재임할 당시 매 총회 때마다 원산 32인 사건으로 옥고를 치루었던 임원들을 회중 앞으로 불러내어 그들을 격려했다. "우리 교단의 자랑이오 면류관이라오."

이종덕 목사가 제일 먼저 한 일은 무너진 재단을 다시 쌓으며 침례교단을 부흥시키는 것이었다. 이때부터 침례교에서는 교회 직분에 대한 명칭을 바꾸었다. 감목을 총회장으로, 대화회는 총회로 명칭을 바꾸었다. 교단의 명칭도 '동아기독교'에서 '대한기독교침례교회'로 바꿈과 동시에 감목정치에서 회중정치로 제도를 바꾸었다. 이에 따라 안사를 목사로, 감로를 장로로, 통장을 권사로 그리고 총장과 반장을 집사로 바꾸어 부르도록 결의했다.

총회장에 뽑힌 이종덕 목사는 교단 부흥을 위해서는 가장 시급한 과제가 바로 교역자 양성임을 인식하고 강경에 고등성경학교를 설립했다. 대전침례신학대학교의 전신이다. 첫해에 50여 명의 학생이 등록을 했고, 이종덕 목사를 비롯하여 한기춘 목사, 김용해 목사, 장일수 목사 등이 학생들을 가르쳤다. 한편으로는 미국 남침례회 외국선교부와 제휴할 것을 총회에 제안하여 통과시킴으로써 세계 속에서 우리나라 침례교회가 그리스도교회로 공인을 받는 터전을 마련하였다.

"지금 이 순간 하나님께서는 내게 순교를 명하고 계십니다"
우리 민족과 교회가 일제강점기의 혹독한 고난을 겨우 벗어나자 이번에는 한국전쟁이 일어났다. 이종덕 목사는 논산과 강경 일대를 점령하고 있던 인민군들의 회유와 협박에도 그들에게 협력하지 않았다. 오히려 부여 칠산교회 출신인 김장배 목사를 시켜 손으로 크게 쓴 명함을 인민군들에게 주어 자신이 침례교 목사임을 알려 주며 다녔다. 침례교 총회장을 세 번이나 역임하였던 이종덕 목사는 전쟁 중에도 교회를 지키기 위해 피난을 가지 않고 매일 교회에 나가 기도를 했다.

자신들에게 협조하지 않고 기독교 복음을 전하고 다니는 이종덕 목사를 불순하게 바라보던 인민군은 전세가 불리해지자 강경지역 기독교 지도자와 우익 인사를 처단하기로 결정했다.

인민군들이 이종덕 목사가 기거하던 사택을 찾아온 것은 1950년 9월 28일 자정이 조금 넘어서였다. 문밖에서 사람들이 이종덕 목사를 부르는 소리를 듣고 문을 열고 나간 사모님이 목사님이 출타 중이라고 둘러대는 도중에 이종덕 목사는 스스로 문을 열고 그들에게 자신을 이종덕 목사라고 말했다. 인민군에 끌려 가던 그는 자신이 순교할 것이라는 예감이 들었던지 간직하고 있던 손목시계를 옆에 있던 사모에게 건네주면서 "이제 가면 다시 못 돌아오니 저 하늘나라에서 만납시다."라는 마지막 말을 남겼다. 그때 이웃에 살던 김요한 집사도 함께 끌려갔다.

강경과 논산을 잇는 금강교 다리 위에는 이미 붙잡혀 온 몇 사람이 있었다. 하늘에는 8월 추석을 알리는 보름달이 밝게 빛나고 있었다. 유엔군이 성공적으로 인천상륙작전을 마무리하고 서울을 수복한 소식을 들은 인민군들은 연신 사방을 두리번거리며 불안해 했다. 그 틈을 타서 이종덕 목사는 김요한 집사에게 빨리 도망치라고 말했다. 이에 김요한 집사가 머뭇거리며 이종덕 목사에게 함께 도망할 것을 권했으나 그는 거절했다. "이제 나는 나이도 많고 뛰어갈 힘도 없으니 어서 뛰어가시오. 나는 일제 강점기에 이미 순교를 했어야 하는 몸인데 이렇게 살아온 것이 부끄러울 뿐입니다. 하나님께서는 지금 이 순간에 순교하라고 명령하시는 것 같습니다"라는 말을 남겼다.

가까스로 목숨을 건진 김요한 집사와 이종덕 목사의 가족들이 이튿날 아침 금강변에 도착했을 때는 이종덕 목사는 인민군의 총탄에 맞아 숨진 채 조용히 누워있었다. 그의 나이 66세였다.

도망하여 목숨을 구하느니 차라리 거룩한 순교자의 길을 택하였던 이종덕 목사는 자기가 섬기던 교회당이 있는 강경 땅에 순교의 거룩한 피를 흘렸다. 강경교회에서는 금강변의 순교현장에 이종덕 목사 순교비를 건립하고 그의 신앙을 기리고 있다.

이종덕 목사의 맏사위 신혁균 목사도 네 번의 총회장을 역임

이종덕 목사의 맏딸 이옥분은 신혁균 목사의 사모가 되었다. 신혁균 목사는 1905년 경북 문경에서 신치희와 이월규의 2남 2녀 중 막내로 태어났다. 모태 신앙으로 태어난 그는 어려서부터 유곡침례교회에 출석하며 신앙을 키웠다. 9세가 되던 1914년에는 최연소로 침례문답에 합격하여 8월 13일 점촌교회에서 이종덕 목사로부터 침례(baptism, 세례)를 받았다. 12세부터 전도인들 대열에 동행하여 전도를 시작하였다.

그는 장인이 만주로 망명하자 그 뒤를 따라 만주로 망명길에 올라 장인 이종덕 목사를 도와 만주 일대에서 열심히 복음을 전하였다.

해방과 더불어 장인 가족과 함께 귀국하여 활발한 목회활동을 한 신혁균 목사는 1948년 교단으로부터 정식 목사 안수를 받았다. 장인과 함께 충남 광천 일대에서 목회를 하면서 여러 개의 교회를 개척하였다. 1954년에는 침례회신학교 이사장에 취임하였고 같은 해에 제44대 침례교 총회장에 선임되어 학교와 교단을 위해 일했다. 이어서 1955년, 1958년과 1964년에 총회장에 취임함으로써 침례교단에서 4회에 걸쳐 총회장을 역임한 기록을 가지고 있다. 침례교단이 장로교단이나 감리교단처럼 큰 교단은 아니지만 장인이 9회, 사위가 4회에 걸쳐 같은 교단에서 총회장을 역임한 것은 우리나라 기독교 역사에서 찾아보기 어려운 사례가 된다.

신혁균 목사는 자신이 개척한 충남 광천교회에서 30년간 목회를 하다가 은퇴하였다. 그는 평소 "사람이란 덕이 있어야 한다"고 자녀들을 교육했다. "德將(덕장)이 勇將(용장)을 이긴다"는 옛말을 떠올리게 하는 교훈이다. 이런 신혁균 목사의 배후에는 90세가 넘도록 자녀를 눈물로 기도했던 어머니가 있었다. 부모의 기도를 통해 자녀의 삶이 바로 서게 되는 모범을 보여주는 가문이다.

신혁균 목사의 두 아들(신석태, 신석환)은 외할아버지 이종덕 목사, 아버지 신혁균 목사의 뒤를 이어 3대째 목회자가 되어 복음을 전하고 있다.

순교자의 믿음 따라 정직하게 신앙의 지조를 지킨 아들, 이신우 장로

이종덕 목사의 외아들 이신우 장로(안수집사)는 아버지로부터 21살

까지 집에서 한문을 배웠다. 3대 독자로 태어난 귀한 아들이었지만 펜윅 선교사가 이끄는 침례교단에서 일본어를 가르치는 공립학교에 자녀를 보내지 말라는 권고를 받아들여 자녀들을 학교에 보내지 않았기 때문이다. 이신우 장로는 아버지 이종덕 목사의 곁에서 열심히 사역을 도와주었다. 이종덕 목사가 다른 지역을 돌며 집회를 하는 경우에는 아버지를 대신하여 설교를 하는 등 교회의 크고 작은 일들을 돌보며 신앙생활을 하였다.

이신우 장로는 아버지를 모시고 힘들게 살았다. 이종덕 목사가 순교하고 나자 가족의 부양은 오로지 외아들인 이신우 장로의 몫이 되었다. 그는 열 명이 넘는 식구들의 먹을 것을 해결하는 데도 힘이 들었다. 고향 근처의 논산훈련소에서 구내 매점을 운영하기도 했지만 크게 손해를 보고 사업을 접어야 했다. 나중에 알게 된 사실이지만 매점 운영자인 이신우 장로가 관계자들에게 뇌물을 바치지 않았던 탓에 군인들의 매점사용이 금지 당하였다는 것이다. 그는 비록 남들처럼 많이 배우지는 못했지만 아버지 이종덕 목사로부터 훈련 받은 신앙원칙에 따라 뇌물을 바치지 않고 양심껏 운영하다가 실패를 맛보았다.

이신우 장로는 고향 강경에서 여러 가지 일을 해 보았지만 생활고를 벗어나지 못하고 심한 고생을 했다. 마침내 가족을 데리고 서울로 갔다. 자형인 신혁균 목사의 큰 사위가 마련해준 차비를 거머쥐고 서울로 올라갔으나 마땅한 직업을 가질 수 없기는 서울도 마찬가지였다. 무일푼으로 서울에 올라온 이신우 장로는 닥치는 대로 일을 했다. 힘든 생활속에서도 이신우 장로는 신앙의 지조를 지키다가 순교한 아버지의 거룩한 뜻을 자녀들에게 전해주기 위해 애를 썼다. 새벽에 교회를 나갈 수 없을 때는 가족끼리 모여 새벽예배를 드리면서 신앙의 맥을 이어갔다.

어릴 때 집안에서 나사로라 불리며 신실한 신앙생활을 하던 이신우 장로에게 큰 자형이었던 신혁균 목사가 신학을 할 것을 권했다. 하지만 자기에게 딸린 식구들을 먹여살려야 했기 때문에 신학공부를 거절하였다. 나중에 그는 그때의 일을 많이 아쉬워하기도 했다.

비록 이신우 장로는 자신이 직접 목회 현장에 나서지는 않았지만 순교자의 아들로, 교회의 장로로 여러 교회의 초청을 받아 이종덕 목사의 삶과 신앙을 널리 알리는 데 많은 노력을 기울였다. 그는 교회에서 간증을 할 때마다 펜윅 선교사와 자기 아버지 이종덕 목사가 좋아했던 성경 말씀 요한복음 3장 16절을 읽고나서 간증을 했다.

"하나님이 세상을 이처럼 사랑하사 독생자를 주셨으니 이는 그를 믿는 자마다 멸망하지 않고 영생을 얻게 하려 하심이라"(요 3:16).

침례교단의 기초를 닦고, 7명의 목회자를 배출한 믿음의 가문

이종덕 목사는 가정에서 자녀들에게 엄격한 신앙훈련을 하였다. 주일성수는 기본이고 예수를 믿는 사람으로서, 목사의 자녀로서 세상 사람에게 손가락질 당하는 행동을 용서하지 않았다. 그래서 후손들은 행동에 조심하면서 자랐다. 심지어는 그의 외동아들이 장가든 후에도 잘못을 한 경우에는 식구들이 보는 앞에서 회초리로 아들의 종아리를 쳤다고 한다. 한 번 뜻을 정하면 결코 물러섬이 없었다.

이종덕 목사의 손자인 이상철 목사가 기억하는 할아버지는 침례교단에서 첫 번째 한국인 총회장이셨다는 것과, 하나님을 위해서는 목숨도 아까워하지 않은 분이었다는 것이다. 특히 한국전쟁 중에 다른 사람들처럼 교회를 떠나 남쪽으로 피난을 갈 수도 있었지만 목숨을 걸고 교회를 지키고자 했던 할아버지 이종덕 목사의 순교정신은 영원히 간직하고 싶어 한다.

이종덕 목사 어머니의 기도는 많은 열매를 맺었다. 귀한 아들이 만인을 거느리는 사람이 되기를 바랐던 어머니의 눈물어린 기도는 그의 아들을 순교자의 반열에 올려놓았다. 그리고 그 후손들 중에는 7명이 목사가 되어 순교자의 거룩한 신앙을 이어받아 겸손한 자세로 하나님의 복음전파에 열심을 다하고 있다.

Tip & 더 읽을거리

• 침례교 조직
1. 총회
1년에 한 번 개최되는 전국 교회의 모임. 대표자(총회장)을 선출한다.

2. 지방회
침례교 교구로서 20개에서 40개 정도의 개체교회가 모여 지방회를 구성한다. 지방회의 대표를 지방회장이라

• 목회자
1. 목사
2. 전도사

• 침례교 평신도 직분
1. 안수집사(장로교의 장로 직분) : 남자
2. 집사 : 남자, 여자

제2부

영혼의 잠을 깨우는 사람들

- 학자 · 교육자 가문 편

7

"이 결정은 하나님이 내리신 결정입니다. 이 결정에 순종합니다"

- 총회장이 된 마부 이자익 목사, 대인배 조덕삼 장로

이자익 목사와 조덕삼 장로 이야기

1908년 금산교회 초대장로 투표 결과는 아무도 예상하지 못한 것이었다. 당시 몇몇 교회들에서 신분의 차이 문제 때문에 교회가 갈라지는 일들이 있었다는 것을 잘 알고 있었던 금산교회 지도자들은 처음부터 2명의 장로를 선출하기로 계획을 세웠다. 그런데 막상 장로로 선출된 것은 교회의 설립자 중 한 사람인 조덕삼 영수가 아니라 그 집 마부로 일했던 이자익 영수였다. 많은 교인들이 충격에 빠져 침묵을 지키던 그때 교회의 설립자인 조덕삼 영수가 자리에서 일어나 이렇게 말하였다.

"이 결정은 하나님께서 내린 결정입니다. 나는 이 결정에 순종하며, 앞으로 이자익 장로를 도와 열심히 교회를 섬기겠습니다."

조덕삼 영수는 인삼 무역과 금광업을 통해 김제에서 제일가는 거부 중의 한 사람이요, 고아였던 이자익을 거둬들여 마부로 일하게 하고, 그의 남다른 재능을 알아차리고 아들과 함께 한문교육을 시켜준 장본인이었다. 그런 그가 한때 자신의 말을 돌보던 마부를 교인들이 초대장로로 세운 투표 결과에 대해, 하나님이 내리신 결정이라며 받아들인 것이다.

뿐만 아니라, 이후로도 조덕삼 장로는 이자익 목사가 평양신학교에서 신학을 공부할 수 있도록 물심양면으로 도왔고, 신학교를 졸업한 후에는 금산교회 담임목사로 청빙하는 등 평생 이자익 목사를 후원하였다. 조덕삼 장로는 사람을 보는 눈만 남다를 뿐 아니라 인격도 남다른 큰 인물이었다.

이자익 목사

이자익 목사가 과연 어떤 사람이었길래 조덕삼 장로의 이런 전폭적인 후원을 받았을까를 잘 보여주는 예화가 있다. 결혼 초기 경제적으로 어려웠던 이자익 영수에게 딸을 시집보낸 장인이 사위에게 한 가지 제안을 했다.

"자네, 예수를 믿지 않으면 우리가 가진 재산을 나누어 주겠네. 그리할 수 있겠나?" "장인어른, 재물과 예수를 바꿀 수는 없습니다. 죄송합니다."

이자익은 비록 물질적으로는 가난하지만 물질과 예수 그리스도를 바꿀 수 없다는 철저한 신앙을 가진 사람이었다. 조덕삼 장로는 이자익 목사의 총명함과 굳은 심지를 누구보다 먼저 발견한 사람이었다. 이후, 이자익 목사는 장로교단에서 교회법에 가장 정통한 신학자요 대전신학교 설립자의 한 사람이 되었다. 또한 대한예수교 장로회 130년의 역사상 유일하게 총회장을 세 번이나 역임한 사람이 바로 이자익 목사이다.

이와 같은 조덕삼 장로의 도움에 대해 이자익 목사의 후손들은 문집을 통해 "자기 집 마부 출신의 사람됨을 알아보고 평양까지 보내 신학공부를 시켜 목사로 만든 한국교회의 가장 훌륭한 인격자이신 조덕삼 장로를 만난 것은 최고의 행운"이었다고 기록함으로써 조덕삼 장로에 대한 최고의 찬사를 보냈다.

"이 결정은 하나님이 내리신 결정입니다. 이 결정에 순종합니다"

— 총회장이 된 마부 이자익 목사, 대인배 조덕삼 장로

이자익 목사와 조덕삼 장로를 찾아서

사람들은 자기가 아는 만큼만 볼 수 있다는 말은 나에게 있어서는 거의 진실에 가깝다. 이 말을 실감하는 것이 바로 믿음의 명문가문을 찾기 위해 전국에 세워진 교회를 찾거나 사람들을 만나는 경우이다. 이자익 목사의 경우는 더욱 그랬다. 대한예수교 장로회 총회장을 3번씩이나 지낸 이자익 목사를 배출한 전라북도 김제 금산교회를 찾아간 것은 이 글을 쓰기 10년 전쯤이었다. 금산교회 뒷산인 모악산에 등산을 하러 가다가 100년 전에 세워진 교회가 원형대로 보존되고 있다는 동행자의 말에 잠시 들러 사진을 찍었던 기억이 있다.

김제시에 있는 한 대학에서 학생들을 가르치고 있던 필자는 그 후로

도 서너 번 금산교회를 들를 기회가 있었다. 학생들과 함께 다큐멘터리를 제작하기 위해 김제시 일원의 문화재를 촬영할 당시에는 금산교회는 오직 영상미학 차원에서만 대했을 뿐이었다. 금산교회와 이자익 목사, 조덕삼 장로의 숭고한 신앙 이야기에는 별다른 관심을 갖지 못했다. 비디오카메라 모니터에 보이는 예배당의 구조며 대들보에 새겨진 상량문이 신기한 모습으로 다가왔을 뿐이었다.

시골의 작은 예배당에 불과했던 금산교회가 어느 날 갑자기 필자의 마음을 사로잡았다. 우리나라 교회역사 속의 인물에 대한 관심을 갖게 되면서 금산교회는 귀중한 예배당으로 다가오기 시작했다. 이 책을 집필하면서 다시 찾아간 금산교회는 나를 준엄하게 꾸짖고 있었다. 본질을 보지 못하고 외형만 보는 편협한 시각에 대한 자책이었다.

기역자(ㄱ자) 형태로 세워진 교회는 조선시대를 지배하던 유교적인 사상을 채 떨쳐버리기 전에 지어진 교회의 한 형태이다. 공공장소에서

금산교회

남과 여를 온전히 분리하는 삼강오륜을 공부한 대한민국 백성들은 겉치레를 중시하는 풍조에 파묻혀 지냈다. 남녀유별의 문화를 수용하면서 복음을 전하는 예배당이 취한 형태가 바로 남녀 교인들이 예배시간에 서로 얼굴을 볼 수 없도록 만든 기역자 예배당인 것이다.

남자가 출입하는 문은 왼쪽, 여자가 출입하는 문은 오른쪽에 배치함으로써 예배당 안에서의 남녀유별을 실행한 금산교회를 세운 사람은 기독교 복음을 영접한 이 지역의 거부 조덕삼 장로였다. 남자들이 먼저 예수를 믿고 교회 설립을 주도했기 때문에 남자들이 앉을 공간을 여자들을 위한 공간보다 더 넓게 만들었다. 여자들이 먼저 예수를 믿고 나서 예배당을 세운 익산시 두동교회는 남녀 교인을 위한 공간을 동일하게 만든 것과 비교하면 재미있다.

무더위가 한창이던 2011년 8월 점심시간이 지나서 이자익 목사의 손자 중 유일하게 목회자의 대를 이어가는 이규석 목사를 만났다. 늦은 나이에 신학대학원을 졸업하고 목사 안수를 받은 그는 청주에서 농촌 교회를 섬기고 있다. 청주시외버스터미널 인근의 기독교서점에서 그를 만났다. 서점 한 켠에는 손님들이 쉬면서 대화를 나눌 수 있는 테이블과 의자가 놓여 있어서 두 사람은 커피를 마시며 대화를 할 수 있었다.

대화 내용은 주로 이자익 목사의 인간적인 측면과 가족들과 관련된 내용이었다. 이미 공개된 내용 중에서도 이해가 잘 안되는 부분에 대해서도 질문을 했다. 이규석 목사는 진실했다. 그러면서도 겸손했다. 우리나라 기독교계의 큰 어른이신 할아버지의 명성을 빌미로 허세를 부리는 것이 아니라 오히려 자신의 목회와 삶이 할아버지의 명성에 누가 되지는 않을까 조심스러워 하는 느낌이었다.

이자익 목사와 조덕삼 장로의 생애

고아소년 이자익과 김제의 부자 조덕삼의 운명적인 만남

이자익 목사는 오늘날 대한민국 기독교계에서 마부출신 목사요 총회장을 3회에 걸쳐 지낸 목사로 잘 알려져 있다. 그는 1879년 경상남도 남해군 이동면 탑정리에서 장수 이씨 이기진과 박정근의 외아들로 태어났다. 원래 그의 조상은 경주 이씨였으나 고려시대 장수 현감을 지낸 시조 할아버지 이임간이 장수의 인심과 산수가 너무 좋아 본을 장수 이씨로 바꾸었다.

이자익은 두 살 때 아버지를 여의고, 열두 살에는 어머니마저 세상을 떠나자 의지할 데 없는 천애고아가 되었다. 일가친척 집을 전전하며 남의 집 일을 해 주면서 힘들게 살아가던 그는 10대 중반의 나이가 되자 섬을 떠나 먹을 것이 풍부한 육지로 가기로 마음을 먹었다. 지금의 남해대교 근처의 바닷가에서 우연히 얻어 탄 고깃배는 여수항에 정박하였다. 여관에서 잡일을 하며 지내던 이자익은 전라북도 김제 금산에서 온 승려를 만나 금산사로 가서 잠시 머물렀다. 17세 소년 이자익은 금산사를 방문한 조덕삼의 눈에 띄어 그 집 마부로 들어가 일하게 되었다. 고향 남해를 떠난 지 1년 만이었다.

사실 조덕삼에게도 금산은 고향이 아니라 타향이었다. 조덕삼의 할아버지는 중국을 오가며 인삼 장사를 해서 큰 재산을 모았으며 그의 아버지 조종인은 금광업에 관심을 가지고 조덕삼이 어릴 때 평양에서 김제 금산으로 이사 와서 살게 되었던 것이다.

비록 부잣집의 행랑채에 기거하면서 말을 돌보는 일이었지만 이자익에게는 의식주를 해결해 주는 세상에 둘도 없는 귀한 직업이었다. 이자익은 성실하게 주인을 섬기며 자기 임무에 충실하였다.

성경에 야곱의 아들 요셉이 애굽에 종으로 팔려간 것이 16세였고, 보디발 장군집에서 성실하게 일하며 주인의 신임을 얻었다고 기록되어 있다. 요셉과 같은 나이인 16세에 스스로 고향을 떠나 자신의 삶을 개척하기 위해 부잣집 마부로 취직한 이자익은 주인의 마음에 합한 사람이었다. 요셉은 형들의 시기에 의해 부모형제를 떠나 종으로 팔려갔던 반면 이자익은 부모형제가 모두 세상을 떠나는 바람에 홀로 세상에 남겨지자 살길을 찾아 부잣집 머슴으로 일하였다.

두 사람의 출발점은 서로 달랐지만 몇 가지 공통점을 가지고 있다. 먼저 두 사람은 성실하게 일했다. 뿐만 아니라 두 사람은 모두 주인을 잘 만났고 주인으로부터 성실함을 인정받으며 살았다. 요셉은 보디발 장군 집안의 모든 일을 책임지고 보살폈고, 이자익은 주인의 아들과 한 자리에서 한문을 배울 정도로 두터운 신임을 얻었다. 두 사람 모두 성실하고 지혜로워서 주인의 전적인 신뢰를 얻었다. 무엇보다 중요한 것은 두 사람 모두 전적으로 하나님을 경외하는 인물이었다는 점이다. 한 사람은 애굽의 총리가 되었고, 한 사람은 목사가 되어 대한예수교 장로회 총회장을 3차례나 지냈다.

어깨 너머로 천자문을 배운 마부 이자익에게 공부할 기회를 준 조덕삼

비록 부잣집 마부요 머슴이었지만 이자익은 자신에게 새로운 삶의 기회를 준 조덕삼 부부를 부모처럼 받들고 살았다. 외롭고 가난하였던 어린 시절이 생각날 때마다 그는 더욱 열심히 일했다. 주인어른 조덕삼은 성실한 이자익을 자식처럼 아껴주었다.

어느 날 사랑방 문 앞에 서서 주인집 아들이 공부하는 모습을 물끄러미 바라보던 이자익을 발견한 조덕삼은 그를 조용히 불렀다.

"너, 거기서 무얼하고 있었던 거냐?"

"죄송합니다. 주인어른"

"괜찮다. 너 저 아이가 배우는 것을 알고 있느냐? 어디 한 번 외워 보거라."

평소 집안일을 하면서 주인집 아들이 배우는 한문을 귀동냥해서 천자문을 외워두었던 이자익은 주인어른 앞에서 조심스럽게 한 글자 한 글자 외웠다. 이자익의 총명함에 감탄한 조덕삼은 맏아들 조영호와 함께 한문을 배울 수 있도록 배려해 주었다. 이것이 마부 이자익이 평양신학교에 입학하기 전에 공식적으로 배운 공부의 전부였다.

기역자(ㄱ) 교회의 진실 –남녀유별이 교회 건물에 새겨지다

이자익이 조덕삼의 집에서 말을 돌보며 집안일을 하던 시기는 미국

남장로회 소속 선교사들이 전주에 선교센터를 설립하고 전라북도 일대를 돌며 복음을 전하던 때였다. 전주에서 정읍 방면으로 선교여행을 다니던 최의덕(L. B. Tate) 선교사와 김필수 조사는 금산의 부자 조덕삼의 마방에 들러 쉬는 시간에 복음을 전했다. 그러나 주인 조덕삼은 물론이고 집안 누구도 복음에 대해 마음을 쉽게 열지 않았다. 옛날부터 금산은 불교와 신흥종교가 번성하던 곳으로 사람들은 우상을 숭배하고 미신에 빠져있었다. 이러한 주변 환경 때문에 전주에 머물던 선교사들이 10년 가까이 이 지역을 드나들며 복음을 전한 뒤인 1904년에야 금산교회가 세워질 정도로 기독교에 대해 배타적이었던 곳이다.

최의덕 선교사가 전해준 복음을 제일 먼저 영접한 사람은 바로 마부 출신 이자익이었다. 뒤를 이어 기독교로 개종한 조덕삼은 열심히 성경 공부에 참석하는 한편 부지런히 전도하였다. 한때는 금광을 찾아 전국에서 많은 사람들이 모여 들었던 곳이기도 한 이 지역에 하나님께서는 조덕삼을 통해 복음의 열매를 맺게 하셨다.

남자교인좌석

김제 금산교회는 'ㄱ'자 교회로 유명하다. 1908년에 지은 'ㄱ'자 모양의 예배당이 지금도 원형 그대로 보존되어 있다. 유교의 영향이 남아 있던 1900년대 초에는 남녀 교인이 서로 다른 건물에서 예배를 드려야 했다. 그 당시 교회는 'ㄱ'자가 아니면 정방형으로 지었다. 정방형 예배당은 가운데에 별도의 칸막이를 하거나 휘장을 쳐서 유교적 관습이 몸에 배인 교인들과 사회적인 요구를 절충하였다.

　'ㄱ'자 모양의 건물은 한 사람의 설교자가 남녀 모두에게 동시에 설교를 할 수 있는 가장 효율적인 모양이다. 'ㄱ'자 예배당은 안에서도 남자와 여자가 서로 얼굴을 마주 대하거나 음성을 들을 수 없는 구조다. 예배당을 출입할 때도 남녀가 별도의 출입문을 사용함으로써 유교적 관습과의 마찰을 피하면서 예배를 드릴 수 있었다.

　예배를 드리기 위해 세운 'ㄱ'자 교회 중 현재까지 원형이 보존되고 있는 예배당은 김제 금산교회와 익산 두동교회 두 교회다. 김제 금산교회의 'ㄱ'자 예배당은 현존하는 가장 오래된 'ㄱ'자 교회로 1997년에 전북문화재자료 제136호로 지정되어 보존되고 있다.

여자교인좌석위의
한글 상량문

이 외에도 우리나라에서 지어진 지 100년 전후가 된 교회 중에는 '정방형'으로 건축된 곳도 있다. 영천의 자천교회, 봉화 척곡교회 등은 지금도 100여 년 전에 지은 예배당에서 예배를 드리고 있다. 울진 행곡교회와 강진의 백양교회도 100년 전에 세운 옛 예배당의 원형을 만날 수 있다.

"신앙과 재물은 바꿀 수 있는 것이 아닙니다" –처갓집의 제안을 거절한 이자익

이자익은 조덕삼 집의 마부생활을 청산하고 결혼한 후 친구와 함께 서울을 오가며 장사해서 꽤 많은 재산을 모았다. 그러다가 실수를 하는 바람에 모든 재산을 날려버렸다. 그때 그의 장인이 한 가지 제안을 하였다.

"자네 예수를 믿지 않으면 우리가 가진 재산을 나누어 주겠네. 그리할 수 있겠나?"

"재물과 예수를 바꿀 수는 없습니다. 죄송합니다"

장인의 제안을 거절한 이자익에게 경제문제를 해결할 뾰족한 방법은 없었다. 날이 갈수록 이자익 부부에게 닥친 어려움은 말로 표현할 수 없을 정도로 심각해졌다. 그러자 평소 이자익의 인감됨됨이를 좋게 여기던 주변 사람들이 하나 둘씩 도와주었다. 이 사실을 전해들은 이자익의 장인이 다시 찾아와 이번에는 조금 더 완화된 조건을 제시했다.

"자네 영수직을 그만두면 재산을 물려주겠네. 그리할 수 있겠는가?"

"영수직은 재물과 바꿀 수 있는 것이 아닙니다."

별다른 재산이 없던 이자익에게는 좋은 조건이었지만 물질 때문에 하나님이 주신 직분을 버릴 수는 없었다. 이처럼 이자익 영수는 믿음의 본질에 충실한 태도를 가지고 있었다. 사위의 흔들림 없는 의지를 확인한 처가에서는 한 발 물러섰다. 장인은 그와 같은 요구를 다시는 하지 않았을 뿐만 아니라 나중에는 오히려 논 다섯 마지기를 결혼 선물로 물려주었다.

사위와 딸이 예수를 믿는 것을 반대하던 장인은 세상을 떠나기 전에 회개하고 예수를 믿었다. 이것은 이자익이 재물을 얻기 위해 신앙을 버렸거나 영수직을 포기하지 않았기에 그의 장인이 감동한 결과였다.

부자 조덕삼이 아닌 마부 이자익이 초대장로로 선출되다!

초기 금산교회의 역사는 조덕삼과 이자익이 함께 기록했다. 그것은 처음부터 신분의 차별이 없었기에 가능한 일이었다. 기독교로 개종하고 나서 3년 만에 자기 소유 과수원 땅에 5칸짜리 예배당을 마련하고 예배를 드렸던 지주 조덕삼 자신이 벽을 만들지 않았다. 사업가요 부자였던 그는 토착민들과 달리 일찍부터 평등사상을 가지고 있었다. 자기가 데리고 있던 마부에게 자기 아들과 함께 한문을 배우도록 배려했던 사람이 머슴과 함께 초대교인이 되어 예배를 드린 것은 결코 우연이 아니었다.

주인과 마부는 금산교회 초대교인으로서 교회에서 시행된 첫 학습문답에 함께 통과했고 이어서 진행된 세례문답에도 함께 통과했다. 교회 설립 2년 뒤인 1906년에는 함께 집사로 임명받았다. 그뿐만이 아니었다. 1907년에는 두 사람이 함께 교회 영수로 임명을 받아 본격적으로 교회의 지도자가 되었다. 그 당시 영수는 선출직이 아니라 임명직으로서 교회의 행정을 맡아 교회와 교인을 돌보았으며 목사나 선교사가 없는 교회에서는 예배를 인도하고 설교를 담당하는 직분이었다. 영수로 임명을 받던 해 이자익 목사는 첫 아들 이봉환을 얻는 기쁨도 누렸다.

교인이 늘어나자 최의덕 선교사는 1908년 전북노회에 2명의 장로를 청원하였다. 그러나 장로 선출을 위한 투표 결과는 충격이었다. 교인들이 선택한 것은 두 사람의 장로가 아니라 한 사람의 장로였고 그것도 교회 설립자 중 한 사람이요 지역 유지였던 조덕삼 영수가 아니라 그 집 마부 출신 이자익 영수였다.

투표 결과를 발표하는 사람은 물론이고 교인들도 놀랐다. 물론 당사자들은 더욱 놀랐을 뿐이었다. 투표 결과는 아무도 상상하지 못했던 결과였다.

잠시 침묵이 흐르자 조덕삼 영수가 자리에서 일어나 교인들을 향해 침착하게 말했다.

"여러분, 이 결정은 하나님이 내리신 결정입니다. 나는 교회의 결정에 순종하고 이자익 장로를 받들어 열심히 교회를 섬기겠습니다."

조덕삼 영수는 역시 사업가요 대인배였다. 그의 진심에서 우러나오는 진솔한 발언에 교인들은 큰 감명을 받았다. 모든 교인들의 예측을 벗어난 발언을 한 그를 교인들은 1년 후에 장로로 선출하였다.

1900년대 초반에 서울의 연동교회와 승동교회에는 조선시대 고관대작과 천민출신들이 한 자리에서 예배를 드렸다. 양반들은 비록 예배당이긴 하지만 천민들과 한자리에서 예배를 드리는 것에 거부감이 많았다. 어떤 양반들은 강대상에 올라가서 예배를 드리고 평민들은 예배당 앞자리에서, 그리고 백정과 같은 천민출신들은 말석에 앉아 예배를 드리는 진풍경이 일어났다. 이러한 모습은 예수님 당시의 바리새인과 세리들이 교회에서 보인 행동 양태와 흡사하였다.

심지어는 양반들이 다니는 교회에 천민들이 예배에 출석하자 이를 수용하지 못하고 양반만을 위한 교회를 별도로 설립한 경우도 있고 백정들이 교회에 출석하자 양반들이 교회 출석을 거부한 사건이 일어나기도 했다.

이러한 일은 100여 년이 지난 오늘날의 대한민국 기독교계에 중요한 시사점을 던져주고 있다. 지금은 신분과 성별의 차별이 없어졌다고 하지만 실제적으로 교회의 지도자인 장로를 선출하는 데는 유무형의 장애물이 존재하고 있기 때문이다. 옛날에는 개인의 신앙과 성실성이 장로 선출의 중요 덕목이 되었다면 오늘날에는 오히려 재산이나 사회적 신분이 장로 선출의 기준으로 적용되는 경우가 적지 않다. 한편으로는 장로에 선출되지 못하면 교회를 옮기는 경우도 일어나고 있어 신앙에 기초한 봉사자의 직분인 장로에 대한 교회와 교인들의 자세가 바뀌어야 한다는 의견들이다.

만약 마부 출신 이자익이 현재의 대도시 교회에 출석한다면 장로로 선출되는 것은 고사하고 후보자 명단에도 오르지 못할 것이라는 부정적인 견해가 지배적이다. 마부 출신이 장로가 될 수 있었던 것은 지금으로부터 100여 년 전의 일이다. 오늘날에는 꿈도 꿀 수 없는 형편이 되어 버렸다. 이런 점에서 이자익 영수가 금산교회 초대 장로로 선출된 것은 하나님의 예정하심이었다는 말 외에는 다른 할 말이 없다.

고아에서 마부로, 마부에서 교회 지도자가 된 이자익 목사

1908년에 금산교회 초대 장로로 장립을 받은 이자익 장로는 장사를 그만두고 최의덕 선교사의 조사가 되어 주로 남원과 홍덕 일대를 돌며 열심히 전도하였다. 이 기간 동안 이자익 장로는 예배당 3개와 기도처 3개를 세웠다. 금산교회의 설교는 이자익 장로가 담당하였다. 이자익 장로는 금산교회뿐만 아니라 4킬로미터 떨어진 원평에 세워진 구봉리교회(현 원평교회)에서도 설교를 했다.

금산교회 장로이자 최의덕 선교사의 조사로 전라북도 지역을 돌아다니며 복음을 전하던 이자익 장로는 조덕삼 장로의 물심양면의 도움을 받아 1910년 3월에 평양신학교에 입학을 하였다. 신학생이 된 이자익 장로는 수업이 없는 방학 중에는 금산교회로 내려와 설교를 하면서 교회를 돌보았다.

이자익 장로가 조사 일을 겸하면서 신학교를 다닐 때 전라북도에서는 소위 '자유교회사건'이 발생했다. 전라북도 기독교계에 상당한 영향력이 있던 최중진 목사가 대리회(代理會, 현 老會의 전신)에서 이탈한 사건으로 많은 교회가 그 영향을 받아 교계가 심각한 지경에 처했다. 이 사건의 주동자가 바로 이자익 조사와 함께 최의덕 선교사를 도와주던 최중진 목사였다는 사실은 충격이었다. 게다가 이 일이 최의덕 선교사가 안식년 휴가차 한국을 떠나 미국에 거주하던 기간 중에 발생했던 일이어서 문제는 더욱 심각했다.

이때 이자익 조사는 전주선교부 소속 선교사들의 부탁을 받고 이 문제를 잘 해결했다. 이에 대해 최의덕 선교사의 부인 매티 잉골드(Mattie Ingold Tate) 여사는 이자익 조사의 노력에 감사의 글을 남겼다. 이에 주변 사람들은 바울과 디모데의 관계에 비유하며 이자익 조사를 최의덕 선교사의 디모데라 불렀다. 이자익 조사와 최의덕 선교사의 끈끈한 관계는 계속되었고, 최의덕 선교사의 신뢰는 더욱 깊어갔다.

5년간의 신학교 생활을 마치고 1917년 전북노회에서 목사 안수를 받은 이자익 목사를 처음으로 담임 목사로 청빙한 교회가 바로 금산교회였다. 자기 집 마부 출신 이자익의 장로 장립을 진심으로 축하해 주었던 조덕삼 장로가 이번에는 자기가 섬기는 교회의 목사로 이자익 목사를 청빙한 것이다. 이자익 목사는 최의덕 선교사와 함께 동사목사(한 교회에서 두 명의 목사가 동등한 권리를 갖고 사역하는 목사)가 되어 금산교회와 원평교회를 섬겼다.

이자익 목사와 조덕삼 장로는 어찌 보면 서로 부담을 느낄 수 있는 과거가 있었지만 1919년 조덕삼 장로가 소천할 때 남긴 유언에 비추어 볼 때 두 사람은 어느 누구보다 더 친밀하고 상호 협력하였음을 알 수 있다. 몇 년 전까지만 해도 자기 집에서 머슴살이하던 이자익으로서가 아니라 교회의 담임 목사 이자익을 진심으로 사랑하고 존경하는 마음으로 자기가 장로로 섬기는 금산교회의 담임목사로 모신 것이다.

이러한 사례는 100년 전이나 지금이나 쉽게 찾아볼 수 없는 귀한 일이다. 100년 전에 조덕삼 장로가 보인 신앙의 참모습을 우리가 존경하고 따라야 하는 이유가 바로 여기에 있다. 사촌이 논을 사면 배가 아프다는 옛 속담이 무색해지게 만드는 이 사건은 조덕삼 장로의 위대함을 증명하는 일이다. 자기 집 머슴 출신 목사를 담임 목사로 모시고 한 평생 함께 신앙생활을 한 조덕삼 장로의 참 신앙이 그리운 것은 필자만의 바람은 아니라고 생각한다.

전국으로 순회목회를 다니던 이자익 목사와, 거지를 대접하던 김선경 사모

이자익 목사가 대한예수교장로회 제13회 총회장으로 재임하던 1925년 호주선교부으로부터 요청이 왔다. 경남지방에서 선교를 하고 있던 호주선교부에서 거창선교부를 맡아 달라는 부탁을 받은 이자익 목사는 그해 7월 전북노회의 허락을 받고 거창으로 가족을 데리고 갔다.

이자익 목사는 거창, 함양, 합천 등 경남 서부지역의 선교를 담당하는 거창선교부 소속이었으나 그의 역할은 경남 서부지역에 국한되지 않았다. 마산과 진주 등지까지 돌아다니며 교회를 보살피고 각종 교회 문제를 해결하기도 하였다. 그는 전라노회에서 발생했던 '자유교회사건'을 해결한 경험을 바탕으로 마산문창교회와 주기철 목사의 모교회인 진해

웅천교회의 문제를 원만하게 해결하였다.

호주선교부에서 목회를 할 때 이자익 목사는 오랫동안 집을 비우는 일이 많았다. 이때 김선경 사모는 항상 이자익 목사를 위해 밥 한 그릇을 준비해서 따뜻한 아랫목에 두었다. 그러다가 식사 때에 맞추어 거지가 동냥을 오면 남편을 위해 준비해 둔 밥을 아낌없이 거지에게 주었다. 넉넉지 못한 살림살이에서도 이웃 사랑의 본을 보인 김선경 사모는 애석하게도 쌍둥이 딸을 낳은 며칠 후에 출산 후유증으로 세상을 떠났다. 두 달 후에는 두 딸마저도 세상을 떠났다.

이자익 목사가 호주 선교부에서의 순회 목회를 마감하고 자신의 믿음의 고향인 금산교회로 돌아온 것은 1936년이었다. 해방 후인 1946년에는 충남금산읍교회의 동사목사로 섬기던 중 전북노회장을 맡아 수고하였다.

고난 당하는 이자익 목사

이자익 목사는 1922년에는 소위 '중강진 사건'에 연루되어 옥고를 치렀다. 1921년 미국 워싱턴에서 개최된 9개국 대표가 국제군축회를 개최하는 것에 맞추어 한국독립을 청원하는 데 동지들과 뜻을 합하여 서명하였다. 민족의 지도자 374명이 서명날인한 문서는 임시정부를 대표해서 이승만과 서재필에 의해 배포되었다. 이 일로 이자익 목사는 1922년 1월~2월에 안동교회의 김영옥 목사를 비롯해서 8명의 목사들과 함께 평북 중강진 감옥에 투옥되어 50일간 취조를 받은 후 풀려나기도 했다.

시골에서 목회를 하던 그에게도 일본의 신사참배와 창씨개명에 대한 요구는 집요하였다. 그는 전라노회의 배은희 목사, 김가전 목사와 더불어 신사참배와 창씨개명을 하지 않았다. 그는 신사참배가 결의된 평양 총회에 참석하지 않았다. 신사참배를 해야 하는 지방 노회에도 참석하지 않았다.

그는 신앙을 팔아 자신의 영달을 구할 생각이 없었으므로 그들의 요구를 거부하다가 고난을 당하였다. 그럼에도 불구하고 해방 후에 신사참배를 했던 목회자와 신사참배를 거부하다 옥고를 치른 목회자들 사이에 논쟁이 벌어졌을 때에도 신사참배를 하였던 목회자들을 정죄하지도 않았으며 오히려 앞장서서 교단의 통합과 기독교의 부흥을 위해 일하였던 목사였다.

위대한 인격의 사람 조덕삼 장로의 후손들 -아들 조영호 장로, 손자 조세형 의원

조덕삼 장로는 소천을 앞두고 자손들에게 신앙의 정도를 지킬 것을 당부하였다. "첫째로 절대로 우상을 섬기지 말고 제사를 지내지 말라. 둘째로 예수를 잘 믿어라. 그래야 하늘나라에서 나를 만날 수 있다."

그는 육체적인 고통 속에서도 찬송가 '주 믿는 형제들'의 마지막 4절까지 다 부르고 나서 숨을 거두었다. 생전에 남을 섬기고 나라와 민족을 위해 봉사하며 교회를 성실하게 섬겼던 조덕삼 장로는 자손들에게 믿음의 전통을 이어갈 것을 당부하는 것도 잊지 않았다.

조덕삼 장로는 금산교회에 부설 유광학교를 설립하여 운영하였다. 한글과 우리나라 역사를 가르쳤던 유광학교에서는 매일 아침마다 하나님께 예배를 드렸고 성경과목을 넣어 가르쳤다. 아버지 조덕삼 장로의 뒤를 이어 유광학교를 운영하던 조영호 장로는 1919년 3 · 1만세운동이 일어나자 유광학교 학생들과 함께 금산지역에서 만세운동을 주동했다. 이 일로 교장이었던 조영호 장로와 여러 명의 선생들이 김제경찰서에 끌려가서 고난을 당하기도 하였다. 이후에 그는 독립운동을 하기 위해 만주 북간도로 이주하였다.

아버지 조덕삼 장로가 소천하자 고향으로 돌아온 그는 유광학교를 동광학교로 개명하고 운영하였다. 아버지의 유언을 따라 성실하게 교회를 섬김과 동시에 지역을 위한 일에도 열심이었다. 교인들과 마을 주민들의 의식 개혁에 앞장섰던 그는 음력설을 폐지하고 농사법을 이웃에게 전수하였다. 신분에 대해 개방적이었던 아버지처럼 그는 사람을 차별하지 않았다. 농사철이 되면 일꾼들과 함께 어울려 식사를 하고 그들의 고민을 들어주며 복음을 전도하였다.

그의 후손으로는 국회부의장을 지냈던 조세형 의원이 아버지의 뒤를 이어 금산교회 장로로 섬겼고 그의 손자는 교회 집사로서 하나님을 섬기고 있다.

총회장을 세 번 역임한 마부 출신 이자익 목사

이자익 목사는 장로교가 분리되기 전인 제13대(1924년)에 처음으로 총회장이 되었으며 1947년과 1948년에는 연이어 두 번(제33대와 제34

대) 총회장을 지냈다. 첫 번째 총회장에 당선 될 당시 이자익 목사는 목사 안수를 받고 시골교회에서 목회를 하던 시절이었다. 함흥 신창리교회에서 개최된 제13회 총회에는 한국인 총대가 168명, 선교사 총대가 37명으로 모두 205명이 참석하였으며 후보자 없이 무기명 비밀투표에 의해 총회장에 선출되었던 것이다. 제33회와 제34회 총회장은 해방 후 교단이 어지러울 때 맡았던 것으로 교회법에 정통한 이자익 목사의 진면목이 발휘된 시기였다.

호주선교부의 요청으로 1925년부터 1936년까지 경남 거창 선교부에서 일하던 시기에는 경남노회장을 2회, 부노회장을 2회 역임하였다. 뿐만 아니라 호주선교부에서 전북노회로 복귀한 후 1946년에는 충남 금산읍교회 동사목사로 섬기던 중 전북노회장을 역임하였다(당시는 충남 금산이 전북에 속해 있었음). 은퇴 후인 1952년에는 70이 넘은 나이에 대

대전신학대학교내 이자익 기념관

전노회를 설립하고 초대 대전노회장을 역임함으로써 그가 교계에 남긴 발자취는 남들이 쉽게 따라오지 못할 정도다. 한 지역에서 노회장을 맡아 수고하는 것도 쉽지 않은 일인데 경남, 전북, 대전노회 등 세 지역에서 노회장을 역임하였을 뿐만 아니라 총회장을 세 번이나 지낸 것은 우리나라 기독교 역사에 남을 일이다.

교회법을 가르치고 대전신학교를 세운 교육자 이자익 목사

이자익 목사는 미국 남장로회 선교사와 교분이 많았다. 그는 교회법에 정통한 최의덕 선교사에게 교회법을 배웠고 총회에서 교회법을 만드는 데 일조를 하였다. 교회적으로나 총회차원에서 문제가 발생하면 교회법에 해박한 지식을 가졌던 이자익 목사는 앞장서서 문제를 해결해 주었다. 이자익 목사는 장로교단에서 교회법에 정통한 목사로 소문이 났으며 해방 후 남산에 있던 신학교에서 교회법을 강의하기도 했다.

이자익 목사는 1953년 제38회 총회에서 정치수정위원회 위원장으로 선출되어 총회헌법을 수정하는 임무를 부여받았다. 그는 전필순 목사 등 여러 위원들과 힘을 합쳐 총회헌법 수정 작업을 완료하였다. 이 수정안은 1954년 제39회 총회에서 채용되었다.

이자익 목사는 은퇴를 몇 년 앞둔 1954년에는 미국남장로회 선교부의 요청에 따라 대전에 성경고등학교를 개설하였으며 이어서 대전신학교를 설립하여 중부지역에서 목회자를 배출하는 기틀을 마련하기도 하였다.

대전신학교에서는 학교 설립 60주년을 기념하여 초대 교장이었던 이자익 목사를 기념하여 학술정보관 건물을 '이자익 기념관'이라 명명하고 3층에 기념 사료관을 마련하였다. 대전신학교 바로 옆에는 이자익 목사가 첫 담임목사로 사역한 오정동교회가 설립 60주년을 맞이하고 있다.

부통령이 찾아와 장관을 맡아달라 청했으나 거절하고 목회에 전념하다

이자익 목사가 첫 사역지인 금산교회와 원평교회를 섬기던 시절에 군산의 큰 교회인 개복동교회와 구암교회의 청빙을 거절하였다. 두 교회는 전라북도에서 가장 먼저 세워진 교회들 가운데 하나로서 교회의 규모나 여러 가지 면에서 모악산 밑에 위치한 금산교회나 원평교회와는 비교가 될 수 없었다. 그러나 이자익 목사는 타향살이 하던 고아를 돌봐준 조덕삼 장로의 은공과 교인들의 사랑을 잊을 수 없어 제2의 고향에서 목회를 계속했다. 오늘날의 자기가 있게 한 교회를 섬기는 것이 최고의 보답이라고 생각하고 시골 목회를 자청했던 것이다.

그가 얼마나 하나님의 은혜를 갈망하며 목회에만 전념했는가에 대한 일화가 있다. 총회장을 세 번이나 지낸 그에게 정부에서 장관을 맡아달라는 요청이 있었다. 이승만 대통령 시절 함태영 부통령이 직접 금산으로 내려와 이자익 목사에게 장관으로 입각해달라는 부탁을 하였던 것이다. 그러나 이자익 목사는 장관보다는 시골에서 목회를 하는 것이 자기가 해야 할 일이라고 말하면서 정중하게 거절하고 오로지 시골교회에서 목회에만 전념하였다.

함태영 부통령은 조선시대 말엽에 법관양성소를 졸업하고 1910년까지 강직한 검사로 살았던 인물이다. 3·1만세운동을 막후에서 주도한 죄로 3년 형을 선고 받고 복역하였다. 출옥 후 평양신학교를 졸업하고 목회를 하였으며 한국신학대학장을 역임하기도 하였다.

1952년 부통령에 당선된 함태영이 이자익 목사에게 국가의 중책을 맡아달라고 부탁한 배경을 세 가지로 추측할 수 있다.

첫째는 이자익 목사가 호주선교부 초청으로 경남지방에서 사역을 한 것과 연관이 있다. 그는 당시 문창교회를 비롯한 웅천교회의 내부 문제를 원만하게 해결하였다. 공교롭게도 마산 문창교회는 이자익 목사가 김제 금산교회로 복귀하고 나서 함태영 목사가 담임 목사로 부임하여 목회를 한 교회다. 이때 함태영 목사는 자기보다 5~6살 어린 전임자 이자익 목사의 활동상황과 능력에 대해 알게 되었던 것이다.

둘째는 이자익 목사가 전라북도와 경상남도 지역에서 신임을 얻는 목사일 뿐 아니라 대한예수교장로회 총회장을 3번이나 지낸 것을 높이 평가한 것으로 보여진다.

셋째는 이자익 목사가 오랫동안 미국 선교사와 함께 일한 것에 대한 평가이다. 그는 금산교회에서 목회를 할 때는 최의덕 선교사와 긴밀하게 협력하였고, 경남지역에서 호주선교부와 함께 10년 동안 성공적으로 사역하며 교계에서 좋은 평가를 받았기 때문이다.

이처럼 이자익 목사는 자신의 목회기간 대부분을 외국인 선교사와 협력하였다. 6 · 25한국전쟁 이후 외국과의 우호적인 대외협력 관계가 필요했던 이승만 정부로서는 미국남장로회 선교부와 호주선교부와의 협력선교를 성공적으로 수행하는 이자익 목사의 능력이 필요했을 것으로 추측할 수 있다. 이에 부통령에 취임한 함태영 목사는 이자익 목사를 떠올리게 되었고 금산교회로 직접 찾아와 체신부장관직을 제의하였던 것이다.

평생 봉사하는 삶을 산 김선경 사모와 딸 이희순 권사, 외손녀 김익자 권사

김선경 사모는 교회 일로 바쁜 남편을 대신하여 자녀들을 신앙으로 키웠다. 말보다는 행동으로 자녀들을 교육했던 그녀의 삶은 가난한 이웃을 돌보는 삶이었다. 특히 이자익 목사가 경남에서 호주선교부와 함께 일했던 10년 동안에는 집에 있는 시간보다 바깥에서 지내는 시간이 많았다. 김선경 사모는 남편이 집에 오지 않을 때도 항상 남편 몫의 밥을 따뜻한 아랫목에 준비해 두었다. 그러다가 집으로 찾아오는 손님이나 동냥을 하는 거지들에게 남편 몫의 밥을 흔쾌히 내 주었다. 비록 자녀들은 배부르게 식사를 하지 못하더라도 자기 집을 찾아오는 나그네들을 대접하는 일에는 한 치의 소홀함도 없었다.

김선경 사모의 이웃 사랑은 큰 딸 이희순 권사로 이어졌다. 남편 김재환 장로가 설립한 성우보육원을 운영하던 이희순 권사는 동생들의 학비를 보태기도 했다. 그러면서도 언제나 겸손함을 잃지 않았다.

이희순 권사는 생전에 "내가 육영사업을 하고 있지만 어머니의 사랑을 따라가지 못한다"고 입버릇처럼 말했다. 가난한 시골 목사의 아내로 갖은 고생을 다 했던 어머니 김선경 사모의 이웃 사랑의 크기가 맏딸의 눈에는 너무나 커 보였던 것이다.

김재환 장로는 충남 금산군에서 김용섭과 고성규 집사의 4대 독자로 태어났다. 전주고등보통학교(현 전주고등학교)에 다니던 중 광주학생운동이 전국적으로 확산되자 김재환도 앞장서서 일제의 강압에 항거했다. 그 일로 옥고를 치르기도 했던 그는 일본 경찰의 감시를 피해 김천으로 피신하며 지냈다. 교회의 다락방에 숨어 지내던 그를 위해 교인들이 불철주야 기도하는 것에 감명을 받은 그는 집으로 돌아와서는 어머니를 따라 교회에 출석하였다.

김재환 장로는 조상으로부터 많은 재산을 물려받아 풍족한 삶을 살았다. 해방 후에는 자기 집 하인들에게 많은 재산을 나누어 주었다. 김재환 장로가 사회사업에 관심을 갖게 된 것은 6·25 한국전쟁이 끝난 뒤였다. 어느 날 대전역에서 구걸하는 어린 아이들을 보고 전쟁고아들의 비참한 삶에 관심을 갖게 되었다. 헐벗고 굶주린 그들을 돌봐주기로 결심한 그는 자신의 전 재산을 털어 보육원을 설립하고 운영은 아내인 이희순 권사에게 일임하였다.

김재환 장로는 성결교단의 총회 부회장과 전국장로회 회장 등 교단의 중책을 역임하였다. 성우보육원의 설립과 운영을 비롯하여 각종 사회사업관련 분야에서 지속적으로 봉사한 그는 대통령 명의의 공익포상, 상록수 포상과 국민훈장포상을 받기도 했다.

지금 성우보육원을 운영하고 있는 김익자 권사는 이희순 권사의 맏딸이다. 이화여대에서 사회복지학을 전공한 김익자 권사는 외할머니와 어머니의 이웃사랑을 이어가고 있다. 법동성결교회 권사인 김익자 원장은 아버지 김재환 장로가 전 재산을 바쳐 설립한 보육원을 통해 이 땅에 그리스도의 계절이 오게 하는 데 작은 힘이 되는 것을 감사하게 생각하고 있다. 모계 3대에 걸쳐 참 사랑을 실천하는 김익자 권사는 자신의 뒤를 이어 성실하게 이 일을 잘 감당할 자녀에게 물려줄 마음을 가지고 있다.

믿음의 대를 이어가는 이자익 목사의 후손들

이자익 목사는 김선경 사모와의 슬하에 6남 2녀를 두었다. 장남 이봉환 장로는 연희전문학교 문과를 졸업하였다. 1937년 금산읍교회에서 제6대 장로로 임직을 받은 그는 교육계에 몸을 담았다. 이자익 목사가 금산읍교회 동사목사로 시무하던 1946년에는 금산여자중학원을 설립하였으며 군산영명중학교 교장과 광주숭일고등학교 교장을 거쳐 1965년까지 목포정명여자중학교 교장을 역임하였다.

차남 이봉호 집사는 연희전문학교 문과를 졸업한 후 세브란스의학전문학교를 졸업하여 의사가 되었다. 숭실중학교 시절에는 영어웅변대회에 나가 1등상을 받을 정도로 영어에 뛰어났다. 의사가 되어 대전과 금산에서 개업을 하면서 환자의 치료비를 제대로 받지 않고 무료진료를 많이 해 주었다. 이로 인해 자녀들의 학비를 제대로 납입하지 못하는 경우도 발생하였다.

이봉호 집사의 장남 이규완 장로는 독일로 유학하여 고분자화학 박사학위을 받아 대전 대덕연구단지 내에 있는 화학연구소에서 실장으로 근무하였다. 정년퇴임한 후 2003년 8월에 대전제일교회에서 평신도 선교사로 중국 연변에 파송되어 2013년 현재까지 연변과학대학에서 화학을 가르치면서 후진을 양성하고 있다.

셋째 아들 이성환 집사는 김제시 금산면 원평에서 약국을 경영했다. 이자익 목사가 거창선교부에서 사역을 하던 시기에 선교사가 설립한 대구 계성학교를 졸업한 그는 해방 후 금산면장과 금산수리조합장을 지내면서 금산교회에 출석하였다.

이자익 목사의 아들과 딸은 장로와 권사로 신앙생활을 하였다. 직계 후손 중 둘째 아들 이봉호 집사의 셋째 아들이 할아버지의 뒤를 이어 목사가 되었다. 이자익 목사의 손자 이규석 목사는 아버지 세대에서 할아버지의 뒤를 잇는 목사가 나오지 않은 것을 보고 고등학교 1학년 때 자기가 목사가 되어 할아버지의 대를 이어 가겠다고 서원을 했다. 담임선생과의 면담에서 장래 희망이 "목사가 되는 것"이라고 말했다. 그러나 고등학교 3학년이 되어 신학대학에 진학하겠다고 자기의 생각을 밝히자 어머니는 어려운 목회자의 길을 가지 말라고 말렸다. 어머니 자신이 신학교를 졸업하고 전도사로 살았기에 셋째 아들의 신학교 진학을 말렸던 것이다. 반면 아버지는 아들의 결정에 반대하기보다는 여러 가지로 도움을 주었다.

결국 신학대학 시험을 포기하고 고등학교 졸업 이듬해에 일반대학에 진학해서 공부했다. 서울에서 보낸 대학 4년 동안 신학교 진학의 꿈을 버린 것은 아니었다. 회사에 취직하여 20년 넘게 사회생활을 하다가 할아버지가 세운 대전신학대학에서 신학공부를 하고 장로교 신학대학원을 졸업하여 목사가 되었다. 이규석 목사는 비록 할아버지처럼 이름난 목사는 아니지만 자기에게 주어진 사명을 죽을 때까지 잘 감당하기를 원하고 있다. 고등학교 때 하나님 앞에 서원한 꿈을 청주의 농촌 교회에서 펼치며 이 땅의 복음화를 위해 묵묵히 하나님의 말씀을 전하고 있다.

이자익 목사의 외손 중에도 여러 명의 목사가 배출되어 그의 뒤를 잇고 있다.

이자익 목사의 후손들이 조덕삼 장로에게 최고의 찬사를 보내다

카이잘 수염을 기르고 평소 커피를 즐겨 마셨던 이자익 목사의 모습은 인자한 이웃 할아버지를 연상케 한다. 후손 중에는 비록 이자익 목사처럼 교계의 큰 지도자는 없지만 100여년을 이어오는 가문의 신앙정신을 이어받아 하나님을 섬기며 이웃을 돌보는 신실한 삶을 살아가고 있다.

이자익 목사의 후손들은 오늘날의 이자익 목사가 있게 만들어준 조덕삼 장로에 대한 공로를 잊지 않고 있다. 이자익 목사 소천 50주년을 기념하여 그의 후손들이 일기와 사진 및 성경공부 자필집을 모아서 발간한 『변함없는 신앙의 거목 이자익 목사』에서 그들은 "먼저 장로가 된 자기 집 마부 출신의 사람됨을 알아보고 평양까지 보내 신학공부를 시켜 목사로 만든 한국교회의 가장 훌륭한 인격자이신 조덕삼 장로를 만난 최고의 행운아입니다"라고 기록하고 있다.

조덕삼 장로와 그의 마부였던 이자익 목사의 이야기는 한 알의 밀알이 땅에 떨어져서 귀한 열매를 맺게 하신 하나님의 예정하심과 은혜임을 새삼 깨닫게 하는 우리나라 기독교계의 잊지 못할 하나의 사건으로 영원히 남게 될 것이다.

8 한국판 〈불의 전차〉, "우리는 주일에는 뛰지 않습니다"

- 평생 호남지역 교육과 선교에 헌신한 겸손한 스승, 김형모 목사

김형모 목사 이야기

주일성수를 위해 올림픽에서 주일날 출전을 포기하고, 다른 동료의 평일 경기와 바꿔 출전한 뒤 금메달을 딴 영국의 육상선수들 이야기를 다룬 감동적인 영화 〈불의 전차〉라는 영화가 있다. 한국에서도 이와 같은 일이 1960년대에 있었다. 바로 매산학교의 축구부다.

매산학교는 일제강점기에 성경교육을 금지하는 일제에 항거하여 한 번, 이후 신사참배에 반대하여 또 한 번, 모두 두 번에 걸쳐 폐교하였던 신앙과 독립운동의 요람인 학교였다. 이런 매산학교를 해방 후 재건하여 평생을 교장으로 섬기며 순천 지역의 교육과 선교를 위해 헌신한 이가 바로 김형모 목사다.

김형모 목사는 일찍이 그의 신앙과 교육에 대한 열정을 인정받아 미국 선교사들의 도움으로 미국의 신학교에서 공부하여 신학박사 학위를 받고 돌아온 엘리트 중의 엘리트였다. 원한다면 얼마든지 서울의 신학대학에서 교수로 섬길 수도 있었고, 실제로 서울의 대형교회에서 담임목사로 청빙도 받았지만, 모두 사양하고 정년퇴임할 때까지 매산학교의 교장으로 섬긴 겸손하고 위대한 스승이었다.

그는 매산고교 축구부가 전국대회 결승전에 진출했지만 결승전 날짜가 주일로 잡히자, 모든 반발과 비난을 무릅쓰고 "우리는 주일에는 뛰지 않습니다"라며 결승전을 포기하며 주일성수의 중요함을 말이 아닌 삶으로 실천한 진정한 신앙인이었다.

김형모 목사

뿐만 아니라 그는 재학 중인 학생들과 졸업생들의 이름까지도 모두 기억했다. 심지어는 학생들이 출석하는 교회와 부모에 대한 것까지도 세세히 기억하고 있었다. 그것은 그가 교장으로 섬기면서 매일 아침마다 전교생의 이름을 한 명 한 명 불러가며 기도한 기도의 사람이었기 때문이었다.

또한 "학교의 질이 떨어진다"며 동문들이 대부분 반대를 해도 "가난한 아이들에게도 배움의 기회를 주어야 합니다. 기독교학교가 앞장서지 않으면 누가 이 일에 앞장서겠습니까?"라는 논리로 모든 반발들을 잠재우고 야간학급을 도입한 후, 매산고가 지역 인재 배출의 요람이 되게 한 신념의 사람이었다. 김형모 목사는 자신의 설교집 『감사의 생활』 머리말에 이렇게 적었다. "내 인생의 대부분을 학교에서 보냈기 때문에 목회자의 사명을 다하지 못한 것 같아 송구스러운 마음 금할 길 없으나 한편으로는 부족한 사람의 가르침을 받은 제자들 중에 충성된 하나님의 종들이 많이 나온 것을 생각하면 큰 보람일 뿐 아니라 무한 감사한 일입니다."

1950년대 초에 미국에서 신학박사 학위를 취득한 김형모 목사는 22년 동안 전남 순천의 매산학교 교장으로 봉직했다. 명예와 부를 좇아가지 아니하고 오직 후학들을 믿음으로 키우기에 일생을 바쳤던 김형모 목사는 한국교회가 배출한 겸손한, 그리고 위대한 스승이었다.

한국판 〈불의 전차〉,
"우리는 주일에는 뛰지 않습니다"
— 평생 호남지역 교육과 선교에 헌신한 겸손한 스승, 김형모 목사

김형모 목사를 찾아서

처음 김형모 목사에 관해 관심을 갖기 시작한 것은 김형모 목사의 셋째 아들 김혜규 집사를 포함한 몇 사람이 함께 점심식사를 하는 자리였다. 그 중 한 사람이 필자가 하는 일에 대해 관심을 표명하면서 "김혜규 집사 가문에 대해 연구해 보는 것도 괜찮을 것"이라고 했다. 별 관심 없이 몇 달을 지내다가 순천과 광양지역 기독교 역사 자료를 검토하던 중에 김형모 목사와 관련된 내용을 발견하게 되었다. 뜻밖에도 연구해볼 만한 가치가 있는 큰 인물이라는 생각이 들었다. 그래서 김혜규 집사에게 기초적인 자료를 요청하면서 자료 수집이 시작되었다.

김형모 목사는 광양군의 작은 마을에서 태어나 순천에서 매산학교를 졸업했고, 평양신학교를 거쳐 미국에서 신학석사와 박사 학위를 받았다. 김형모 목사에 대해 알기 위해서는 1893년도에 입국한 미국 남장로회 소속 선교사들의 발자취를 알아야 한다. 군산에서 시작하여 전주, 나주, 광주와 목포를 거쳐 순천으로 이어지는 호남지방의 선교 루트는 마지막으로 김형모 목사가 태어나 신앙생활을 시작한 광양에 이른다.

한편으로 김형모 목사의 신앙행적은 순천 매산학교, 전주 신흥학교, 서울 피어선성경학교, 숭실학교, 평양신학교와 미국의 신학교에서의 공부로 이어진다. 신학박사 학위를 받은 후 김형모 목사가 순천 매산학교 교장을 역임한 것을 비롯하여 미국 남장로회 선교사들이 설립한 대전의 한남대학교와 전주예수병원, 광주기독병원 및 호남신학교에서 이사장과 교장 등을 지냈다. 이러한 이력은 지방의 작은 도시에서 평생을 고등학교 교장으로 살았던 김형모 목사가 선교사들의 전폭적인 신뢰와 지지를 얻었으며 겸손과 온화한 성품의 소유자였기에 맡을 수 있는 직책들이었음을 알 수 있다.

기초적인 자료 수집을 끝내고 난 후 김혜규 집사와 함께 광양과 순천을 방문하였다. 먼저 김형모 목사가 태어나고 신앙생활을 시작한 고향 마을로 갔다. 우리를 반갑게 맞아준 박만수 장로는 오랜 세월 동안 김형모 목사 가문과 함께 교회를 섬기며 신앙생활을 하고 있다.

박 장로의 안내를 받아 김형모 목사의 생가 근처에 있는 교회를 찾아 갔다. 마을 앞에 서 있는 교회는 1909년에 설립된 예배당으로 김형모 목사의 아버지 김순권 장로가 기독교로 개종하면서부터 출석하던 섬거교회로 1933년에 새롭게 건축한 것이다. 섬거교회는 교인이 늘어나서 1980년대 초에 강 건너 면소재지로 이전하면서 광동중앙교회로 이름을 바꾸었다. 섬거교회 예배당은 다른 교단에서 구입하여 사용하고 있다.

김형모 목사와 그의 여섯 자녀들이 대를 이어 공부했고, 김형모 목사가 교장으로 20년 넘게 봉직했던 매산학교에도 들렀다. 교장 선생의 안내로 유서깊은 매산학교 구석구석을 돌아보고 『매산고교 100년사』도 1권 얻었다. 교정에 높게 자란 나무 그늘 아래에는 김형모 교장을 기리는 기념비가 세워져 있었다.

매산학교 뒤편에는 100여 년 전에 세워진 순천선교기지가 있다. 고색창연한 양옥이 들어선 동산은 마치 외국의 주택가를 연상케 했다. 집 앞에 세워진 친절한 안내문에는 건물의 역사와 주인들에 대한 이야기가 기록되어 있다. 선교센터 옆으로는 나환자를 수용했던 곳이 있었다. 그 아래쪽에는 '순천지역 기독교 100주년 기념관'이 마지막 작업이 한창이었다(2012년 11월 20일 준공식을 하였음).

순천선교기지는 100여 년 전에는 일반인들이 살기 꺼려하던 변두리 작은 동산에 자리를 잡았다. 언덕을 중심으로 선교사들은 집을 짓고 거주하면서 교회, 병원, 학교를 지어서 복음전파와 환자치료, 그리고 교육을 시행했던 것이다. 지금 '순천시기독교역사박물관'까지 더해짐으로써 순천시 기독교역사를 한 눈에 돌아볼 수 있는 명소가 되었다.

김형모 목사와 관련한 자료를 수집하기 위해 대전순복음교회 담임목사를 찾아갔다. 김석산 목사는 김형모 목사가 교장으로 재직하던 기간에 순천 매산고등학교를 졸업하였다. 그는 서울대학교를 졸업하고 부인과 함께 잠시 모교인 매산고등학교 교사로 지내면서 교장이자 목사인 김형모 목사로부터 많은 가르침을 받았다고 했다.

이렇듯 김형모 목사의 생애를 추적하는 일은 가까운 지인으로부터 시작했지만, 거의 전라도 전 지역과 전국 많은 곳들을 돌아다니며 많은 분들을 만나는 길고 오랜 여정이었다. 하지만 충분히 그럴 가치가 있는 분의 생애를 따라가는 일이라 힘들지 않았다. 김형모 목사의 신앙행적을 찾아다니면서 얻은 귀한 깨달음은 바로 '과거로의 여행은 언제나 시간

순천기독교 역사박물관

이 많이 소모된다'는 것이었다.

김형모 목사의 생애

한학자였던 아버지의 신앙과 어머니의 열심이 김형모를 신앙인으로 키우다

우리나라에 미국 남장로회 선교사가 광주에 선교부를 설치한 때는 1909년이고 순천에 선교부를 설치한 때는 1910년이다. 그러나 놀랍게도 순천 선교부가 설립될 당시 순천을 포함한 인근 지방에는 이미 96개의 교회에서 주일예배에 참석하는 교인수가 6천명을 넘어서고 있었다. 선교사들이 도착하기 전에 타지에서 복음을 영접한 교인들이 순천일대에 교회를 세운 놀라운 결과다.

순천에 인접한 광양지역에 복음이 전해진 것은 순천을 거치지 않고 광주에서 복음을 영접한 사람들이 고향으로 돌아와서 교회를 세우기 시

순천기독진료소

작하면서부터다. 평양대부흥운동이 전국을 강타하던 1907년 한반도 남쪽 끝에 위치한 광양에도 복음의 바람이 불어왔다. 광양에 최초로 교회를 세운 박희원 등은 광주에서 오기원(C. C. Owen) 선교사와 그의 조사 조상학을 만나 기독교 복음을 영접한 후 기독교인이 된 사람들이다. 그들이 세운 광양지역 최초 교회인 신황교회에 출석하던 교인들이 하나둘씩 자기 마을에 교회를 설립함으로써 광양지역 복음화가 본격적으로 시작되었다. 이렇게 해서 광양지역에는 순천선교부가 개설되기 전에 이미 신황교회를 비롯하여 지랑리교회 등 6개 교회가 세워지게 되었다.

김형모 목사의 아버지 김순권 장로는 진상면 지랑리에 살았다. 이곳은 진상면 소재지에서 작은 강을 건너 햇볕이 잘드는 산 밑에 형성된 시골마을이다. 지랑리에 교회가 세워진 것은 1909년 경이다. 강대오란 사람이 마을 입구에 교회를 설립하고 마을 사람들에게 복음을 전했다.

김순권에게 복음이 전해진 것은 순천 선교부 소속의 오기원 선교사에 의해서였다. 1898년 11월에 입국한 오기원 선교사는 지랑리교회에 들를

순천기독교진료소 마당에 세워진 선교사 기념비

때면 어김없이 마을의 유지 김순권을 찾아왔다. 김순권은 평소 글 읽기를 좋아하여 기독교 복음을 전하는 오기원 선교사를 언제나 반갑게 맞아주었다. 마을에 교회가 세워지고 나서 얼마 후 김순권도 교회에 출석하기 시작했다. 오기원 선교사와 김순권의 친밀한 유대관계는 오랫동안 지속되었다.

시골마을을 변화시킨 섬거교회와 김순권 장로

지랑리교회를 설립하였던 강대오가 만주로 이주를 하게 되자 함께 신앙생활을 하던 김순권은 강대오를 이어서 교회 지도자가 되어 교회를 돌보았다. 그러던 중 1920년대 중반에 지랑리교회와 섬거리교회가 '섬거교회'로 병합되었다. 지랑리교회 출신으로써 합병된 섬거교회에 열심히 출석하던 김순권은 43세인 1925년에 장로로 장립을 받았다.

현재 진상면 지랑리에 있는 '동부교회'는 원래 섬거교회 예배당이었다. 김순권 장로와 교인들이 1933년에 새로 지어서 1970년대 말까지 예배를 드리던 곳이다. 섬거교회는 교인이 늘어나자 개울 건너 진상면 소재지에 새롭게 교회를 건축하고 1934년에 '광동중앙교회'로 바꾼 이름을 지금까지 사용하고 있다.

김순권 장로는 평생을 지랑리에 거주하면서 열심히 교회를 돌보며 자녀들을 신앙으로 키웠다. 한학을 공부한 학자답게 자녀들의 교육에도 열성을 보였다. 마을의 유지인 김순권 장로가 앞장서서 복음을 전하고 자녀들을 순천으로 보내 교육을 시키자 마을 사람들도 자녀교육에 대해 관심을 보이기 시작했다. 교인들을 중심으로 자녀들을 선교사들이 세운 순천의 매산학교로 보내는 사람들이 늘어났다.

김순권 장로의 아내는 마을을 돌아다니며 아낙네들에게 복음을 전하였다. 한편 전도를 받은 사람이 교회에 입고 올 옷이 없으면 밤새 재봉틀로 옷을 만들어 주기도 했다. 굶주린 이웃에게는 양식을 나눠주는 것도 잊지 않았다. 그녀가 세상을 떠난 후에 교회에 출석한 주민들 중에는 그녀의 생전에 교회에 나오지 않았음을 후회한 이들도 있을 정도로 김순권 장로부부는 교회를 위해 열심히 노력했다.

"내 아들에겐 성경과 새로운 학문이 필요하다"며 매산학교에 보내다

김형모는 1906년에 김순권 장로의 맏아들로 태어나서 부모를 따라 어릴 때부터 교회에 출석하며 신앙을 키웠다. 전통적으로 유교에 심취하였던 김순권 장로가 예수를 믿고 새로운 신앙을 갖게 되자 사랑하는 아들 김형모를 신앙으로 키우기로 작정하였다. 평소 선교사들과 유대관계

매산학교

가 돈독했던 그는 아들에게 성경과 새로운 학문을 가르치는 것이 중요함을 깨닫고 넉넉지 못한 살림살이에도 불구하고 외동아들을 선교사가 세운 순천의 매산학교에 입학시켰다.

매산학교는 미국 남장로회 소속의 고라복(Robert T. Coit) 선교사 등이 1910년 순천선교부를 개설하면서 설립한 학교로 초기에는 소수의 학생을 대상으로 하는 사숙의 형태였으나 3년 뒤인 1913년에 정식으로 학교 설립허가를 받았다.

부모 곁을 떠나 순천에서 매산학교를 다닌 김형모는 열심히 공부하였다. 동급생들 중에는 어린 나이에 속했지만 타고난 부지런함과 강한 지적 호기심을 채우기 위해 열심히 공부하였던 김형모는 언제나 뛰어난 성적을 올렸다.

두 번 폐교하면서도 신앙을 지키고 일제에 항거한 복음의 요람, 매산학교

매산학교는 처음에는 주로 성경을 중심으로 국어와 역사 등을 가르쳤다. 복음과 함께 우리의 뿌리인 말과 역사를 가르친 것이다. 1916년 일제가 학교에서 성경과목과 예배를 금지하자 매산학교와 선교사들은 이에 저항하였으나 결국에는 자진해서 학교를 폐교하였다. 신앙을 포기하느니 차라리 학교 문을 닫은 것이다.

학교가 문을 닫게 되자 순천과 광양 일대의 기독교 가정 자녀들을 교육할 장소가 사라졌다. 이에 순천선교부에서는 1921년 일반학교가 아닌 성경학교로 다시 개교하였다. 성경학교에서는 일제로부터 교육내용을 간섭받지 않고 설립 목적인 성경을 가르치며 신앙중심의 교육을 할 수 있었기 때문이다. 이처럼 매산학교는 설립초기부터 일제의 교육정책에 순응하여 살아남기보다는 신앙중심의 학교로 존재해 왔다.

매산학교가 폐교되는 바람에 공부할 기회를 갖지 못했던 김형모는 18세의 나이에 매산학교 보통과를 2회로 졸업하였고 19세가 된 1925년에야 매산학교 고등과 1년을 수료할 수 있었다.

그러나 매산학교는 다시 문을 닫아야 했다. 1937년에 일제가 교회뿐만 아니라 일반학교에도 신사참배를 강요하자 선교사들은 신사참배를 거부하였다. 그 당시 선교사들이 세운 학교는 신사참배가 우상숭배이므로 학생들에게 신사참배를 시킬 수 없다고 버티었다. 그러나 일제의 압박이 거세지자 미국 남장로회 소속 선교사들은 순천 매산학교를 비롯하여 전주 신흥학교 등 자기들이 세운 학교를 폐교하기로 결정했다. 일제가 학교에서 성경교육을 못하게 하는 것에 반발하여 폐교를 결정했던 선교사들은 성경말씀에 위배되는 신사참배를 하느니 차라리 학교 문을 닫는 결단을 내렸다. 이로써 매산학교는 1937년 두 번째 폐교를 단행하게 되었다. 매산학교가 문을 닫은 1년 후 대한예수교장로회 총회는 일제의 강압에 못 이겨 신사참배는 우상숭배가 아니라는 치욕적인 결정을 내리게 되었고, 이 결정은 70년이 지난 오늘날까지도 논란이 되고 있다.

이렇듯 매산학교는 1910년 개교한 후 100년 역사 동안 일제에 항거하다 두 번이나 폐교한 역사를 가지고 있다. 매산학교는 학생들에게 말이 아닌 행동으로 복음과 독립운동을 가르친 명실상부한 신앙과 독립운동의 요람이었던 것이다.

평양신학교 졸업 후 벌교에서 사역을 시작 —애양원에 손양원 목사를 추천하다

성실하고 똑똑하였던 학생 김형모는 선교사들의 도움을 받아 계속해서 기독교 계통 학교에서 공부했다. 선교사의 주선으로 서울 피어선성경학교에서 3년 과정을 졸업한 그는 전북 김제시 백구면의 묘산교회에서 전도사로 사역하면서 전주 신흥학교 고등과를 졸업하였다. 이어서 평양의 숭실학교 문학과를 거쳐 평양신학교에서 신학을 공부하였다. 1938년 평양신학교 33회 졸업생이 된 그는 순천노회에서 목사 안수를 받고 보성군 벌교읍교회로부터 담임목사 청빙을 받아 첫 번째 사역을 시작하였다. 김형모 목사의 동기생으로는 여수 애양원의 손양원 목사를 비롯하여 새문안 교회의 강신명 목사, 익산 황등교회의 계일승 목사 등이 있다.

그는 여수 애양원에서 사역할 교역자를 물색하던 선교사에게 평양신학교 동기생인 손양원 목사를 추천해 주었다. 당시 손양원 목사는 평양에서 신학을 공부할 때 신사참배를 결정한 총회의 결의가 잘못된 것이라고 항의한 전력 때문에 고향인 경상남도에서 목사 안수를 받지 못하고 있었다. 자신의 두 아들을 죽인 여순반란군을 양아들로 입양했던 '사랑의 원자탄' 순교자 손양원을 있게 한 바탕에 김형모 목사와의 인연이 있었던 것이다.

손양원 목사가 순교하고 나서 그의 후임으로 여수 애양원 원장에 취임한 사람은 대전순복음교회 김석산 목사의 아버지 김철주였다. 그는 광주 숭일학교에 다니던 중에 3·1만세운동에 참가하였다가 1년 6개월 동안 감옥에서 고생을 했다. 학교 졸업 후 몇 년간 완도의 작은 섬에서 초등학교 교장을 지내기도 했던 그는 애양원 총무를 거쳐 원장을 지내기도 했다.

애양원에서 일한 경험을 토대로 한센씨병 환자들을 도와주는 방법을 모색하던 그는 자유당 시절 국회의원을 지내면서 한센씨병 환자들에 대한 국가 보조금을 지급할 수 있는 법안을 제정하는 데 앞장섰다. 일정한 직업이 없이 길거리를 돌아다니며 구걸하던 한센씨병 환자들에게 국가 보조금이 지급되면서 그들은 마을을 이루어 공동생활을 할 수 있게 되었고 선교부에서 제공하는 병아리를 키워 자립할 수 있는 기틀을 마련하게 되었다.

일제에 의한 교회탄압 '순천노회 15인 사건' 으로 억울한 옥살이를 하다

1940년 9월 일본은 약 300명의 목사와 평신도 지도자를 검거했다. 이들은 모두 직간접적으로 신사참배 거부와 관련이 있던 인물들이었다. 그중에는 감옥에서 옥사를 당한 사람도 몇명 있었다. 이때 많은 기독교 지도자들이 만주로 이민을 갔다. 그렇지 않고 이 땅에 남아 있다가 강제로 목사직을 박탈당한 목사들은 농사를 짓거나 다른 일을 하며 살았다.

한편으로는 일제는 한국에 거주하는 모든 미국인들은 떠나라고 명령하였다. 평소 자기들의 의지대로 잘 복종하지 않는 외국 선교사들을 추방함으로써 미국이나 영국과 같은 서방 강대국과의 갈등을 피하기 위함이었다. 일제의 추방명령이 떨어지자 대부분의 선교사들은 1940년 11월을 기점으로 한국을 떠났다. 신사참배를 거부하던 학교는 폐교된 상태였다. 그들이 운영하던 병원과 학교를 한국인들에게 부탁하고 떠났다. 선교사들과 함께 일하던 교회 지도자들에게는 외국 선교사들에게 일본과 관련된 정보를 제공하는 간첩으로 몰아세우는 등 교회 지도자들을 압박하였다.

이때 순천 매산학교를 설립하였고 순천지방 복음화에 앞장섰던 변요한(J. F. Preston) 선교사도 강제로 출국을 당하게 되었다. 변요한 선교사와 친분이 있던 순천노회 목사들이 순천역까지 나와서 배웅해 주었다. 평소 매산학교를 중심으로 신사참배를 거부하던 교계 지도자들을 탄압하기 위한 구실을 찾던 일본 경찰은 본격적으로 목회자들을 압박하기 시작했다. 주일이나 수요 예배시에 내세와 관련된 설교를 한 것을 꼬투리 잡아 자기들의 천왕을 무시한다는 죄를 뒤집어 씌웠다.

여기에다 순천중앙교회에서 황두연 장로가 교인들과 함께 성경공부를 하던 '원탁회'까지 덧붙여서 목회자 15명과 순천중앙교회 황두연 장로를 비롯한 7명의 평신도 지도자가 일경에 체포되어 옥고를 치른 사건이 바로 '순천노회 15인 사건'이다.

이 일로 순천중앙교회 박용희 목사와 황두연 장로가 3년 형을 받았고 나머지 목사들은 2년에서 1년의 형을 받아 옥고를 치렀다. 벌교읍교회에서 2년째 담임 목사로 목회를 하던 김형모 목사도 같은 마을 출신 김순배 목사, 안덕윤 목사와 함께 체포되어 감옥살이를 했다.

이 사건과 관련된 판결문은 몇 년 전 주명수 목사가 입수하여 발표함으로써 세상에 알려지게 되었다. 그는 전주대학교 주명준 교수의 형이며 순천중앙교회 임화식 담임 목사의 매형이기도 하다.

김형모 목사에 대한 당시 광주법원의 판결문은 다음과 같다.

"피고인 김형모는 부모가 기독교 신자이기 때문에 어렸을 때부터 기독교를 신봉하고, 미국인 선교사 경영의 순천 사립 매산학교를 졸업하고 이어서 경성 피어선성경학원에서 배우고 그 후 전라북도 김제군 백구면 묘산교회 전도사가 되고 다시 미국인 선교사 코이트의 원조를 받아 전주 사립 신흥학교 고등과를 졸업하고 다시 미국인 선교사 프레스톤(변요한, J. F. Preston)의 원조에 의하여 평양 사립 숭실전문학교, 평양신학교 등을 졸업하여 목사가 되고, 현재 전라남도 보성군 벌교읍교회의 목사인데 앞에 기록한 각 학교 재학 중 말세학을 배워 알고 뿌리 깊은 말세사상을 품게 되어 이 사상에 기초하여 교도들을 지도하고 있는 자인 바, 우리 국체를 변혁할 목적으로 1940년 4월 경 앞에 기록한 벌교읍교회에서 고산학언 등 교도 약 80명에 대하여 대환난에 관한 설교를 할 때 '대환난은 재림 전에 하나님이 일어나게 하신 교도에 대한 시련이요 이 시련은 교도도 불신자도 받지 않을 수 없다. 이때 세계는 어둡게 되고 교도와 불신자 사이에 큰 전쟁이 일어난다. 이 전쟁은 교도와 기독교의 적 사이에 일어나는 것으로써 우리 교도들은 하나님의 명령하는 바에 따라 교도군에 참가할 의무가 있고 이 전쟁은 7년 계속하여 7년째에 그리스도는 성도와 함께 공중의 혼인잔치 자리에서 지상으로 내려와 불신자의 군을 멸하고 천국을 건설하여 인류에 대한 대심판을 행하게 되는데 진실한 교도만 천국의 백성이 될 수 있고 대환난 시대에 악마의 세력에 복종한 자는 지옥에 떨어진다. 이 천국은 지상에 건설되는 기독제의 새로운 사회로서 기독 교리로써 통치 방침을 삼는 새로운 사회로서 천국의 백성이 된 교도는 안락한 생활을 누릴 수 있다' 는 뜻을 말함으로써 그 목적 사항의 실행에 관하여 선동을 하였다. 징역 1년에 처함.

— 1942년 9월 30일 재판장 조선총독부 판사 와다나베

판사 고토모

판사 니야마

이 사건으로 김형모 목사를 비롯한 15명의 목사가 1940년 9월에 체포되었으나 2년 뒤인 1942년에 위와 같은 판결이 났다. 따라서 이 판결이 있기 전까지 이미 2년이나 억울한 옥살이를 한 대부분의 목사들은 1944년 10월이 되어서야 출옥했다. 이와 같은 사실은 일본이 소위 '대동아전쟁' 의 선전에 앞장서지 않았던 순천노회 목사들에 대해 가혹한 형벌을 내렸음 알 수 있다.

해방 후 매산학교를 재건하고 22년간 교장으로 섬기다

1945년 해방이 되자 김형모 목사는 일제에 항거하다 폐교한 매산학교의 재건에 동참하였다. 1947년부터 1949년까지 매산중학교 교장을 지낸 그는 매산학교 발전의 기초를 다졌다.

이를 시작으로 김형모 목사는 매산중고등학교 교장을 22년간 지내면

서 학교발전을 위해 혼신의 힘을 다하였다. 매산고등학교 교정에는 김형모 교장을 기리는 공덕비가 세워져 있다. 1997년 매산학교 출신 목회자들이 세운 공덕비에는 다음과 같은 성경 구절이 새겨져 있어 그의 학교 사랑과 후배 사랑을 나타내 주고 있다.

"한 알의 밀알이 땅에 떨어져 죽지 아니하면 한 알 그대로 있고 죽으면 많은 열매를 맺는다"(요 12:24).

매산학교 교정에 세워진
김형모 목사 공덕비

해방 후에 미국으로 강제 추방당했던 선교사들이 순천으로 다시 돌아왔다. 선교사들은 자신들의 피와 땀이 묻어있는 매산학교 책임자로 성실하게 근무하던 김형모 교장을 미국으로 유학을 보내 주었다. 김형모 교장은 가족들을 남겨두고 1949년 혼자서 유학길에 올랐다. 미국 조지아주 아틀란타의 콜럼비아신학교에서 2년간 공부하여 신학 석사를 받았고, 버지니아주 리치몬드 유니온신학교에서 잠시 수학한 후 1952년에는 텍사스주 오스틴신학대학에서 명예신학박사 학위를 받았다.

서울의 신학교수와 대형교회 담임을 사양하고 매산학교를 위해 평생 헌신하다

김형모 목사가 미국에서 신학을 공부하던 4년 동안 가정 살림은 그의 아내인 정예순 사모가 전적으로 책임을 지고 해결해야 했다. 순천 매산학교를 졸업하고 광주 수피아여고와 평양여자신학교에서 공부한 정예순 사모는 선교사가 설립한 성경학교에 교사로 봉직하여 생활비를 해결했다. 남편이 유학 중에 발발한 6·25 한국전쟁 중에는 선교사들이 부산으로 피난하도록 배려하였으나 사정이 여의치 못하여 친정으로 피난하여 자녀들을 키웠다.

광양군 옥룡의 부잣집 둘째 딸로 태어난 정예순 사모는 어릴 때부터 아버지의 철저한 기독교 교육을 받았다. 광양 대방리교회 장로였던 아버지는 자녀들의 신앙교육 뿐만 아니라 학교교육에도 관심이 많았다. 그의 아들 정학송은 목포 정명학교 교장을 지냈고 나머지 자녀들도 장로와 권사로 신앙생활을 하여 믿음의 가문을 이어가고 있다.

김형모 목사가 1952년 신학박사 학위를 취득하고 돌아오자 그의 귀국을 기다리던 선교사들은 그에게 다시 매산고등학교 교장직을 맡겼다. 당시로서는 흔치 않았던 유학생 출신으로서 미국에서 신학박사 학위를 받은 그에게 서울의 신학대학의 교수직 제의도 있었지만 그는 선교사들의 제의를 수락했다.

매산학교는 김형모 목사에게는 잊을 수 없는 학교다. 세상에 태어나서 처음으로 공부를 한 곳인 동시에 해방 후 교장으로 근무한 곳이기에

고향과 모교를 지키는 일을 선택하였던 것이다. 게다가 선교사의 도움으로 미국으로 유학하여 공부했던 경험을 후배들에게 전해주고 싶었던 그는 1967년 정년퇴임을 할 때까지 22년간 매산학교 교장으로 일했다. 그 사이 매산학교는 발전의 기초를 닦았으며 전라남도 지방의 명문학교로 우뚝서게 했다.

"우리는 주일엔 뛰지 않습니다" -한국판 〈불의 전차〉 매산학교 축구부
김형모 목사가 매산고 교장으로 재직하던 시절 몇 가지 일화가 전해져 내려오고 있다.

첫째는 축구부와 관련된 이야기다.

1960년대 중반에 매산학교 축구부가 결승에 올라갔다. 그러나 주최 측에서 흥행을 위해 결승전을 주일에 치르도록 만들었다. 사정이 이렇게 되자 김형모 교장은 축구팀에게 결승전을 포기하도록 지시했다. 모든 불평과 원망은 고스란히 김형모 교장이 감수해야 했다. 한편으로는 학교의 명예가 걸린 문제이기도 하고 다른 한편으로는 선수들에게도 대단히 중요한 경기였지만 교장이었던 김형모 목사는 축구부의 결승전을 포기시켰다. 그는 세상적인 성공을 위해 주일을 범하지 말 것을 직접 실천함으로써 말이 아닌 삶으로 학생들에게 주일성수의 중요성을 가르쳐 주었다.

초기의 근대 올림픽대회에서 영국의 선수들 중 기독교인들이 "주일에는 뛰지 않겠습니다"라고 해서 주일날 출전을 거부했고, 나중에 평일에 뛰는 다른 종목으로 바꾸어 금메달을 딴 감동적인 실화를 다룬 〈불의

전차〉라는 영화가 있는데, 한국에서도 이와 같은 일들이 실제로 매산학교에서 일어났던 것이다.

매일 아침 전교생의 이름을 일일이 불러가며 기도하다

둘째는 김형모 교장 선생은 재학생의 이름뿐만 아니라 부모와 교회 등에 대해서도 다 기억하고 있었다는 이야기다.

순천중앙교회 임화식 담임목사에 따르면 자신이 매산중학교에 입학하여 1학년 3반 반장을 맡고 있던 시절에 하루는 교실을 순시하던 김형모 교장이 아이들이 떠드는 것을 보고 "야! 은석이 이 녀석, 왜 떠들어?"라고 혼을 냈다. 그런데 김형모 교장 선생이 부른 '은석'이란 사람은 바로 임화식 목사의 열 살 위 큰 형인 임은석 장로의 이름이었다. 이에 깜짝 놀란 임화식 목사는 그 후로는 교장 선생님을 존경하게 되었다고 한다. 이 외에도 김형모 목사가 재학생의 이름을 외운 것과 관련한 에피소드는 졸업생들에게 여러 가지가 회자되고 있다.

이것은 김형모 목사의 학생 사랑의 한 표현방법이었다. 이러한 일은 김형모 목사가 학교에 출근하여 일과를 시작하기 전에 교장실에서 전교생의 이름을 불러가며 기도를 했기에 가능한 일이었다.

"가난한 아이들에게도 배움의 기회를 주어야 합니다!"

셋째는 야간학생 모집과 관련된 일이다.

그 당시 매산학교는 선교사들이 세운 지역의 명문 고등학교였는데 김형모 교장이 야간학급을 개설하고자 했을 때 교사와 동문들은 "야간학교가 들어서면 학교 수준이 떨어진다"고 반대하였다. 그러나 김형모 교장은 "어려운 형편에 있는 학생들에게도 배움의 기회를 주어야 합니다. 그래서 학생들 개개인의 발전을 통해 사회에 기여할 수 있도록 해야 합니다. 바로 이 일에 기독교 학교인 매산학교가 적극적으로 도와주어야 합니다"라는 강력한 주장으로 그들을 설득하였고 마침내 야간학급을 개설했다.

이러한 김형모 교장의 교육철학이 지역의 교회와 일반인에게 알려지자 매산학교에 자녀들을 보내고자 하는 사람들이 늘어났다. 매산학교가 명실공히 지역 교육의 요람이 된 것이다.

자기 자신이 선교사의 후원으로 성경을 배우고 신학문을 공부할 수 있었던 김형모 교장은 가난하여 상급학교에 진학하기 어려운 제자들에게 학업을 계속할 수 있도록 개인적으로 많이 지원해 주었다. 목회자가 되기 위해 유학을 가고자 하는 제자들에게는 미국 대학에 장학금을 받을 수 있도록 주선해 주는 등 자신은 비록 풍족하게 살지 못했지만 제자들을 위해서는 자신이 가진 것을 서슴없이 내 준 그는 참 교육자이자 사랑을 실천한 진정한 목회자였다.

뿐만 아니라 미국에서 박사 학위를 받은 것을 내세우지 않고 늘 겸손하게 살았다. 본인이 원하면 언제든지 서울의 신학대학 교수로 갈 수 있었지만 평생을 순천을 위해 봉사함으로써 지역민들의 존경을 받으며 살았다.

순천과 전남지역 교육과 기독교 발전을 위해 평생을 바치다

김형모 목사는 자신의 고향에 세워진 순천 매산고등학교 교장직을 수락하고 거기에서 정년퇴임을 했다. 요즘에도 박사 학위를 가진 사람은 고교 교장보다는 대학 교수를 선호하는 점을 감안한다면 당시 그의 이러한 행보는 파격적이었다. 뿐만 아니라 서울의 대형교회로부터의 청빙이나 교수직을 사양한 것도 이채롭다.

대학 졸업 후 4년간 모교에서 부부가 함께 학생들을 가르쳤던 대전순복음교회 김석산 목사가 어느 날 김형모 교장에게 질문을 했다.

"왜 교장선생님은 서울이나 대도시의 대학교수로 일하지 않고 순천에서 고등학교 교장으로 지내십니까?"라는 질문을 하자

"나는 2대에 걸쳐 한 사람의 인물만 나와도 교육에 성공한 것으로 생각합니다"라고 대답을 했다.

다시 말해서, '2개 학년에 걸쳐서 한 명의 유능한 학생이라도 키울 수 있다면 그것이 바로 교육의 효과라고 생각한다'는 것이었다. 물론 그것은 학생의 학교 성적만을 의미하는 것이 아니라 신앙인격까지도 포함하는 전인교육을 말함이었다.

이러한 그의 교육 철학이 서울이 아닌 지방의 소도시 순천에서 오직 한길 고등학교 교장으로 22년 동안 학생들의 교육에 온 힘을 쏟게 만든 것이었다. 그는 자신을 키워준 교회와 학교를 일편단심으로 지켰다. 고향을 지키며 후배들을 양성하는 동시에 순천노회와 전남지역 기독교 발전을 위해 한 평생을 바쳤다.

호남신학대 학장, 한남대 이사장, 예수병원 이사장, 통합 총회장으로 섬기다

그는 교장 재임시절에도 여러 곳으로부터 초청을 받았으나 모두 사양하고 오직 모교에서 교장직을 수행하는 것을 고수했었다. 그러던 그가 매산학교 교장을 퇴임하고 나서 고향과 모교를 떠나 광주에 있는 호남신학대학 학장으로 간 것은 기독학원 이사회의 명에 의한 것이었다.

이외에도 김형모 목사는 미국 남장로회 선교부가 설립한 기관에서 중요한 역할을 수행하였다. 인돈(William A. Linton) 박사가 설립한 한남대학교 제2대 이사장을 비롯하여 전주예수병원 이사장, 광주기독병원 이사장 등을 역임하였다. 이것은 김형모 목사가 남장로회 선교사들로부터 인품과 실력을 인정받았다는 하나의 증거이다.

김형모 목사는 매산학교 교장으로서 학교 운영에 책임을 지고 있는 동안 지역 교회를 위한 노력도 게을리 하지 않았다. 순천동부교회에서는 담임목사 유고시에 당회장을 맡아 주일예배 설교를 비롯하여 교회를 돌보기도 하였다. 뿐만 아니라 재정적인 어려움 때문에 담임목사를 청빙할 수 없는 시골 교회를 순회하며 세례와 성찬을 베풀었다. 때로는 주일예배 설교를 통해 하나님의 사랑과 은혜를 전해주기도 하였다.

해방 후인 1946년에는 순천노회장을 역임하였고 1964년에는 제49회 대한예수교장로회(통합) 총회장을 역임함으로써 지역 노회 발전은 물론 한국교계 발전을 위해서도 헌신을 했다. 이런 그를 순천노회에서는 공로목사로 추대하였다.

"모든 것이 하나님의 은혜입니다" -겸손한 신앙가문의 위대한 신앙고백

김형모 목사와 정예순 사모는 슬하에 4남 2녀를 두었다. 맏아들은 미국에서 물리학 교수가 되었고 맏딸은 보이스사 대표인 권명달 목사의 사모가 되었으며 4남 2녀 모두가 100여 년을 내려오는 가문의 믿음의 전통을 이어받아 교회에서 장로와 권사, 집사로서 성실하게 신앙생활을 하고 있다. 장남인 김성규 교수는 2012년 미국 대학교수전문평가기관이 선정한 '미국 최우수 교수 300인'에 한국인으로는 유일하게 포함되었다.

이 집안에서는 자녀들에게 강요하기보다는 스스로 문제를 해결하도록 가정교육을 하였다. 그러나 한 가지 매일 아침 6시에 드리는 가정예배의 참석만은 예외였다. 가정예배에는 어린 자녀를 포함하여 모든 식구가 참석해야 했다. 어린 자녀들이 예배에 참석할 때까지 이름을 부르기 때문에 한 사람도 빠질 수 없었다. 하루도 거르지 않고 아침마다 드린 가정예배는 후손들이 공부를 하러 집을 떠나거나 결혼을 하여 부모의 품을 떠나서도 변함없이 성실한 기독교인으로 살아가는 데 귀한 밑거름이 되었다.

"우리 집안은 경제적으로는 부유하지 않지만 할아버지께서 일찍이 선교사가 전해준 복음을 받아들임으로써 남들보다 빨리 기독교인이 되었고, 신학문에 접할 수 있었습니다. 신앙과 교육을 중시하시던 조부모님과 부모님의 영향으로 우리들도 신앙적인 삶을 살게 되었고, 자기 자

리에서 열심히 성실하게 살아가고 있다고 생각합니다. 모든 것이 하나님의 은혜지요"라는 김형모 목사의 셋째 아들 김혜규 집사의 간증은 100년을 넘게 믿음의 절개를 지키며 살아온 신앙가문의 후손의 겸손한 신앙고백이다. 믿음의 세대계승의 중요성을 다시 한 번 일깨워 주는 말이다.

9 "저런 불한당 같은 놈이 예수를 믿고 사람이 변화되다니!"

- 수많은 지도자를 배출한 내매교회와 한글학자 강병주 목사

내매교회와 강병주 목사 이야기

선비의 고장으로 유명한 경상북도 영주에 작은 교회가 있다. 1906년 영주시 평은면 내매마을에 세워진 내매교회는 자그마한 시골교회지만 교계와 학계, 재계 지도자들을 많이 배출했다. 계명대학 설립추진위원장 강인구 목사, 대한예수교장로회(통합) 총회장 강신명 목사, 한국기독교 장로회 총회장 강신정 목사, 삼성반도체 강진구 회장, 마산 창신대학 설립자 강병도 장로 등이 그들이다.

내매교회는 신앙촌 건립을 위한 향약 6개조를 만들어 실천했는데, 기독교 정신에 바탕 한 신앙교육과 이웃사랑을 그 내용으로 하고 있다. 내매교회가 얼마나 모범적이었던지, 당시 전국적으로 부흥회를 다니던 김익두 목사는 가는 교회마다 "교회를 보려면 내매교회를 가서 보라"고 했을 정도다. 그래서 산골 작은 마을에 세워진 작은 교회가 전국적으로 소문이 나자 많은 사람들이 내매교회를 찾았다. 조그만 시골교회가 전국에 유명해질 정도로 내매교회는 모범적인 신앙생활을 하는 교회였다.

작은 시골교회인 내매교회는 많은 기독교 지도자들을 배출했는데, 그중에 가장 대표적인 사람이 한글학자인 강병주 목사이다. 강병주 목사는

젊은 시절 삶에 대한 회의를 가지고 방황을 하기
도 했다. 어려서 결혼을 했으나 오랫동안 자식이
없자 그는 한때 세상을 등지고 승려가 되기 위해
해인사로 향하기도 했다. 그러다가 도중에 고종
황제의 강제 퇴위에 항거하는 의병들을 만나 입
산을 포기하고 고향으로 다시 발걸음을 돌렸다.

강병주 목사

고향으로 돌아온 강병주는 내매교회에 출석하면서 신앙생활을 시작했는
데, 기독교인이 되고나서 그는 전혀 새로운 사람으로 변화되었다. 오죽
했으면 그의 아버지가 "저런 불한당 같은 놈이 예수를 믿고 사람이 변화
되다니!" 하면서 아들의 변화된 삶에 감명을 받아 스스로 기독교인이 되
기를 자청할 정도였다.

계성학교와 대구성경학교, 평양신학교를 졸업한 강병주 목사는 풍기
교회에서 목회를 시작했다. 농촌에서 목회를 시작한 그는 농민들의 삶을
높이기 위한 농촌계몽운동을 시작했고, 『벼 다수확법』 등 수많은 농업기
술서적을 발간했다. 또한 조선어학회 명예회원으로 추대될 정도로 한글
사랑과 실력이 뛰어났던 강병주 목사는 한글학회에서 『큰사전』을 펴낼
때 참여하기도 했고, 한글 및 맞춤법과 관련한 많은 책들도 저술했다.

강병주 목사의 후손들은 4대째 목회자가 되어 믿음의 가문을 이어가
고 있다. 한때는 승려가 되려고도 했던 한 사람이 복음 안에서 변화된 결
과였다.

"저런 불한당 같은 놈이 예수를 믿고
사람이 변화되다니!"
— 수많은 지도자를 배출한 내매교회와 한글학자 강병주 목사

내매교회와 강병주 목사를 찾아서

내매교회를 찾아서

몇 년 전 1월에 우연히 시청한 TV에서 영주의 한 교회가 수몰 위기에
처해 있다는 사실을 접했다. 설립된 지 100년이 넘는 내매교회가 영주
댐 건설로 인해 다른 곳으로 옮겨야 한다는 것이었다. 평소 사라져가는
것들에 대해 관심을 많이 가지고 있던 필자가 이 교회를 찾은 것은 하나
님의 섭리였다.

내매교회가 배출한 인물 중에는 기독교 지도자로서는 강병주 목사와
그의 두 아들 강신명 목사와 강신정 목사가 있다. 필자의 방문목적은 기

독교 지도자였으니 자연스럽게 관심은 교회 설립자와 그의 후손, 그리고 교회가 배출한 목사와 장로들에 집중되었다.

먼저 강병주 목사를 비롯한 그의 후손들에 대한 자료 수집을 시작했다. 쉽지 않았다. 고향을 떠난 지가 벌써 오래 전이었기 때문이다. 그러다가 인터넷에서 내매교회 출신인 배용우 목사의 블로그를 찾은 것이 계기가 되어 배용우 목사의 부친인 원주 신림교회 배제호 장로와의 만남이 이루어졌다. 배제호 장로 가문은 경북 의성 출신으로서 할아버지 때에 신앙의 자유를 찾아 북쪽으로 가다가 이곳 내매마을에 정착한 가문이다. 내매교회에서 3대째 교회를 섬기며 장로 장립을 받았던 배제호 장로는 1970년대 중반에 원주로 이사 와서 신림교회를 개척한 인물이다. 그는 자신이 보관하고 있던 『내매교회 100년사』를 비롯하여 각종 자료를 필자에게 건네주었다.

강병주 목사를 찾아서

강병주 목사 가문의 신앙 역사를 제대로 파악하기 위해서는 적어도 강병주 목사와 맏아들 강신명 목사, 그리고 둘째 아들 강신정 목사와 관련된 자료를 수집하는 것이 중요한 일이었다. 강병주 목사 후손 중에 제일 먼저 통화한 사람은 바로 강신명 목사의 넷째 아들 강석공 목사였다. 그는 경기도 광주시 광야교회 담임 목사로 할아버지와 아버지의 뒤를 이어 3대째 목회자의 대를 이어가고 있다. 그가 보내준 강신명 목사의 자서전인 『小竹 강신명 목사』는 강병주 목사 가문을 이해하는 데 많은 도움을 주었다.

강병주 목사의 둘째 아들인 강신정 목사에 대한 궁금증은 그의 넷째 아들 강석찬 목사와의 예상치 못한 전화통화에서 실마리를 찾게 되었다. 추풍령제일교회(김홍일 목사)를 방문하여 교회 역사와 인물에 관한 자료를 찾던 중에 그 교회의 설립자인 정철성 영수의 후손 정병우 장로가 출석하는 초동교회로 전화를 걸었다. 놀랍게도 전화를 받은 사람은 바로 필자가 통화하고 싶었던 강신정 목사의 아들 강석찬 목사(지금은 초동교회를 사임하고 '예따람'을 섬기고 있음)였다. 정철성 영수의 손자 정병우 장로가 바로 필자가 찾던 강신정 목사의 아들 강석찬 목사가 사역하는 초동교회에 출석하고 있었던 것이다.

몇 달 후 한국기드온협회가 주관하는 양평지역 성경배포 행사를 마치고 양평교회(백창기 목사)를 방문했다. 이 교회는 1902년 감리교 소속의 서원보 선교사와 구연영 전도사에 의해 설립되었다가 1909년 지금의 장로교 소속으로 이관된 교회다. 양평교회가 설립 100주년을 기념하여 발간한 『양평교회 100년사』에는 두 차례에 걸쳐 담임 목사로 사역한 강신정 목사에 대해 상세하게 기록되어 있었다.

뜻하지 않은 하나님의 인도하심으로 얻은 더욱 풍성한 자료와 증언들이 내매교회와 강병주 목사 가문의 역사로 나를 점점 더 흥미진진하게 이끌어주었다.

내매교회의 역사와 강병주 목사의 생애

대구에서 복음을 영접한 강재원, 고향에 내매교회를 설립하다

19세기 말 대구에 머무르던 내매출신 강재원이 배위량 선교사가 전해준 복음을 받아들였다. 고향에서 유교적인 교육을 받고 살았던 그는 기독교를 받아들인 후 대구제일교회에서 개최된 사경회에 1주일 동안 참석한 후 복음을 영접하였다.

뜨거운 가슴을 안고 고향마을로 돌아온 강재원은 인근 마을 지곡에 살던 강두수와 함께 안동의 방잠교회에 출석하였다. 방잠교회는 1905년에 세워진 교회로써 1902년에 설립된 국곡교회, 풍산교회와 더불어 초기 안동지역의 모교회의 역할을 한 교회다.

강재원은 칠십리(28km)나 멀리 떨어진 방잠교회에 출석하면서 마을 사람들을 열심히 전도하였다. 내매마을에서 예수를 영접하는 사람이 생기자 강재원은 1906년 유병두의 사랑방에서 내매교회를 시작했다. 이듬

내매교회

해에는 자신의 집으로 예배 처소를 옮겨 마당 앞에 십자가가 달린 깃대를 높이 달고 감사하며 예배를 드렸다. 초대 교인으로는 강재원을 비롯하여 유병두, 강신유, 강병창, 강석구, 강석복 등이었다. 이처럼 1906년 영주지역에 최초로 세워진 내매교회는 선교사의 도움 없이 세워진 교회다. 강재원과 함께 방잠교회에 출석하며 신앙생활을 하던 강두수는 자기 마을에 지곡교회를 설립했다.

내매교회 설립에 앞장섰던 강재원은 이웃 마을을 돌아다니며 열심히 복음을 전하였다. 그는 내매교회에서 장로로 임직을 받아 교회를 섬겼을 뿐만 아니라 영주지역에서 여러 개의 교회를 설립하는 데 기여를 했다. 그의 후손들은 대를 이어 장로로 하나님을 섬기고 있다.

믿음의 사람 유병두, 자기 집을 내매교회 예배처소로 내놓다

자기 집 사랑채를 내매교회의 예배처소로 제공했던 유병두는 믿음의 사람이었다. 그는 맏아들 유맹열을 내매교회 부설 기독내명학교 1회로 입학시켜 성경과 신학문을 익히게 했다. 영주 시내로 이사한 그는 1907년에 설립된 영주제일교회에서 장로로 임직받아 신앙생활을 했다.

유병두 장로의 후손들은 믿음의 대를 이어가고 있다. 그의 손자인 유시춘 장로는 영주 동산교회의 원로장로다. 그는 자기 할아버지 집에서 영주지역 최초의 교회인 내매교회의 첫 예배가 드려졌다는 사실을 자랑스럽게 여긴다. 뿐만 아니라 유시춘 장로는 어머니 김금선 전도사의 신앙생활 지침을 늘 기억하며 살아가고 있다. 일제 강점기에 신사참배를 거부하다 안동 형무소에서 6개월간 옥고를 치르기도 했던 그의 어머니가 늘 들려주던 "주의 종을 잘 섬겨라. 설교를 평가하지 마라"는 훈계를 잊지 않고 있다. 남편을 일찍 여의고 혼자서 자녀를 키웠던 어머니의 말씀을 가슴에 새기며 살아온 그는 어머니가 부탁하신 말들을 자녀들에게 전해주는 것을 보람으로 느끼며 살아가고 있다.

승려가 되려던 강병주, 회심하고 내매교회에 출석하다

강병주 목사는 1882년 목수였던 강기원과 이성곡의 맏아들로 태어났다. 그가 태어난 경상북도 영주시 평은면 천본리는 경북 북부지역에서도 오지에 속한 시골이다. 그는 어릴 때부터 유교적인 환경에서 성장하면서 한학을 배웠다.

15세에 결혼을 했으나 20세가 넘도록 자식을 얻지 못하자 삶에 대한 깊은 회의에 빠졌다. 세상을 등지고 승려가 되기 위해 해인사로 향하던 강병주는 도중에 의병을 만났다. 고종황제의 강제 퇴위에 항거하여 군대를 일으켜 일제에 대항하던 의병을 만난 그는 입산을 포기하고 고향으로 발길을 돌렸다.

고향으로 돌아온 강병주는 전도를 받고 내매교회에 출석하며 신앙생활을 하였다. 그때가 내매교회가 설립되고 나서 1년 뒤인 1907년이었다. 기독교인이 된 강병주는 전혀 새로운 사람이 되었다. 그의 변화된 삶에 감명을 받은 아버지는 "저런 불한당 같은 놈이 예수를 믿고 사람이 변화되다니!"라고 놀라 결국은 자기 자신도 기독교를 받아들이고 내매교회에 출석하였다.

방황자의 자리에서 교인의 자리로 돌아온 강병주에게 있어서 1909년은 뜻 깊은 해였다. 결혼 후 그렇게도 기다리던 자녀가 태어난 것이다. 교회에 출석하고 나서 귀한 맏아들을 얻은 강병주는 누구보다 열심히 신앙생활을 했다. 이웃을 돌아다니며 예수를 전하는 한편 잘사는 마을을 만들기 위해 발 벗고 나섰다. 마을 사람들을 설득하여 부엌과 우물을 개량하고 도로를 만들었다. 마을의 초가집을 기와집으로 바꾸고 누에치기를 장려하여 주민소득을 올릴 수 있도록 권장했다. 정부가 주도했던 새마을운동을 몇 십 년 앞서서 실천한 선각자였다.

내매교회와 내명학교를 세워 수많은 교계, 학계, 재계 지도자들을 배출하다

내매교회가 설립될 당시 미국 북장로회 대구선교부에서는 각 교회에 부설로 학교를 세우도록 장려하면서 건축비 일부를 지원하였다. 내매교회 인근의 교회들이 교회 부설로 초등학교를 설립하자 강병주를 비롯한 내매교회 교인들도 힘을 합쳐 학교를 설립하였다.

내매교회 교인들은 선교부의 지원에 만족하지 않고 여전도회를 중심으로 전답 40두락을 기본자산으로 하여 정식으로 학교를 설립하였다. 이렇게 해서 1910년 4월 5일 기독내명초등학교가 설립되었다. 1913년에는 조선총독부 학제 1542호로 인가를 받아 9월 1일 개교하였다.

초대 교장은 내명학교 설립에 앞장서서 일했던 강병주가 맡았다. 현재의 목사 사택이 바로 학생들의 기숙사겸 교실로 사용하던 건물이다.

50여 가구가 모여 살던 시골의 작은 마을에 사립기독학교를 세우자 교인들의 자녀는 물론이고 이웃 마을의 아이들까지 내명초등학교에 입학하여 작은 시골마을에는 신학문을 배우는 아동들로 넘쳐났다.

1915년 첫 졸업생 5명을 배출한 이후 기독내명학교는 1945년 해방을 맞이할 때까지 사립초등학교로 지역 인재를 양성하였으며 공립학교로 전환할 때까지 326명의 졸업생을 배출하였다. 내매교회 부설 내명초등학교가 일으킨 배움의 열정은 내매교회 출신들이 기독교와 교육계 및 경제계의 지도자를 많이 배출하는 커다란 밑거름이 되었다.

기독내명학교와 내매교회 출신 중에는 계명대학 설립 추진위원장을 맡았던 강인구 목사, 대한예수교장로회 총회장 강신명 목사, 삼성반도체 강진구 회장, 마산 창신대학 설립자 강병도 장로, 영주 영광교육재단의 이사장 강석일 장로 등이 있다. 기독 내명학교는 2013년 7월 9일에 총회(통합) 한국기독교사적 제11호로 지정됐다.

마을을 살리기 위한 내매교회의 향약 6개조
내매교회는 마을의 복음화를 위해 교인들이 향약 6개조를 만들었다.

내명학교 기숙사겸 교실로
사용하던 건물

이러한 일들을 적극적으로 추진할 수 있었던 배경은 첫째는 신앙으로 하나가 되었다는 것과, 둘째로는 진주 강씨 집성촌이었기에 가능한 일이었다. 오랜 세월동안 변방에 머물렀던 내매마을에 기독교가 전파되고 새로운 세상에 대한 눈이 열리자 마을 사람들은 지도자를 중심으로 변했던 것이다.

사립기독내명학교의 설립에 이어 신앙촌 건립을 위한 향약 6개조의 실천은 기독교 정신에 바탕 한 신앙교육과 이웃사랑이다. 6개조의 내용은 다음과 같다.

첫째, 우상숭배와 선조제사를 금지하고, 구습타파와 미신을 일소한다.

둘째, 동민 전체가 술과 담배, 장기, 바둑, 도박, 주막 출입을 엄금한다.

셋째, 일제의 앞잡이인 경찰관 지원을 엄금한다.

넷째, 신ㆍ불신을 막론하고 빈약한 관혼상에는 자비량하여 협조한다.

다섯째, 소 이외의 가축 사육을 금지하며 깨끗한 신앙촌을 만든다.

여섯째, 주일은 성수하며 우물 문을 잠그고 전날에 준비한다.

"교회를 보려면 내매교회를 가서 보라"

내매교회 교인들이 만들었던 향약 6개조를 완벽하게 실천하지는 못했지만 그 정신은 계속 이어졌다. 이를 통하여 그들은 건전한 신앙생활의 기초를 확립하였고 시골에 세워진 내매교회가 훌륭한 인물을 많이 배출하는 교회를 이루었다.

이러한 영향으로 내매교회는 전국적으로 좋은 소문이 났다. 그들의 삶이 얼마나 모범적이었는가를 대변해 주는 일화가 있다.

당시 전국적으로 부흥회를 다니던 김익두 목사는 가는 교회마다 "교회를 보려면 내매교회를 가서 보라"고 했을 정도였다. 그래서 산골 작은 마을에 세워진 작은 교회가 전국적으로 소문이 나자 사람들은 하나 둘씩 내매교회를 찾았다. 그러나 내매교회를 찾아온 사람들은 "들을 내매지 가볼 내매는 아니다"라고들 했다. 들리는 소문으로는 대단한 교회였지만 실제로 가보면 조그만 시골교회에 불과했기 때문이었다. 이렇게 조그만 시골교회가 전국에 유명해질 정도로 내매교회는 산골의 작은 교회지만 모범적인 신앙생활을 하는 교회였다.

농촌계몽운동의 선구자 강병주 목사

한때 승려가 되기 위해 집을 떠나기도 했던 강병주 목사는 예수를 믿고 나서 내매교회 부설 내명초등학교를 설립하는 데 앞장섰고 자신이 교장을 지냈다. 아이들을 교육하면서도 늘 자신의 부족함을 메우기 위해 공부에 매진하던 그는 가족을 고향에 남겨두고 대구로 갔다. 33세가 되던 1915년 미국 북장로회 선교사가 세운 대구계성학교 사범과를 졸업하고 신학을 공부하기 위해 대구성경학교에 입학하였다. 성경학교에 다니는 동안에는 고향에서 가까운 영주제일교회에서 조사로 사역하였다.

1919년 대구에서 3·1만세운동에 참가하여 만세를 부르다가 체포되어 8개월간 옥고를 치르기도 한 강병주 목사는 평양신학교에 진학하여 신학을 공부한 후 1922년 12월 평양신학교를 졸업(제16회)하였다.

1923년 1월에 목사 안수를 받은 강병주 목사는 영주시 풍기읍에 있는 풍기교회(현 성내교회)의 담임목사로 부임하여 목회를 시작하였다. 그는 복음을 전하는 일에 전념을 하면서도 무지하고 가난한 농민들을 위한 사업을 시작하였다. 목사가 되기 전 내매마을에서 그의 이론에 반신반의하는 사람들을 위해 직접 농사를 지으면서 솔선수범했던 적이 있던 그는 제일 먼저 농촌의 환경 개선에 앞장섰다. 가난한 시골 출신으로 도시인 대구와 평양에서 공부하면서 새로운 학문을 접하고 인생의 폭을 넓혔던 그는 농민들의 삶의 질 개선을 우선적으로 추진하였다.

강병주 목사는 고향에서 내명보통학교 교장으로 일한 경험을 되살려 경안노회 주일학교 교육에 많은 기여를 했다. 풍기교회에 부임하던 1923년에는 경안노회 주일학교 발전을 권장하는 '권장위원'을 시작으로 1928년 말까지 '경안노회 주일학교협의회'의 총무로 일했다. 경안노회 산하 주일학교 발전을 위한 강병주 목사의 노력은 많은 결실을 맺게 되자 노회에서는 그를 가리켜 '경안노회 주일학교의 아버지'라고 부르기도 하였다.

고향마을에서 잘사는 마을 만들기 사업을 펼치기도 했던 그는 농촌발전을 위한 농촌운동에도 앞장서서 일했다. 1925년 이후로 해마다 거듭된 천재지변으로 인해 농민들이 어려움을 겪게 되자 1929년에는 '경안노회 농촌부협의회' 총무를 맡아 수고하였다. 주로 농사에 종사하는 교인들을 위해 경안노회에서는 사경회가 열리는 기간을 이용하여 낮에는 지역에서 농촌계몽운동 교육을 실시하고 저녁에 사경회를 개최하였다. 농사를 짓는 교인들에게는 기도로 농사를 시작하고 기도로 하루 일을 마치도록 권면하여 농사일과 신앙생활을 병행하도록 했다.

농촌계몽운동과 더불어 경안노회에서는 직접 '경안농원'을 운영하는 동시에 『농민생활』이라는 잡지를 발간하여 새로운 농법을 확산하기도 했다. 이와 같이 농업용 도서를 발간하여 농민들의 의식구조를 개선하고 농사법을 개량함으로써 농가소득을 올리고 농가를 살리고자 노력했다.

농사법을 비롯한 각종 농업관련 도서 발간은 경안노회 농촌부 총무였던 강병주 목사가 책임자가 되어 진행했다. 그는 자신의 농사경험을 바탕으로 일반 농민들을 위해 『벼 다수확법』, 『보리 다수확법』, 『채소 다수확법』 등과 같은 농업기술 서적을 발간하여 보급하는 데 앞장서기도 했다. 그 중에서도 『채소 다수확법』은 그 당시 값싼 중국 채소의 수입으로 어려움을 겪고 있던 농민들에게 인기가 좋았다. 그 외에도 경안노회 농촌부가 발간한 토지개량법, 종자선택법, 비료제조법 등에 관한 농사관련 서적들은 피폐해져가는 지역 농민들에게 큰 도움을 주기도 했다.

이처럼 강병주 목사는 복음 전파에 힘을 쏟는 한편 백성들의 의식을 개혁하고 빈궁한 살림을 타파하여 잘사는 농촌을 만들려고 노력하였다. 강병주 목사는 1935년 중앙총회 종교교육부 교사양성과장에 임명되어 풍기교회를 떠나기까지 10년 동안 경안노회장을 두번 역임하는 등 경안노회의 발전과 농촌부흥을 위해 많은 활약을 했다.

목사요 한글학자였던 강병주 목사

젊은 시절 삶에 대한 회의로 방황했던 강병주 목사는 원만한 대인관계를 유지하였다. 예수를 믿고 목사가 된 그에게는 양반과 천민에 대한 차별이 없었다. 자신은 줏대 높은 진주 강씨 양반의 후손이지만 교인이나 지역민들의 과거 신분고하에 구애받지 않고 평등하게 대했다. 심지어는 당시 천민층에 속했던 백정들의 이웃에 살면서 그들을 '형님' 혹은 '누님' 등으로 부르며 존댓말을 사용하였다. 이러한 언행은 유교적 전통이 강하게 남아있던 영주지역의 일반 정서와는 반대되는 것이었다. 강병주 목사는 말로만이 아니라 모든 인간은 하나님 앞에서 평등함을 직접 실천하였다.

강병주 목사의 나라 사랑은 한글의 보급과 발전을 위한 노력에서도 나타난다. 그에게 있어서 한글 사랑은 나라 잃은 백성들을 사랑하는 또 하나의 표시였다. 일례로 맏아들 강신명이 집을 떠나 타향에서 공부할 때 집으로 보내는 편지글에서 맞춤법이 틀린 부분을 발견하면 붉은 잉크로 고쳐 써서 다시 보내 주기도 했다. 1931년에 발족한 조선어학회(한글학회 전신) 명예회원에 추대될 정도의 강병주 목사의 한글 사랑과 실력은 두루 인정을 받았다.

그는 한글학회의 유일한 목사회원으로 『큰사전』을 편찬할 때는 기독교 용어 전문위원으로 활약하였으며 1934년 장로회 총회에서 한글 맞춤법에 의한 성경 및 찬송가 개편을 주장하였다. 경기노회 고시부장시절에는 목사, 전도사 등 자격고시에는 반드시 한글공부를 보충해서 다시 응시하도록 하였고 찬송가를 새 맞춤법으로 고쳐 발간하는 데 기여하기도 했다.

8·15 해방 후에는 체신부 산하 공무원의 한글교육을 담당하기도 했다. 그는 목회에 병행하여 한글과 관련하여 다양한 책을 저술하였다. 그 중에는 『한글맞춤법 통일한 500문답 해설』을 비롯하여 『신철자법 해석』, 『신선동화집』 등이 있다.

강병주 목사는 영주 내매교회 부설 내명기독초등학교의 설립에 이어 1943년에는 서울 아현동에 지금의 송암여자고등학교 전신인 동흥중학교를 설립하였다. 해방 후 1948년까지는 그의 사위 이종형이 운영을 하였고 그 후로 1951년 한국전쟁 중에 학교 건물이 전소되어 학교가 폐쇄될 때까지는 그의 맏아들 강신명 목사가 교장을 맡아서 운영하기도 했다.

수양동우회 사건과 강신명 목사

강병주 목사의 맏아들인 강신명 목사는 내매마을에서 1909년에 태어났다. 강병주 목사가 결혼 12년 만에 얻은 맏아들이었다. 강신명은 아버지가 교장으로 있던 기독내명학교를 졸업(9회)한 후 풍기초등학교, 공주 영명학교, 서울 배재학교, 대구 계성학교에서 신학문과 성경을 배웠다. 대구 계성학교에 다닐 때는 가정형편이 어려워 동생 강신정과 함께 학교 근로장학생으로 일하면서 공부하기도 하였다. 내명학교 교사였던 이영신 선생과 결혼하여 슬하에 4남 1녀를 두었다.

강신명 목사는 1934년 평양 숭실전문학교 영문과에 다닐 때 학교 친구들과 평양의 빈민촌을 돌며 봉사활동을 펼치기도 했다. 대표적인 빈민촌이었던 서성리와 보통강을 끼고 평양시 서편 강둑에 토굴을 짓고 그 속에서 생활하던 사람들의 처참한 삶의 현장에서 강신명 목사는 기독교의 박애정신을 실천하였다. 숭실학교를 졸업한 그는 평양신학교에 입학하여 신학생이자 조사로 평양의 서문밖교회와 선천남교회를 섬겼다. 강신명 목사는 신사참배 거부로 평양신학교가 폐교 당하던 1938년에 제33회로 졸업하였다. 그의 평양신학교 동기생 41명 중에는 순교자인 여수 애양원의 손양원 목사를 비롯하여 익산 황등교회의 계일승 목사, 순천 매산학교 교장 김형모 목사 등 교단의 거목들이 있다.

강신명 목사가 선천남교회에서 동사목사(한 교회에서 두 명의 목사가 동등한 권리를 갖고 사역하는 목사)로 사역을 하던 1938년 수양동우회(修養同友會) 사건이 발생했다. 수양동우회는 1926년에 수양동맹회와 동우구락부가 통합되어 조직된 단체다. 서울에 본부를 두고 평양과 선천 등지에 지부를 둔 단체로서 표면적으로는 인격 수양 및 민족의 실력 배양을 표방하였지만 평양과 선천지방의 기독교계의 실권을 장악하고 있던 회원들은 독립정신을 고취하고 민족운동을 전개하였다. 1937년 재경성기독교청년면려회에서 금주 운동을 계획하고 그 해 5월에는 '멸망에 함한 민족을 구출하는 기독교인의 역할'이라는 인쇄물을 각 지부에 발송한 것이 발각되었다. 배후 세력이었던 정인과 목사를 비롯하여 이용설 목사와 유형기 목사 등이 체포되어 심한 고문을 받았다. 이로 인해 평양·선천지회 관계자 93명을 포함한 181명이 체포되어 재판에 회

부된 사건이다. 1936년부터 선천남교회에서 동사목사로 사역을 하던 강
신명 목사도 이 일로 인해 선천경찰서로 불려가 구류를 당했으며 벌금
을 물고나서 석방되었다.

수양동우회 사건은 선천북교회에도 일대 혼란을 불러왔고 평북노회
는 일본 동경신학교 유학을 마치고 선천남교회에서 사역을 하던 강신명
목사를 선천북교회에 보냈다. 젊은 강신명 목사의 교인 화합 노력은 좋
은 결실을 맺어 교회는 평온을 되찾고 발전해 나갔다. 그러나 해방 후
북한에서 '조선기독교연맹'이 결성되고 공산정권의 압력이 심해져 교
회의 본질이 훼손되자 강신명 목사는 북한에서의 사역을 마감하고 가족
을 데리고 서울로 내려왔다.

새문안교회 담임과 서울장신대 교장을 지낸, 장남 강신명 목사

월남 후에 영락교회에 출석하며 성가대를 지휘하던 강신명 목사는 한
경직 목사의 요청으로 1947년부터 9년 가까이 동사목사로 재직하였다.
6·25한국전쟁이 발발했을 때 두 사람은 인민군이 서울을 점령하고 3일
만에 한강을 건너 피난을 하였다. 전쟁 중에는 한경직 목사가 '대한기독
교구국단'의 일을 하는 동안 강신명 목사는 부산과 대구에 설립된 영락
교회를 돌보는 목회를 하였다. 두 사람은 숭실전문학교와 평양신학교,
프린스턴신학교의 선후배 사이로 오랫동안 대한민국 기독교계를 위해
협력하였다.

영락교회의 동사목사를 사임한 강신명 목사는 새문안교회에 담임목
사로 부임하여 1955년부터 1979년까지 24년 동안 새문안교회를 섬겼다.

그는 새문안교회 담임으로 재직하던 1963년에는 대한예수교장로회(통합) 총회장을 지내는 등 교단의 발전을 위해서도 많은 노력을 하였다.

강신명 목사는 교육에 관심이 많았던 아버지 강병주 목사의 영향을 많이 받으며 자랐다. 어릴 때 고향 영주의 내명기독교학교를 시작으로 24년 동안 8개 학교에서 교육을 받았다. 목사 안수를 받은 후에는 일본 동경신학교에서 수학하였고 한국전쟁 후에는 미국 프린스턴 신학대학에 유학하여 신학석사 학위를 취득했다.

강신명 목사는 교육에 관심이 많았던 아버지의 뒤를 이어 1948년부터 아버지 강병주 목사가 설립한 동흥중학교에서 교장으로 3년간 일했다. 새문안교회 담임 목사로 사역을 하던 기간 중에는 숭실대학교 이사장과 총장, 연세대학교 이사장, 계명대학교 이사, 창신학원 이사 등을 역임하였다. 대한기독교교육협회장을 세 번 역임하는 등 기독교 교육을 위해 많은 공헌을 했다. 정부에서는 강신명 목사의 교육사업에 대한 공로를 인정하여 1970년 국민훈장모란장을 수여하였다.

강신명 목사가 특별히 관심을 가졌던 학교는 바로 서울장신대학교였다. 그는 학교가 재정적으로 어렵던 시절에는 자신이 섬기던 새문안교회 교육관을 학교로 사용하도록 해 주었다. 학교의 존폐 위기가 닥쳤던 1962년에는 서울장로회신학교 2대 교장으로 취임하여 학교발전을 위한 토대를 마련했다. 서울장신대학교 교훈은 강신명 목사 자신이 가장 좋아하던 성경 구절인 "한 알의 밀알이 땅에 떨어져 죽지 아니하면 한 알 그대로 있고 죽으면 많은 열매를 맺느니라"(요 12:24)를 따서 '한 알의 밀알'로 정한 것이다. 그는 교훈 그대로 서울장로회신학교 교장으로 20년 동안 재직하면서 자신을 학교 발전을 위한 밀알로 바쳤다. 학교가 숭인동과 경기도 광주에 캠퍼스를 조성할 때 자신의 사재를 모두 털어 헌납했다. 서울장신대학교에서는 강신명 목사의 숭고한 헌신과 신앙을 기념하여 2009년 4월에 '개교 55주년 기념예배 및 강신명 목사 탄생 100주년' 기념행사를 가졌다. 이듬해인 2010년 4월에는 '서울장신대학교 50주년 기념관' 내에 300석 규모의 '강신명 홀'을 마련하여 서울장신대학교 발전을 위한 강신명 목사의 노력을 기리고 있다.

서울장신대학교의 강신명홀

강신명 목사의 목회와 관련된 일이나 기독교계와 관련된 사항들은 그의 자서전 『小竹 강신명 목사』편에 상세하게 기록되어 있다.

기장 총회장을 지낸, 차남 강신정 목사

강신정 목사는 1913년 강병주 목사의 둘째 아들로 출생하였다. 형 강신명 목사와 함께 대구 계성학교를 다니며 성경을 공부하며 신학문을 배웠다. 서울에서 남대문교회 집사로 출석하며 신앙생활을 하던 강신정은 옥호열(H. Voelkel) 선교사의 추천을 받아 조선신학원에 입학하여 공부하였다.

1945년 3월 조선신학원을 졸업한 그는 경동제일교회 전도사로 사역을 하다가 아버지 강병주 목사의 뒤를 이어 경동제일교회 담임목사가 되어 목회를 하였다. 경동제일교회에서 안정적으로 사역을 하던 중 1949년 어려움에 처해있던 경기도 양평교회의 청빙을 받았다.

경동제일교회에서의 목회경험은 양평교회의 문제해결에 많은 도움이 되었다. 교회의 각종 제도를 개선하여 교회의 안정을 도모했다. 먼저 학습 세례자를 철저하게 교육시켰다. 서리집사의 임명도 교인 전체의 의견을 묻는 공동의회에서 투표하여 선정하는 방법을 채택하여 불필요한 잡음을 없앴다. 뿐만 아니라 구역장 및 권찰교육에 중점을 두어 성도를 관리하였고, 이명자(移名者)에 대한 서류도 철저하게 다루었다. 교회의 질서를 어지럽히는 책벌자(責罰者)에 대해서도 엄격한 기준으로 징계를 함으로써 교회를 바로 세우는 데 기여했다.

그러다가 한국전쟁을 맞았다. 인민군의 갑작스런 남침으로 미처 피난을 하지 못한 강신정 목사는 예배당 강단 마루 일부를 뜯어내고 그 밑에 판 토굴 속에서 지내야 했다. 인민군들의 삼엄한 감시 속에서도 주일예배는 이른 아침 일반 사람들이 활동하기 전에 성도들과 약속하여 조용하게 드렸다.

그러던 어느 날 인민군 복장을 한 군인이 교회에 나와 기도를 하고 가는 사람이 있었는데 그는 바로 강신정 목사의 아버지 강병주 목사가 평안북도 벽동교회에서 사역을 할 때 젊은 시절을 함께 보낸 차모 장로였다. 강제 징용을 당해 인민군에 속해 있던 그는 "처남도 함께 양평에 주둔하고 있으니 두 사람을 부디 살려달라"고 했다. 강신정 목사의 아내 이원숙 사모는 강신정 목사 대신에 그 두 사람을 토굴 속에 숨겨주고 민간인 옷으로 갈아입히고 음식을 제공하였다.

그 외에도 양평교회에는 가끔씩 인민군 복장을 한 군인들이 보리쌀을 가지고 와서 "저는 북에서 신앙생활 하던 교인입니다. 밥을 좀 지어주실 수 있으세요?" 하면서 도움을 요청하는 사람들도 있었다.

1·4후퇴가 시작되고 중공군과 인민군이 또 다시 물밀듯이 밀려오자 강신정 목사 가족들은 대구까지 걸어서 피난을 했다. 그곳에서 강신정 목사 가족들은 피난민들을 수송하는 차량으로 거제도로 갔다. 거제도 포로수용소에서 자신에게 신학을 권했던 옥호열 선교사를 만나게 되어 포로들에게 복음을 전하는 군목으로 일하게 되었다. 이로 인해 양평교회를 사임한 강신정 목사는 전쟁이 끝날 때까지 포로수용소에서 군목으로 사역을 하였다.

1962년 말 양평교회에 다시 부임한 강신정 목사는 세 가지 일에 전념하였다. 첫째는 낡은 예배당을 건축하기 위한 건축위원회를 구성하였다. 둘째는 일꾼을 세우고 훈련시키는 일에 전념하였다. 셋째는 성도들의 영적 각성을 통해 전도인들을 길러 전도운동을 일으키는 일이었다.

1981년에는 한국기독교장로회 제65대 총회장을 역임하였고 KCCE 회장, 한신대 동문회장, 경서노회장, 충북노회장 등 교단의 발전을 위해 노력했다. 한편으로는 한신대 이사, 연세대 이사 등을 역임하였다. 은퇴 후에는 기장총회, 서울노회, 용산제일교회의 공로목사로 추대되기도 했다.

　그의 넷째 아들 강석찬 목사는 아버지 강신정 목사의 삶은 한 마디로 '제자리에'라고 기억하고 있다. 하나님의 말씀 앞에 자신을 바르게 세우려 하니, 가난한 목회의 길을 인내하였고, 불의한 일에 불같이 노하였고, 바르지 못한 것을 눈뜨고 보지 못하여 바르게 세우기 위하여 노력하며 '용기 있는 화해자'로의 역할을 시대, 총회, 노회, 교회, 여러 인간관계에서 보였다. 이러한 강신정 목사의 사상은 자신의 설교집 『용기 있는 화해자』에 실린 글(전국교역자선교대회 개회예배 설교, 1981년 8월 17일)에 잘 나타나 있다.

　"국토가 분단되고, 민족이 분열된 지 어느새 36년의 고비를 넘었으며, 3년이 지나면 이 땅에 복음의 씨가 심어진 지 100주년이 됩니다. 그러므로 오늘 우리들은 어떤 비싼 대가를 치르고서라도 '하나'가 되지 않으면 안 되는 중대한 전환점에 서 있는 사람들입니다.

　그러므로 '하나'가 되는 길에 일치와 융합을 가로 막고 있는 일체의 장애물은 용기를 가지고 과감하게 제거해야 합니다. 저해하는 일체의 요소를 끊어 버리는 작업을 간과하고 '하나'로 뭉쳐 놓는다 해도 그것은 보다 더 무서운 분열과 파괴를 초래하고 말 것입니다."

　강신정 목사는 자녀들을 신앙으로 양육하면서도 결코 강요하지 않았다. 어린 자녀들이 가정예배에 참석하여 힘들게 기도할 때도 웃으며 기다려주었고, 청년이 된 후에는 온전한 자유를 허락하고서는 곁에서 묵묵히 기다려주고 지켜보았다.

4대째 목회자의 대를 이어가는 믿음의 후손들

강병주 목사가 기독교 복음을 받아들이고 난 후 그의 가문은 복음의 영향 안에서 대를 이어가고 있다. 그의 두 아들은 우리나라 기독교계의 지도자가 되었고, 손자와 증손자들이 대를 이어 목사가 되어 하나님을 섬기는 믿음의 가문이 되었다.

우리나라 기독교 역사 중에서 형제가 주요 교단의 총회장을 한 경우는 보기 드물다. 강병주 목사와 최영주 사모의 맏아들 강신명 목사는 대한예수교장로회(통합) 총회장을 역임하였고, 둘째 아들 강신정 목사는 한국기독교장로회 총회장을 역임하였다. 비록 교단은 달랐지만 두 형제는 한국 기독교의 발전을 위해 헌신한 목사들이다.

강병주 목사 가문에는 4대째 목사가 배출되었다. 맏아들 강신명 목사의 넷째 아들 강석공 목사는 3대째 목사로 사역하고 있다. 둘째 아들 강신정 목사의 넷째 아들 강석찬 목사가 3대째, 그의 아들 강승구가 2013년 가을에 목사 안수를 받으면 4대째 목회자의 대를 이어가게 될 것이다. 강신정 목사의 후손 중에는 그의 차남 강석영의 아들 강민구 목사도 4대째 목회자로 하나님을 섬기고 있다.

이렇듯 한 사람이 회심하여 하나님의 자녀가 되고 나서 100년이 넘는 세월 동안 한 가문에서 복음의 열매가 이어지고 있는 것은 하나님의 크신 은혜임에 틀림이 없다.

경상북도 영주의 작은 산골마을에 떨어진 씨앗은 가문의 복음화에 이어 지역과 민족의 복음화로 이어지고 있다.

일제의 모진 고난의 세월을 벗어나 자유로운 신앙생활을 하던 내매마을에도 6·25 한국전쟁은 커다란 상처를 남겼다. 1950년 9월 29일 인민군이 북쪽으로 퇴각하기 전 교회를 불태우고 교인들을 학살하였다. 희생자들로는 강석건, 강석명, 강석면, 강선희, 강신학, 강석보 등 6명이었다.

우주봉 전도사 한 사람만 겨우 목숨을 건진 이 사건은 내매교회의 커다란 인적, 물적 손실이었다. 1953년이 되어서야 강재원 장로를 중심으로 강신유, 배세란, 강신종 등이 협력하여 20칸짜리 목조 예배당을 세워서 예배를 드리게 되었다.

내매교회가 세워질 당시만 해도 교회가 세워진 음지 내매마을 사람들은 강 건너 양지 내매마을 사람들보다 못살고 배움도 짧았다. 그러나 복음의 씨앗이 뿌려지고 100년이 지난 지금은 음지 내매마을은 잘 사는 마을이 되었다.

무엇보다 작은 시골 마을에 세워진 내매교회에서 우리나라 기독교 지도자와 교육계 지도자 및 경제계 인물들이 많이 배출된 것은 하나님의 은혜로 기록되어야 할 것이다. 교회 설립 120여 년 동안 내매교회는 평은교회를 비롯하여 10여 개의 교회를 설립함으로써 영주 북부지방의 복음의 모판교회로서의 역할을 잘 감당하고 있다.

그러나 참으로 안타까운 것은 지금의 내매교회 자리가 영주댐이 완공되면 호수에 잠기게 된다는 것이다. 개발의 필요에 따라 댐을 만드는 것은 어쩔 수 없겠으나 이로 인해 100년이 넘는 역사를 가진 소중한 교회가 사라진다는 것은 아쉬운 일이 아닐 수 없다. 비록 어렵고 힘들더라도 훌륭한 인재를 많이 배출한 역사적인 내매교회가 새로운 장소로 옮겨 지역 복음화에 더욱 쓰임 받기를 손 모아 기도한다.

내매교회는 2019년 10월에 원래 있던 장소에서 그리 멀지 않은 영주시 평은면 내성천로 396번 길에 새로운 예배당을 지어 예배를 드리고 있다.

내매교회와 기독 내명학교 전경(내매교회 윤재현 목사 제공)

10 세종대왕은 훈민정음을, 송암 박두성은 훈맹정음을 창제했다

- 한글점자를 창안한 영화학교 박두성 교장

송암 박두성 이야기

우리가 사용하는 한글은 세종 25년인 1443년 12월에 만들어져서 3년 뒤인 1446년 10월 9일에 공식적으로 반포되었다. 이처럼 한글은 지구상에서 인간이 사용하는 문자 가운데 만든 사람과 공포된 날이 역사적으로 기록된 유일한 문자이다. 그러나 한글은 한자를 숭상하던 선비들로부터 오랫동안 제대로 대접을 받지 못하다가 450년이 지난 갑오경장 이후부터 일반 백성들이 제대로 사용하게 되었다. 특히 한글로 기록된 성경이 전파되면서 기독교를 중심으로 한글이 급속도로 퍼져나갔다.

그러나 한글이 여러 가지 면에서 훌륭하고 사용하기 편리하지만 앞을 보지 못하는 사람들은 그 혜택을 누리지 못하였다. 이들을 위해 90여 년 전 한 사람이 피땀 어린 노력으로 점자를 만들었다. 한글 점자를 만들었을 뿐만 아니라 성경을 비롯하여 문학서적을 점역하여 널리 보급한 사람이 박두성 교장이다. 세종대왕이 반포한 훈민정음을 본 따 '훈맹정음'이라 불리는 한글점자는 1926년 11월 4일에 송암에 의해 반포되었으며, 대한민국의 시각장애인들에게 광원이 되었다.

우리나라 시각장애인 중 대학을 졸업하여 학사 이상을 취득한 사람은

150명이 넘고 시각장애인 목사와 전도사도 200명이 넘는다. 이들에겐 한 가지 공통점이 있다. 이들은 모두 박두성 교장이 창안한 한글점자 '훈맹정음'을 통해 공부한 사람들이다.

박두성 교장

시각장애인을 위한 한글점자를 창안한 박두성 교장은 자신의 환갑 때 이렇게 말했다.

"시각장애인들과 인연을 맺고 보니 내가 해야 할 꼭 필요한 일이 있어서 우리 한글을 점자로 만들었고, 내가 믿는 하나님을 앞 못 보는 분들에게 소개하지 않으면 안 되겠기에 성경을 찍게 된 것이오."

이 땅의 시각장애인이 살아가는 데 꼭 필요한 점자를 창안한 박두성 교장은 이 처럼 자신의 공을 내세우지 않고 오히려 겸손했다. 한글 사용을 억제하던 일제강점기에 박두성 교장은 국가의 도움은 고사하고 그들의 감시를 피해 자원해서 고난의 길을 헤치며 점자를 완성하였다.

박두성 교장의 한글점자 창안과 점자책자 및 점자성경의 보급은 일제의 감시를 피해 이뤄지느라 여덟 살 된 어린 딸의 도움을 받아 비밀리에 이뤄졌다. 그런 까닭에 박두성 교장은 두 번에 걸친 실명 위기를 겪었고, 결국 끝까지 온전한 시력을 회복하지 못하였다.

한글점자 '훈맹정음'은 박두성 교장의 기도와 눈물어린 희생의 결과다. 한글점자는 1997년 정부로부터 우리나라 시각장애인 문자로 고시되었고(제1997-58회), 정부는 박두성 교장을 기리기 위해 월드컵이 열리던 해 2002년 4월 문화관광부에서는 '이달의 문화인물'로 박두성 교장을 지정하였다.

세종대왕은 훈민정음을,
박두성 교장은 훈맹정음을 창제했다

— 한글점자를 창안한 영화학교 박두성 교장

박두성 교장을 찾아서

평안수채화의 집

박두성 교장의 딸 박정희 장로와의 만남

이 책에 기록된 인물의 후손 중 가장 마지막으로 만난 인물이 바로 한글점자를 창안한 박두성 교장의 딸 박정희 장로였다. 만나본 후손 중 최고령이다.

2012년 11월 박정희 장로가 운영하는 '평안수채화의집'을 찾아갔다.

인천광역시 동구 화평동 냉면골목에서 건물 한쪽 면에 박정희 장로의 저술에서 딴 아름다운 벽화가 그려져 있는 평안 수채화의 집 문을 열고 들어가자 90세의 박정희 장로는 반갑게 맞아주었다. 60대의 젊은 손님에게 의자를 꺼내주고 마실 것을 권하는 90대의 어른은 마치 아들을 맞이하는 어머니 같았다.

박정희 장로

박정희 장로가 화실 겸 제자들에게 그림을 가르치는 1층 화실은 원래 남편 유영호 박사가 운영하던 평안의원의 진료실이었다. 화실 벽면을 가득 채운 작품과 바닥에 가지런히 놓인 작품 소재들은 화실의 주인이자 90세 현역 미술선생님의 화풍과 그림 사랑이 묻어나고 있었다. 박정희 장로는 67세에 정식 화가로 등단하였으며 5남매를 키우면서 그림을 곁들여 기록한 육아일기는 현재 국가기록원의 기록물로 보존되어 있다.

박정희 장로를 만나기 전에 넷째 딸 유순애 교수를 두 차례 만났고, 첫째 딸 유명애 권사와는 전화 통화를 한 적이 있다. 세 모녀는 필자가 보기에 여걸에 속하는 인물들이다. 목소리에는 힘이 있고, 상대방에게 신뢰를 주는 화법을 가지고 있었다. 사회적 약자를 돕는 가문의 내력 때문인지는 몰라도 상대방을 배려하는 사랑의 모성애를 가진 모녀들이었다.

가난한 독립운동가 목사의 아들과 1943년 결혼한 박정희 장로는 1947년에 월남하여 줄곧 인천에 살았다. 다섯 남매를 키우며 지내느라 외부 나들이를 하지 않자 서울에 살던 친구들이 커다란 과일바구니를 들고 찾아왔다. 경제적으로 어렵게 살아가던 박정희를 보고 "이런 상태에서는 동창회에 못 나오지. 학교 다닐 때는 똑똑했는데 여기서 이런 고생을 하고 있구나. 이렇게 살다가는 장차 이 사람이 어떻게 될지 모르겠구나"라고 걱정을 하면서 돌아간 적도 있다고 한다.

박정희 장로의 시각장애인 사랑은 80년이 넘었다. 90평생을 살아오면서 거의 대부분의 시간을 시각장애인과 연관된 삶을 살고 있는 셈이다. 여덟 살에 아버지의 성경점역을 도왔고, 지금은 자신이 그린 수채화 판매 수익금을 시각장애인 장학기금으로 사용하고 있다.

박두성 교장의 생애

"꼭 필요한 일이라 점자를 만들었을 뿐, 칭찬받을 일은 아닙니다"

박두성은 1888년 인천시 강화군 교동면 상용리에서 박기만의 6남 3녀 중 장남으로 출생하였다. 7세 때부터 형제들과 함께 서당에서 한학을 배웠고 무관출신 성제 이동휘가 세운 강화도의 보창학교에 입학하여 4년간 신학문을 공부하였다. 이동휘의 권유로 한성사범학교(현 경기고등학교)에서 공부하였으며 1906년 졸업과 동시에 어의보통학교(현 효제 초등학교) 교사로 발령받아 학생들을 가르쳤다.

공부를 잘 하였던 박두성은 집안의 기대를 한 몸에 안고 살았다. 그러나 어의보통학교를 그만두고 장애인학교인 '제생원' 교사로 자리를 옮기자 친척들은 박두성을 향해 거친 표현을 서슴지 않았다. "두성이가 조금 미쳤대. 요 며칠 전까지는 잘 나가더니 이제는 돌았대. 그러니 가지 말걸 그랬어"라고 험담을 했다. 그러나 장래가 촉망되던 박두성이 제생원에서 맹인과 농아를 가르치기로 한 것은 월급 외에도 대 식구가 기거할 집을 제공한다는 조건 때문이었다. 9남매의 맏이였던 박두성에게는 실로 호감이 가는 직장이었던 셈이다.

일본이 한국의 식민화 정책을 효율적으로 수행하기 위해서 공립학교를 세우면서 교회 부설 학교는 점차 힘을 잃어가던 시기인 1913년 일제는 고아 양육과 장애인 사업을 펼치기 위해 제생원을 설치하였다. 제생

박두성 기념관 내부

원에 부설로 맹아부를 설립한 일제는 한국인 교사를 물색하던 중에 기독교 신자였던 박두성을 교사로 임명하였다. 맹아부 교사 5명 중 유일한 한국인 교사였던 그는 젊은 나이에 시각장애인 학교에서 학생들을 가르치기 시작했다.

박두성 선생이 시각장애인을 교육하기 시작한 시기에는 사회적으로 나쁜 소문들이 돌고 있었다. 그 중 하나는 "서양 사람들이 아이들을 잡아다가 눈은 빼어 약을 만들고 몸은 찢어 실험용으로 쓴다더라"라는 소문이었고, 또 다른 소문은 "왜놈들이 장님은 무용지물이라고 죽여 버릴지도 모른다더라"라는 것이었다. 이것은 육체적인 장애에 대한 극심한 사회적 편견이어서 시각장애인을 둔 부모들은 자녀들을 제생원으로 보내 교육을 받게 하는 것을 꺼리게 만들었다.

그러나 박두성 선생은 이런 사회적인 분위기에 좌절하지 않고 문제해결에 적극 나섰다. 그는 시간이 날 때마다 학생들에게 "남보다 더 잘 살기 위해서는 더 많이 배우고 근면해야 된다"고 강조하였다. 그는 시각장애인을 아끼고 사랑하는 마음에서 일제의 한글말살 정책의 와중에서 위험을 무릅쓰고 한글점자를 만들었지만 학생들의 잘못된 행실에 대해서는 엄격한 선생이었다. 신체적 여건상 정서적 불안으로 간혹 거짓말하는 시각장애 학생을 발견하면 "지은 집은 목수가 알고, 지은 죄는 자기가 안다. 속이면 삼대를 빌어먹느니라"라고 훈육을 하였다.

그는 61세 환갑 잔칫날 다음과 같은 연설을 하면서 당시의 상황을 술회하였다.

"나는 26세 때부터 나이를 세어오지 않았으므로 어제까지만 해도 누가 내게 나이를 물으면 스물여섯이라 했는데 어느덧 61세가 되었습니다. 내가 어의동 보통학교 교사로 있을 때 총독부에서 교사 자격자를 구하다 보니 내가 선택되었고 나는 봉급 생활을 하기 위해 제생원에 온 것뿐입니다. 그러나 일단 시각장애인들과 인연을 맺고 보니 내가 해야 할 꼭 필요한 일이 있어서 했고, 또 우리 한글을 점자로 만들었고, 내가 믿는 하나님을 앞 못 보는 분들에게 소개하지 않으면 안 되겠기에 성경을 찍게 된 것이오. 또 점복업을 하는 시각장애인들도 생활을 위해서 하는 일이니 좀 그럴싸하게 배우고 읽을거리가 있어야 되겠기에 점복업에 관한 책을 점역해 준 것이오. 그러나 내가 꼭 좋은 일이라고 해서 한 것이 아니고 필요한 것을 하느라고 한 평생 지나온 것뿐이니 나는 여러분이 생각하는 그런 칭찬 받을 대상이 아닌 듯 합니다. 돌아보면 무엇 하나 신통하게 해준 일 없으니 앞으로 여러분에게 더 마땅한 일터와 일감이 생기기를 원하고 나는 나대로 좋은 일이 없을까 하고 생각하고 있는 중

박두성 교장 가족의 행복한 한때

입니다."

자신이 한 일의 중요성을 모를 리 없었지만 그는 자신에게 돌아오는 영광을 과분하게 여기며 겸손의 자세를 가지고 있었다.

제생원 교사 박두성, 한글점자 개발을 시작하다

박두성 선생이 그의 나이 26세에 제생원 맹아부 교사로 발령받은 1913년도에는 시각장애인 교육 여건은 그야말로 황무지 상태였다. 제생원 맹아부의 유일한 한국인 교사였던 박두성 선생은 일본어로 진행되는 강의를 통역하였고, 심지어 학생들은 한글점자가 아닌 일본어점자책으로 공부해야 했다.

일본에서는 이미 1890년에 일본어점자를 개발하여 시각장애인들이 사용하고 있었다. 일본인들이 해마다 11월 1일에 일본어점자 기념식을 할 때마다 박두성 선생은 마음속으로 대한민국의 시각장애인을 위한 한글점자를 만들어야겠다는 다짐을 했다. 나라의 주권을 상실하고 나랏말마저 사용하지 못하는 시대 상황에서 앞 못 보는 제자들을 향한 박두성 선생의 제자 사랑이 싹트기 시작했던 것이다.

박두성 선생이 제생원에서 한글점자 개발을 시도하기 10여 년 전부터 이미 평양에서는 의료 선교사로 내한 한 홀 선교사의 부인 로제타 홀 여사가 여자 시각장애인을 가르치기 위해 뉴욕 포인트라는 점자를 한글점자로 바꾸어서 사용하고 있었다. 그러나 외국인이 개발한 한글점자는 몇 가지 불편한 점이 있었다. 그것은 시각장애인이 촉독(觸讀, 손가락으로 점자를 읽는 것)하는 데 시간이 많이 걸리고, 종성을 제대로 표현할 수 없는 것과 점자를 찍는 데 종이가 많이 소요되는 것이 문제였다.

　박두성 선생이 점자개발에 착수한 것은 제생원에 부임하고 나서 7년 뒤였다. 그동안 그는 점자와 관련해서 많은 경험을 쌓았다. 특히 일본어로 된 교재를 직접 점역하고 점자책을 출판한 경험은 한글점자 개발에 많은 도움이 되었다. 드디어 1920년 4월에 1학년생인 전태환을 불러 한글점자 개발의 필요성을 설명하였다. 이에 전태환은 기숙사에서 함께 기거하던 3학년생 노학우, 왕석보와 힘을 합쳐 박두성 선생의 한글점자 연구를 도왔다. 학생들이 나름대로 점자를 연구하는 동안 박두성 선생도 점자 개발을 위해 전력을 기울였다. 그는 매일 새벽 4시에 기상하여 기도를 시작으로 점자 연구에 매진하였고 연구결과물을 학생들과 함께 나누었다.

　그러나 세상에 영원한 비밀은 없었다. 한글점자 개발 사실을 알게 된 일본인 동료 교사는 하루는 박두성 선생을 찾아와서 조심할 것을 권유하였다.

　"박 선생, 난 박 선생과 어떤 벽도 없는 사람이라 생각하오! 박 선생이 밤마다 맹생(盲生, 시각장애인 학생)들 데리고 한글 점자 창안하겠다고 모여서 연구하고 있는 것을 내가 알고 있소. 그런데 지금 말이야, 그 한글학자들 잡아들여서 일본말로만 말하고 한글은 쓰지 말라. 또 초등학교에서도 조선어 가르치지 말라, 하는 운동이 벌어지고 있지 않아요? 정치란 참 무서운 거잖소. 박 선생이 만일 한글학자들처럼 총독부에 잡혀

가지는 않을까 걱정이 돼서 말이오. 일본국에서 당신을 잡아들이거나 하면 내 마음이 정말 아프고 안타까울 것 같아서 내 이렇게 충고를 합니다. 박 선생 그거 그만 두면 안 되겠소?"

이 말을 들은 박두성 선생은 자신이 하는 일을 에둘러 표현했다.

"맹인들은 눈 감은 것도 억울해서 하나님께 시비를 걸어도 걸어야 할 노릇인데, '하나님 이렇게 눈을 감고 살게 하셨음이 웬일입니까? 하는 말도 못하고 살면 그 안타까움을 어떻게 하오? 점을 치고 경을 읽고 그런 걸 다 조선어로 하는데 말과 글을 안 가르치면 안 되지요. 조선어, 이 사람들이 먹고 사는 방법이니까요. 총독부에서 정책을 펴는 것도 난 정치가 뭔지 모르니 상관없소. 뭐 내가 어디 잡혀가거나 그래도 나야 그런 정치가들하고 다르니 그렇게 문제가 되겠소? 무엇보다도 이 사람들 먹고 살아야 되니깐 꼭 가르쳐야 됩니다. 점자 연구해서 경을 읽어도, 점을 치고 살아도, 침을 놓아도, 다 우리말로 책이 되어 있기 때문에 우리말로 가르쳐야 되고 맹생이라 그 점자도 꼭 필요하니 어쩔 수 있겠소. 그래서 내가 이거 감행하는 거요. 내가 무슨 대단한 뜻이 있어서 그런 게 아니라, 밥 먹고 살기 위해서 방을 준다는 맛에 제생원에 왔고 맹생을 보자 그들이 굶지 않게 하기 위해서 한글점자를 연구한 것이오."

실로 지혜로운 대답이었다. 이 말을 들은 일본인 선생은 아무 말도 하지 않았다.

이렇게 위기를 넘긴 그는 한글점자 개발에 매진했다. 먼저 한글의 자음(초성) 14자를 3점 점자로 옮기는 데 성공했다. 이어서 모음(중성)의

연구에 착수하여 2점 점자로 바꾸는 데 성공하여 한글을 3·2점식 점자로 바꾸는 작업을 마무리했다. 이를 발표하기 전에 박두성은 자신이 개발한 점자를 직접 사용해 보았다. 10여 일 동안 방에 불을 끄고 손가락으로 점자를 더듬어 가며 확인했다. 1921년 3월 그는 자신을 도와주던 3명의 학생들을 불러 3·2점식 점자를 사용해 보도록 했다. 일주일 후 학생들은 기쁨의 미소를 띠며 박두성 선생을 찾아왔다. 대만족이었다.

그러나 3·2점식 점자에 사용상의 문제점이 나타났다. 그것은 바로 중성과 종성의 혼돈이었다. 박두성 선생은 힘들여 개발한 3·2점식 점자의 사용상 문제점이 드러나자 1923년 4월 비밀리에 '조선어점자연구위원회'를 조직했다. 자신이 가르친 제생원 졸업생 중 유도윤, 이종덕, 노학우, 전태환, 이종화, 황이채, 김영규, 김황봉 등 8명으로 구성된 위원회는 3.2점식 점자를 시각장애인이 사용하는 데 편리하게 만드는 작업에 착수했다.

1926년 11월 4일, 한글 점자 '훈맹정음'을 발표하다

박두성 선생은 세계적으로 널리 통용되던 루이 브라이유의 6점식 점자에 대해서 철저하게 연구하면서 연구위원들과 긴밀한 협조를 계속하였다. 이번에는 처음 개발하였던 3·2점식 점자보다 개발기간이 길었다. 개발을 시작한 지 3년 4개월 만인 1926년 8월에 원하던 점자가 완성되었다. 그 사이에는 세 번에 걸친 대대적인 수정작업을 거쳤다. 박두성 선생이 한글점자를 개발하기 시작한 1920년 1월부터 계산하면 무려 6년 7개월이라는 오랜 노력 끝에 한글점자가 완성된 것이다.

점자를 발표하기에 앞서 1926년 8월 12일 박두성 선생은 자신들이 창안한 점자의 완성과 이의 실용도를 시험키 위해 '조선어점자연구회'를 조직하여 시각장애인들의 모임을 갖고 다음날인 13일에는 이를 '육화사'로 개칭했다.

한글점자를 전국의 시각장애인들에게 공식적으로 보급하기 위해서는 먼저 조선총독부의 승인을 받아야만 했다. 그러나 그 당시 국내 상황은 그렇게 호의적이지 못했다. 국내적으로 순종의 장례식에 참석하려던 사이토 총독 암살 미수사건과 6·10만세 사건으로 민심이 흉흉하고 일제의 억압이 심해지는 시기여서 비록 시각장애인을 위한 점자일지언정 승낙을 받는 것이 쉽지 않은 일이었다. 그러나 오랜 세월동안 고생하면서 개발한 점자의 보급을 포기할 수 없었던 박두성 선생은 총독부를 설득하여 사용 승인을 얻었다.

박두성 선생은 자신이 창안한 한글점자를 세종대왕이 창제한 한글과 연관시키기로 했다. 먼저 한글점자를 우리글인 훈민정음을 본떠서 '훈맹정음(訓盲正音)'이라 명명하고 발표날짜는 한글반포일로 정했다. 훈민정음 반포 480주년이 되던 그 해의 한글날이 11월 4일이어서 훈민정음과 발음이 비슷한 훈맹정음의 발표날은 1926년 11월 4일이 되었다. 이 점자는 1935년 5월 21일에 실시된 부면협의원 선거에서 시각장애인들이 처음으로 한글점자로 투표를 할 수 있게 했다.

달우물 박씨 집안, 토마스 선교사와 만나다!

박두성 교장의 가문에는 대대로 전해 내려오는 이야기가 있다. 그것은 바로 박동협 할아버지가 토마스 선교사를 만났다는 것이다. 1860년대 중반에 토마스 목사가 탄 배가 항해하던 중 먹을 물을 구하기 위해 강화 교동에 정박하여 잠시 내렸을 때 벼슬을 하고 있던 박동협 할아버지가 이들 일행을 극진히 대접하고 물을 제공했다고 한다. 그 당시 바닷가에 집을 짓고 살았기 때문에 가능했다고 후손들은 기억하고 있다.

기독교가 박두성의 고향 강화도 교동도에 들어와 교회가 세워진 것은 이 일이 있은 후인 1899년이다. 강화도에서 두 번째로 세워진 홍의교회의 최초 교인이던 권신일이 교동도 등을 다니며 복음을 전했다. 이때 박씨 가문에서 제일 처음 복음을 받아들인 사람은 바로 박동협의 맏손자인 박성대였다. 그는 전도인이 전해준 성경책을 읽고 감동을 받아 아들 박형남과 함께 읍내리 교회에 출석하기 시작하였다. 물론 처음에는 전통적으로 유교를 신봉하던 가문에서 심한 반대가 있었다. 그러나 한 번 뿌려진 복음은 선한 열매를 맺었다. 박형남은 송도고보와 세브란스의전을 졸업하고 인천 내리교회 부설 영화학교 교사로 재직 중 3·1만세운동에 참여하였다가 옥고를 치르기도 했다. 1920년대에는 박성대와 박형남 부자는 교동교회의 본처 전도사로 교회를 섬겼다. 감리교 최초의 전도사였다.

강화도 교동의 박동협 집안을 가리켜 마을 사람들은 '달우물 박씨 집안'이라 불렀다. 이 가문에서는 110년의 신앙역사 속에서 목사와 장로가 60여 명이나 배출되었다. 그 중에서도 박동협의 맏아들인 박기완의 후손들은 4대에 걸쳐 목회자의 길을 걷고 있다. 박기완의 맏아들 박성대 전도사의 대를 이어 박형남 전도사와 그의 아들 박영재 목사와 손자 박용철 목사로 이어지고 있다.

박동협의 셋째 아들인 박기만의 맏아들 박두성은 우리나라 시각장애인을 위해 평생을 바친 인물이다. 이것은 교회와 이웃을 사랑하는 가문의 내력이라 할 수 있다. 박두성의 큰 아버지 박기완은 교동교회가 상룡리로 옮겨올 때 예배당을 지을 땅 100평을 기증하였고 아버지 박기만은 전답 600평을 기증하여 부족한 교회 재정에 보탬이 되도록 했다.

박두성은 박기만의 맏아들로 태어나서 12살에 정동교회 권신일 목사에게 세례를 받았다. 권신일 목사는 1880년대 후반에 박두성의 고향 마을에 복음의 씨앗을 뿌린 장본인이다. 박두성은 철저한 감리교 교인으로 성장했다. 믿음의 가정에서 출생한 박두성은 아버지의 손을 잡고 교회에 출석하였다. 천연동에서 정동교회까지 먼 거리를 온 식구가 주일마다 걸어서 다녔다. 그가 평생 시각장애인을 가르치며 점자를 창안하고 보급을 위해 노력한 것은 어릴 때부터의 신앙훈련이 기초가 되었던 것이다. 비록 박두성 교장은 교회에서 어떠한 직분도 맡지 않고 신앙생활을 했지만 그의 마음속에는 시각장애인에 대한 예수님의 말씀이 언제나 자리하고 있었다.

"예수께서 길을 가실 때에 날 때부터 맹인 된 사람을 보신지라. 제자들이 물어 이르되 랍비여 이 사람이 맹인으로 난 것이 누구의 죄로 인함이니이까 자기니이까 그의 부모니이까. 예수께서 대답하시되 이 사람이나 그 부모의 죄로 인한 것이 아니라 그에게서 하나님이 하시는 일을 나타내고자 하심이라"(요한복음 9:1-3).

마태복음 점역의 숨은 공로자, 8세 소녀 맏딸 박정희

한글점자인 훈맹정음이 정식으로 공표된 후 박두성 선생은 학교에서 사용할 교재의 점역을 비롯하여 시각장애인들을 위한 각종 서적을 점역하였다. 선교사들에게 도움을 청했지만 별다른 도움을 받지 못하게 되자 박두성 선생은 직접 성경점역을 하기 위해 점자판을 만들려고 시도해 보았으나 실패하였다. 성경점역에 대한 뜻을 포기하지 못한 그는 점자 제판에 필요한 아연판은 대영성서공회에서 후원을 받고, 일본 맹인 신앙회로부터는 점자 제판기를 기증받아 성경점역을 시작하였다.

모태 신앙인으로 태어난 박두성 선생에게 있어서는 시각장애인들에게 세상 지식과 학문을 가르치는 것도 중요하였지만 하나님의 말씀인 성경 말씀을 전해주는 것이 더 중요하였다. 낮에는 학교에서 학생들을 가르치고 밤에는 성경 점역 작업을 했다.

그러나 교양서적이 아닌 성경의 점역은 쉽지 않은 작업이었다. 일제가 비록 시각장애인을 위한 것이라 하더라도 성경의 점역을 곱게 봐 주지 않았기 때문이다. 성경 점역은 비밀리에 추진되어야 했기에 여덟 살이 된 딸 박정희의 도움을 받았다. 어린 나이지만 아버지 곁에서 또박또박 성경을 읽어 주면 박두성 선생은 한 글자 한 글자를 아연판에 새겼다. 어린 소녀가 혹시라도 행을 건너 뛰어 읽는 실수라도 하는 날에는 어김없이 호된 꾸지람이 돌아왔다. 그러나 성격이 명랑하고 지혜로웠던 소녀 박정희는 오빠들 대신에 아버지 곁에서 성경 점역을 도와주었다.

어려서부터 언어에 소질이 있었던 박정희 장로는 한글은 물론이고 일본어도 잘했다. 아버지가 가르치는 맹학교 학생들과도 친하게 지내면서 그들을 안내하거나 수화를 하는 데도 능숙했다. 지금도 아버지의 제자들은 박정희 장로를 누님이라 부르고 있다. 남들처럼 밖에서 마음껏 뛰어놀고 싶은 마음을 억누르고 아버지의 지시를 따라 아무것도 모르면서 때로는 구박을 받아가며 또박또박 읽어 주었던 성경은 어느덧 머릿속에 차곡차곡 쌓였다. 어릴 때부터 겁 없이 남 앞에 나서서 동화구연이나 이야기를 하는 것을 두려워하지 않았던 박정희는 작은 여자 아이가 똑 부러지게 말을 잘 한다는 칭찬을 들을 정도였다. 강의나 강연회에서 막힘없이 정확하게 자신의 생각을 전달하는 능력은 그때 형성되었다.

어릴 때 수없이 읽었던 성경구절은 결혼해서 자녀를 키우는 동안에 저력을 발휘하였다. 자기도 모르게 외우게 되었던 성경구절 하나하나가 삶의 양식이 되고 자녀교육의 지침이 되었다. 이처럼 박정희 장로는 아버지를 도와주면서 익힌 성경지식이 90평생을 통해 자연스럽게 자신의 삶에 묻어 나옴을 느끼고 있다.

마치 구레네 사람 시몬이 십자가를 지고 골고다 언덕을 오르던 예수님의 십자가를 억지로 지고 갔던 것처럼 아버지의 명령을 따라 8세의 나이에 역사적인 성경 점역 작업에 동원 되었던 것이다. 아버지 곁에서 성경을 읽어주던 맏딸 박정희는 하나님의 축복을 많이 받았다. 하나님은 어린 소녀 박정희를 90세가 넘도록 건강함을 주셨고, 그의 후손들이 세상적으로 성공하였을 뿐만 아니라 신실한 신앙인으로 살아가는 큰 복을 주셨다.

마침내 1932년 9월에 1년 5개월간의 힘들고 지루한 작업 끝에 마태복음의 점역이 완성되었다. 16절지 점자로 88매였다. 이어서 마가복음과 누가복음의 점역이 계속되었다. 그러나 누가복음 16장 10절을 마칠 때쯤 박두성 선생은 시력을 잃을 위기에 처했다. 일제의 감시를 피해 무더운 여름날에도 방문을 걸어 잠그고 제판기 소리가 밖으로 새어나가지 않도록 밀폐된 공간에서 작업이 이루어졌기 때문이었다. 점자 창안 당시의 잠정 실명에 이은 두 번째의 시련이었다. 급기야 수술을 받았지만 예전 시력을 회복하지는 못하였다.

맏사위 하나 받아들이는 데도 신앙, 성품, 집안을 미리 알아보다

박두성 교장은 맏사위를 얻는 데도 철두철미했다. 박정희 장로가 사범학교를 졸업하고 교편을 잡고 있을 때 주변에서 혼담이 여러 차례 있었지만 맏딸의 배우자에 대해 엄격하였던 박두성 선생은 혼담이 들어올 때마다 적당한 핑계를 대며 거절했다. 물론 결혼 당사자인 박정희 장로에게는 알리지도 않았다. 그러다가 가난하지만 똑똑하고 신앙이 좋은 젊은이가 있다는 말에 관심을 가졌다. 평양의전을 막 졸업한 젊은 의사 청년이었다. 가난한 목사의 여섯 아들 중 공부 잘하고 착실한 둘째 아들이었다. 목사의 아들이라는 말에 마음이 움직였던 것이다.

사윗감 유영호에 대해 알아보기 위해 그가 근무하던 평양 철도병원을 드나들며 마사지를 하는 제자에게 부탁했다. 제자로부터 믿을 수 있는 인물이라는 보고를 받고 나서 이번에는 아내를 평양으로 보내 사돈이 될 집안 내력을 알아보라고 했다. 아내에게 평양에 있는 유씨네 집에 다녀오라고 시켰다. 방물장사처럼 꾸미고 가서 집안 사정을 직접 알아보라고 했다. 인천을 떠나 평양을 다녀온 아내는 좋은 소리를 전해 주었고 결국에는 혼인이 성사되었다. 두 사람은 서평양교회에서 조촐하게 결혼식을 올렸다. 그의 맏딸 유명애 권사는 이 교회에서 박대선 목사에게 유아세례를 받았다.

유영호의 아버지 유두환은 평안남도 순천 출신으로 독립운동가요 목사였다. 상동교회 엡윗청년회 연합회에 가입하여 활동하던 그는 1905년 을사늑약이 체결되자 이준, 전덕기, 김구 등 전국에서 모여든 청년들과 나라의 장래를 고민했다. 이들은 5~6명이 1조로 나뉘어서 을사늑약이 부당하다고 상소문을 올리기도 했다. 유두환 목사는 1906년에 민족교육을 위해 고향에 일신학교를 세우기도 했으며 1907년에는 신민회에 가입하여 회원으로 활약하기도 했다.

1917년 경 협성신학교에 입학하여 신학을 공부한 후 40세에 목사 안수를 받았던 그는 가난한 생활 가운데서도 조국 독립을 위해 애를 썼다. 1919년 3월 5일에는 고향에서 유경운, 이윤영 등과 함께 만세운동을 주동하였고 서울로 올라와 신흥무관학교에 군자금을 지원하는 활동을 하다가 일본 경찰에 체포되었다. 이 일로 1920년에는 6개월간 감옥에서 고난을 당하기도 했다. 그는 1998년 정부로부터 건국훈장 애족장을 추서 받았다.

육아일기의 모범 『박정희 할머니의 행복한 육아일기』를 출간하다

경성여자사범학교를 수석졸업한 엘리트 여성인 박정희 장로는 인천의 송림보통학교와 송현보통학교에서 7년간 교편을 잡기도 하였다.

결혼 초에는 무일푼으로 월남하여 시댁 식구와 함께 그래도 경제적으로 조금 여유가 있었던 친정에 얹혀살기도 했다. 그 바람에 박정희 장로는 내핍생활을 해야 했다. 가난한 동네에 개업한 유영호 박사는 평생 돈 벌 궁리보다 아픈 사람을 무료로 진료하고, 가난한 이웃을 챙기는 데 더 관심이 많은 삶을 살았다.

그러나 박정희 장로는 인천에서 허송세월을 한 것이 아니었다. 매사에 긍정적이면서도 적극적인 성격은 어머니 김경내 권사를 닮았다. 모든 것이 부족하던 1940년대와 1950년대에 5명의 자녀를 키우면서 기록한 육아일기를 2011년 4월에 『박정희 할머니의 행복한 육아일기』로 발간(한국방송출판), 2011년에

박정희 할머니의 행복한 육아일기

는 『박정희 할머니의 행복한 육아일기』로(포토넷출판) 엮어 세상에 공개했다. 시어머니를 모시는 둘째 며느리로서 다섯 자녀를 키워야 했던 그는 아이의 출생에서 시작해서 초등학교에 다닐 때까지 직접 그림을 그리고 글을 지은 책으로 읽기 교육을 시켰다. 좋은 책을 구하기가 쉽지 않던 시절에 자녀들은 자신의 이야기가 등장하는 그림책을 보며 공부하였다. 요즘 젊은 엄마들의 과잉교육을 경계하는 박정희 장로는 엄마로서의 과도한 욕심을 버리고 아이를 축복해 주는 것만으로도 시간이 모자라는 게 인생이라는 생각으로 자녀를 키우는 것이 좋다고 말한다.

그는 일평생 자녀를 키우면서 재주덩어리가 되어 달라거나 자신이 늙은 후 잘 위해달라고 말한 적이 없다. 하나님을 기쁘시게 하는 사람이 되고, 이웃에게 빛이 되는 사람이 되라고 늘 기도하며 자녀를 양육했다. 5명의 자녀들은 모두 어머니의 기도대로 잘 자라주었으며 사회적으로나 신앙적으로 남부러울 것이 없는 자녀로 성장하였다.

박정희 장로는 평안의원 근처의 화도교회에 출석하면서 신앙생활을 했다. 겨울철이면 예배 후에 교회의 화분을 집으로 옮겨 얼어 죽지 않도록 했고, 교회 난로용 불씨를 집에 보관하기도 했다. 교회에서 부흥사경회가 열릴 때면 집으로 강사를 모시는 등 자녀들에게 말없이 신앙의 모범을 보였다.

박정희 장로는 90평생을 살아오면서 하나님을 의심해보거나 야박하신 하나님이라고 생각해본 적이 없다. 협성신학교 4회 졸업생이자 이화여자대학 사감 출신인 어머니 김경내 권사가 자신들에게 보여준 길을 따라 걸었을 뿐이다. 김경내 권사는 남들과 비교하지 않고 가난하다거나 노동을 하는 것을 불편해하지 않으며 늘 하나님께 감사하는 신앙 모범을 보여 주었다. 김경내 권사는 교회에서 여선교회 회장을 맡아 열심히 봉사했고, 때로는 부흥회에 참석하느라 집에 들어오지 못하는 날도 있었다. 해방 후에는 나라가 공산화되는 것을 막기 위한 애국운동에도 적극 가담하고 반공 연극에 출연하기도 하였다. 어머니의 하나님 중심의 삶은 자녀들에게 대물림 되었고 그 자녀들은 자신의 자녀들에게 신앙을 물려주는 아름다운 믿음의 세대계승이 잘 이어지고 있다.

신약성경 점역을 완성하다

박두성 교장은 박정희의 도움을 받아 마태복음을 점역한 이래 한 차례의 시력저하로 성경 점역을 중단하였다. 1933년 시력을 회복하고 성

박정희 장로가 출석하는
화도교회

경 점역을 계속하던 중 1935년 제생원 맹아부 교사를 사임하였다. 그의 나이 48세였다. 마땅한 일자리를 찾지 못하던 그는 1936년 내리교회 부설 영화학교(현 영화초등학교) 교장직을 맡게 되었다.

영화학교는 1892년 4월에 개교한 영화학교는 존스 선교사 부인이 여자 아이들을 모아 교육한 인천 신교육의 효시다. 영(永)은 기독교에서 구원을 표현하는 '영생' 이라는 말에서 따왔으며 화(化)는 기독교의 가르침으로 교화(敎化)한다는 의미에서 따온 것이라고 한다.

1937년 헬렌켈러가 일본을 거쳐 한국을 방문한 것을 계기로 박두성 교장은 제생원 퇴임 후 한동안 미루어 두었던 성경 점역을 재개했다. 이번에는 그의 차남 박순태가 아버지 곁에서 성경 점역을 도왔다. 신약성경 점역작업은 그가 1940년 영화학교를 퇴직한 후에도 가족의 도움을 받아 계속되었다. 드디어 1941년 1월에는 신약성경의 점역을 완성할 수 있었다. 1천장에 가까운 아연판에 하나님의 귀한 말씀인 신약성경을 모

◀3 · 1운동 사진
박두성 교장이 점역한
3 · 1운동

민족수난 사진▶
박두성 교장이 점역한
민족수난

두 담았다. 마태복음의 점역을 시작한 지 10년 만에 이루어낸 쾌거였다. 그러나 이 아연판은 6 · 25 한국전쟁을 거치면서 모두 소실되는 아픔을 겪어야 했다.

신약성경의 점역을 완성한 후 박두성 교장은 해방을 맞이할 때까지 『명심보감』, 『3 · 1운동 비사』, 『맹인청년단규약』, 『이광수전집』 등 무려 200종에 달하는 책을 우리말로 점역하여 시각장애인의 교육에 힘을 쏟았다.

한국전쟁 당시 위기의 순간들을 기지로 넘기다

6 · 25한국전쟁이 일어나서 모든 가족이 남쪽으로 피난을 가는 가운데 박정희 장로는 셋째 딸을 출산한지 2달도 채 안되어 어린 세 딸을 데리고 율목동에 남아서 아버지와 함께 살았다. 성경 점역을 하던 중에 발병된 허리 통증으로 거동이 불편해서 피난을 떠나지 못하는 아버지를 돌보며 4개월간 살았다. 어머니 김경내 권사는 우익진영에서 두드러지게 활약을 했기 때문에 도망을 가야 했다. 남의 집 2층을 빌어 평안의원을 개원한 지 1년 남짓 되었던 사위 유영호 박사도 평양에서 월남한 인텔리 계층에 속한 탓에 가족들과 함께 남쪽으로 피난을 떠나야 했다.

인민군들의 총칼 앞에서도 박두성 교장의 애국심은 불탔다. 마을을 대표하는 동회장으로 일했던 그는 애국심을 발휘하여 인민군 몰래 지붕에 올라가서 남게 살던 외손녀의 흰 기저귀로 지붕 위에 화살표를 만들었다. 인민군의 이동경로를 유엔군 비행기에서 잘 알아볼 수 있도록 그들이 이동한 경로를 화살표로 만들어 돌로 눌러 두었던 것이다. 전쟁이 끝난 후에 알게 된 내용이지만 그 당시 박두성 교장은 그 지역에서 숙청 대상 1호였다고 한다.

UN군에 의한 인천상륙작전이 성공하여 서울이 수복되어 안정을 찾아가던 중 중공군이 참전하여 남하하자 이번에는 박두성 교장의 모든 식구들이 서둘러 부산으로 피난을 갔다. 부산 동래에 거주하던 박두성은 정부의 위촉을 받아 전쟁으로 실명한 군인들을 정양원에 모아 점자를 가르치는 등 시각장애인에 대한 사랑을 계속했다.

신구약 성경 점역의 완성

박두성 교장이 한글 점자를 개발하고 나서 제일 먼저 한 일이 바로 성경을 점역하는 것이었다. 학생들에게 직접적으로 예수를 믿으라고 말하기보다는 성경을 점역함으로써 시각장애인들이 제일 먼저 접하는 것이 바로 성경이 되도록 했다. 그는 점자 성경 원판을 안전하게 보관하느라고 성경 한 권마다 나무로 상자를 짜고 그 상자에 잠그는 장치까지 해서 인천 율목동 25번지 자택에 보관해 두고 맹인 중에 성경을 원하는 사람이 있으면 인쇄해서 서울에 있는 성서회로 보내 주곤 했다. 그런데 나라가 광복이 되고 대영성서공회가 대한성서공회가 되자 성서공회측에서 성경 원판은 우리가 안전하게 보관하겠으니 넘겨달라고 해서 넘겨주었는데 6 · 25 한국전쟁 중에 모두 불타 없어졌다.

그의 성경 점역은 1926년 11월에 훈맹정음을 반포하고 나서 5년 후인 1931년 자신의 8세된 어린 딸 박정희의 도움을 받아 완성한 마태복음 점역이 처음이었다. 누가복음을 점역하던 중 시력약화로 잠시 중단하였다가 1933년에 성경 점역을 계속했다. 그러나 1935년 제생원을 퇴직하고 난 뒤에는 제반 여건의 미비로 성경 점역 작업을 잠시 중단했다가 헬렌 켈러의 방한을 계기로 성경 점역 작업을 재개하였다. 54세인 1941년에 신약성경 점자원판 제작을 완료하였다. 이렇게 함으로써 박두성 교장은 26년에 걸쳐 시각장애인을 위한 성경 점역작업을 마쳤다.

전쟁이 끝나고 율목동 집으로 돌아온 그는 1954년부터 성경 점역을 재개했다. 그러나 이번에는 가족들의 도움을 받기가 어려웠고 게다가 자신의 건강이 나빠 부득불 남의 도움을 받아야 했다. 하나님께서는 인천여고를 갓 졸업한 이경희를 박두성에게 보내 주셨다. 이웃에 살던 이경희의 도움으로 박두성 교장은 기독교인으로서 생전에 마무리하고자 했던 구약 성경의 점역을 완성했다.

하루에 10장이 넘는 점역 작업을 강행한 끝에 박두성의 나이 70세 되던 해인 1957년 12월 성탄절에 구약 점역을 마침으로써 성경 신구약을 합쳐서 점역한 성경은 모두 24권이 되었다.

정부로부터 국민포장을 수상한 이듬해인 1963년 '훈맹정음'의 창안자 박두성 교장은 대한민국 시각장애인에게 희망을 남기고 하나님의 부르심을 받았다.

2002년 4월 문화관광부 지정 '이달의 문화인물' 박두성 교장

박두성 교장이 창안한 한글점자 '훈맹정음'은 많은 열매를 맺었다. 그로 인해 인생이 행복해진 것은 물론이고 학사, 석사, 박사가 150여 명

이나 배출되었다. 또한 200여 명의 시각장애인 목사와 전도사가 모두 박두성 교장의 후손인 셈이다. 비록 핏줄로는 남이지만 앞을 보지 못하는 시각장애인들이 한글을 배울 수 있게 해 주었으며 그들을 직접 가르친 박두성 교장의 기도와 눈물어린 희생의 결과다.

이처럼 한 사람의 올바른 판단과 노력은 많은 사람들에게 희망을 줄 수 있음을 알게 해 준 박두성 교장을 기리기 위해 월드컵이 열리던 해 2002년 4월 문화관광부에서는 '이달의 문화인물'로 박두성 교장선생을 지정하였다. 감리교인이었던 박두성 교장은 최근에 감리교단으로부터 명예장로로 추대되기도 했다. 박두성 교장이 학생들을 가르치며 한글점자를 개발한 업적을 기리는 추모비는 서울 종로구 신교동 국립서울맹학교 교정에 세워져 있으며, 인천시각장애복지관 1층은 송암기념관으로

서울 맹학교에 세워진
박두성 선생 한글점자 창안기념비

사용되고 있다. 박두성 교장은 위대한 교육자요, 신앙인이었으며 애국자요 철인이었다고 후손들과 제자들은 그를 사모하고 기린다.

3대, 100년을 이어온 시각장애인 사랑

우리는 시각장애인으로서 백악관에 입성하여 미국 대통령 국가장애위원회정책 차관보를 역임한 강영우 박사에 대해 박수를 보내면서도 정

작 우리 주변에서 소외당하고 고통받는 장애인에 대해서는 별로 관심을 두지 않고 있는 것이 현실이다. 예수님께서 불쌍히 여기시고 고쳐주셨던 시각장애인과 각종 장애를 가진 사람들이 오늘날 우리나라 교회 내에서 어떤 관심과 대우를 받고 있는가를 생각하면 부끄러울 따름이다.

제생원 맹아부 교사가 되어 시각장애인을 가르치기 시작해서 성경점역을 완성하기까지 박두성 교장은 44년간 혼신의 힘을 다해 시각장애인을 위해 노력하였다. 그 사이 두 번의 실명 위기를 맞았으며, 심한 허리 통증으로 고생하였고, 말년에는 몸을 제대로 움직일 수 없는 중풍에 걸리면서까지 온 몸을 바쳐 한글점자 개발과 점자책 보급에 힘을 쏟았다. 집안에 점자번역기 아연판을 설치해 놓고 밤낮으로 한글점자 번역작업에 몰두한 결과 그는 평생 76권을 점역하였다. 국가기관이 아닌 개인 차원에서 이처럼 큰일을 해 낼 수 있었던 것은 그가 기독교의 이웃 사랑 정신에 투철하였고, 가족들의 도움이 있었기에 가능했던 일이리라.

박두성 교장의 시각장애인 사랑은 1963년 8월 하나님의 부르심을 받으면서 끝이 났으나 그의 후손들의 시각장애인 사랑은 오늘도 계속되고 있다. 그의 딸 박정희 장로는 67세에 수채화가로 등단하고 나서 한국점자도서관 건립, 인천맹인복지관 건립 자금 마련을 위한 개인전을 수차례 열었다. 이런 공로로 1997년 제17회 장애인의 날에 국민훈장 동백장을 받았고 2001년에는 인천시 문화상을 받았다.

시각장애인을 돕는 일에 박정희 장로의 두 딸도 적극적으로 나서고 있다. 미술을 전공한 맏딸 유명애 권사는 기독미술인협회와 한국미술인

선교회 회장 등을 역임하였으며 '박정희 유명애 수채화 모녀전'을 열어 외할아버지를 기념하는 '송암 장학회' 기금 마련에 힘을 보태고 있다.

배재대학교 생물학과 교수인 넷째 딸 유순애 박사는 염생식물 산업화의 선구자로 활동하고 있으며 송암장학회, 송암선양회를 이끌고 있다. '송암장학회'에서는 2009년부터 매학기 1천 만 원의 장학금을 시각장애인 대학생에게 지급하고 있으며, 2013년 1학기 장학금 지급을 위해 박정희 장로의 수채화 사이버전시회를 열어 기금 마련에 도움을 주고 있다(www.ilovegrandmother.com).

송암 박두성 교장의 발자취를 보관하고 있는 송암기념관은 1994년에 인천광역시 남구 학익동의 인천시각장애인 복지관 1층에 마련되었다. 기념관에 전시된 박두성 교장의 유물 중에는 박정희 장로가 기증한 것

송암 박두성 기념관

이 많이 있다. 박정희 장로는 아버지 박두성 교장이 소천한 뒤 집이나 땅과 같은 재산은 모두 오빠에게 맡겼고 대신 자신은 책이라든가, 좁쌀처럼 작게 써놓은 메모들을 챙겨 두었다가 아버지의 기념관이 마련되자 모두 기증하였던 것이다.

박두성 교장은 자신의 생애를 마감하는 날 나지막한 목소리로 자신을 바라보는 가족과 제자들에게 말을 했다.

"점자책은 쌓지 말고 꽂아…."

그것은 점자책을 쌓아두면 요철 부분이 망가져서 읽기가 불편해지기 때문이기도 했지만 책 읽기를 게을리 하지 말라는 부탁의 말이기도 했다. 박두성 교장은 점자 사랑은 그가 하늘로 부르심을 받는 그 날까지도 계속되었던 것이다.

11 죽어가던 아들을 살린 복음이
침례교단과 가문의 역사가 되다

- 한국 침례교단의 초석이 된 칠산교회 장기영 감로

장기영 감로 이야기

"네 시작은 미약하였으나 네 나중은 심히 창대하리라"는 욥기 말씀이 현실이 되고 기독교의 역사가 된 가문이 있다. 부여 칠산교회 장기영 감로의 이야기다.

모든 것은 죽어가던 외아들에서 시작되었다. 부여 인근의 소문난 부자였던 장기영에게는 병에 걸린 아들이 있었다. 점점 병세가 악화되어 죽어가는 외아들 앞에 치유의 은사를 가진 예수교인이 있다는 소식이 들려왔다. 아들을 살리겠다는 일념에 장기영은 신명균 조사를 찾아가 안수기도를 받았다. 죽어가던 아들이 기적처럼 살아났다. 그 길로 장기영은 복음을 받아들였다. 뿐만 아니라 아버지도 설득하여 온 가족이 칠산교회에 등록했다.

장기영이 침례를 받고 신앙생활을 하면서 유교의 전통을 따르지 않자 가문에서는 그를 핍박했다. 죽지 않을 정도 때린 다음에 문중에서 쫓아내기까지 했다. 그래도 하나님의 복음을 전한 장기영의 믿음은 흔들리지 않았다. 그 자신이 앞장서서 온 마을과 전국을 돌아다니는 복음전도자로 헌신했을 뿐만 아니라, 하나뿐인 아들은 아예 하나님께 바쳤다. 외아들 장석천을 신명균 조사의 집에 보내 5년간 신앙훈련을 받게 했고, 후에는 정식으로 신학을 공부하게 했다. 이후, 아들이 목사 안수를 받은 이후에는 아버지는 감로로, 아들은 목사로 함께 전국을 다니며 복음을 전했다.

장기영 감로

어릴 때부터 병약하던 아들 장석천 목사는 오랜 선교여행과 과로로 인해 자주 중병을 얻어 앓아누웠고, 때로는 복음을 전하다 심한 매질을 당하기도 했다. 신사참배에 반대하다 2년간 감옥에 투옥되기도 했지만 복음을 향한 열정만은 꺾이지 않았다.

할아버지와 아버지의 이러한 신앙은 손자 장일수 목사에게까지 이어졌다. 어려서부터 야학과 청년운동을 통해 지역 복음화에 앞장섰던 장일수 목사는 학교와 고아원을 세웠고, 나중에는 침신대 창립에 참여하고 침례교단 총회장을 세 번이나 역임하는 등 우리나라 침례교단 역사의 중심 인물 중 한 사람이 되었다.

죽어가던 아들을 살린 복음이 침례교회와 가문의 뿌리가 되고 역사가 된 것이다.

죽어가던 아들을 살린 복음이
침례교단과 가문의 역사가 되다
— 한국 침례교단의 초석이 된 칠산교회 장기영 감로

장기영 감로를 찾아서

침례교단의 인물을 찾아나서는 첫 걸음은 대전침례신학대학교를 방문하는 일이었다. 침례교 역사에 대해 자문해 줄 인물을 찾던 중에 마침 원당교회 출신인 김영복 교수와 연결되었다. 김 교수 집안은 할아버지 대부터 시작해서 자신까지 여러 명의 목사를 배출한 신앙의 명문집안이다. 그의 소개로 강경 일대의 침례교회에 대한 이야기를 알게 되었고, 몇 가지 책을 추천받았다. 『원당교회 100년사』와 김 교수 부친 김갑수 목사가 저술한 책도 선물로 받았다.

우리나라 침례교단은 장로교단이나 감리교단에 비해 조금 늦게 선교를 시작한 점도 있지만 파견된 선교사의 숫자도 두 교단에 비해 턱없이 부족하였던 탓에 초기 선교가 활발하게 진행되지 못했다. 그 결과 2007년을 기준으로, 설립 100주년이 넘는 장로교회는 400개가 넘지만 침례교회는 7개에 불과하다. 그것도 충남 부여를 중심으로 강경과 공주지역에 5개 교회가 있고 나머지는 경상북도 울진에 1개, 울릉도에 1개가 있다.

이 책을 집필하면서 울릉도에 있는 석포침례교회를 제외한 6개의 침례교회를 방문하여 몇몇 인물에 대한 자료를 수집하던 중에 3대에 걸쳐 교회 지도자를 배출한 장기영 감로 가문을 발견하였다. 칠산교회 지도자 장기영 감로를 비롯하여 아들 장석천 목사, 손자 장일수 목사에 이르기까지 3대에 걸쳐 침례교단의 발전에 기여한 가문이었다.

칠산교회는 부여군 임천면 칠산리 마을과 금강을 한눈에 내려다 볼 수 있는 작은 동산 위에 서 있다. 교회 주변에는 넓은 들판이 있다. 칠산교회를 방문하면 출입구 왼편에 교회 역사자료를 진열해 놓은 기념관이 있다. 기념관에는 장기영 감로와 장석천 목사의 사진이 칠산교회를 섬긴 인물들의 사진과 함께 전시되어 있다.

이름이 알려진 교계 지도자는 여러 경로를 통해 자료를 수집할 수 있으나 후손을 만나는 일은 항상 기다림이 필요하였다. 옛말에 "병은 소문을 내라"고 했듯이 무슨 일을 할 때는 적절한 홍보가 필요하였다.

장기영 감로의 생애

부여군 임천면 칠산리에 칠산교회를 설립한 스테드맨 선교사

침례교 선교사가 한국에 처음으로 입국한 것은 1895년 초였다. 첫 번째 선교사인 폴링(Pauling) 선교사는 보스톤의 클라렌든 침례교회의 엘라 씽(S. B. Thing) 기념선교회의 후원으로 한국에 들어왔다. 그는 충남 강경을 중심으로 인근지역을 돌며 복음을 전하였다. 이후 1896년에 한국으로 파송 받은 스테드맨(F. W. Steadman) 선교사와 폴링 선교사 부인, 그리고 2명의 여선교사들이 공주와 강경지방으로 와서 폴링 선교사와 합류하여 본격적으로 복음전파에 힘을 쏟았다. 침례교 선교사들이 장로교와 감리교 선교사들이 선교구역을 분할한 시점보다 늦게 입국한 바람에 적당한 선교구역을 찾지 못하다가 북한의 원산지역과 충청남도 강경을 중심으로 부여와 공주 지역에서 선교를 시작한 결과였다.

미국침례교 선교사들이 한국에 입국하여 제일 먼저 설립한 교회는 1896년에 세운 강경침례교회다. 처음으로 예배를 드린 곳은 강경읍내가 아닌 변두리의 옥녀봉에 있는 초가집이었다.

강경을 중심으로 복음을 전하던 폴링 선교사가 1899년에 미국으로 돌아가자 그 뒤를 이어 강경으로 와서 선교를 한 사람은 스테드맨 선교사였다. 그는 캐나다 노바 스코샤(Nova Scotia) 출신으로 1896년에 한국에 와서 선교를 한 인물이다. 그는 1899년 8월에 칠산교회를 개척하였다. 칠산침례교회의 초대 교인으로는 장교환을 비롯하여 홍국진, 김치화, 고래수 등이다. 칠산침례교회는 강경침례교회, 공주침례교회(공주꿈의

교회)에 이어 선교사들이 세운 3번째 침례교회이다.

　스테드맨 선교사는 칠산교회 설립을 한 후에도 열심히 전도하여 금강 주변에 23개의 성경공부반을 조직하였다. 그러나 그는 1901년 선교비 지원이 중단되자 사역지를 펜윅 선교사에게 위임하고 미국으로 건너갔다. 보스톤 클라렌든 침례교회에서 목사 안수를 받은 스테드맨 선교사는 일본으로 파송되어 선교사역을 계속하던 중 한국에 입국하여 칠산교회 교인들에게 침례를 베풀기도 했다.

　부여 인근의 부자 장기영, 죽어가던 아들의 병고침을 받고 복음을 받아들이다

　칠산교회 초대 교인인 장교환은 조카인 장기영에게 복음을 전했다.

칠산교회

그러나 오랫동안 유교에 젖어 있던 양반의 후손은 쉽게 복음을 받아들이지 않았다. 그는 대대로 부자로 살면서 남부러울 것 없이 누리며 살았으나 2대 독자인 아들 장석천이 오랫동안 병석에 누워 지내고 있었다. 부자였던 장기영은 주변의 소문난 의원을 다 찾아가 치료를 받았지만 14살이 되도록 장석천의 병세는 호전되지 않았다.

어느 날 장교환이 조카 장기영을 찾아와서 복음을 전하면서 신명균 목사(당시는 조사) 이야기를 전해 주었다. 신명균은 펜윅 선교사와 함께 칠산교회를 비롯한 인근의 교회를 순회하며 복음을 전해주는 조사의 역할을 담당하고 있었다. 신명균 목사의 기도를 받고 많은 환자가 병 고침을 받았다는 이야기에 장기영의 귀가 솔깃해졌다.

장기영 감로는 아들을 데리고 한달음에 신명균 목사를 찾아갔다. 신명균 목사는 기도에 앞서 장기영 부자에게 그리스도의 복음을 전해 주었다. 그리스도는 하나님의 아들이시며 우리의 죄를 대신해서 십자가에서 죽으셨고, 사흘 만에 다시 살아나셔서 하나님 우편에 계신다는 복음을 제시하였다. 그 자리에서 아들과 함께 신앙고백을 한 장기영에게는 가문의 전통이나 양반 체면은 병약한 14세 외동아들의 병을 고칠 수 있다는 사실 앞에서는 그저 거추장스러운 껍데기에 불과했다. 신명균 목사의 간절한 기도를 받은 후에 장석천의 병은 신기하리만치 깨끗하게 나았다.

하나님께서 임천면의 부자 장기영 감로의 외아들 장석천을 고쳐 주신 것은 칠산리 마을 사람들에게 널리 퍼졌다. 마을의 유지 장기영의 개종에 뒤이어 마을 사람들도 하나 둘씩 교회를 찾았다.

장기영 감로는 아들 장석천을 신명균 목사의 집으로 보내서 함께 살도록 했다. 육체의 질병 때문에 남들처럼 한학을 배우지 못했던 아들에게 한문과 성경을 배우도록 배려해 주었다. 건강을 되찾은 장석천은 신명균 목사의 집에 5년간 머물면서 신학문을 익히며 철저한 신앙훈련을 받았다. 장석천은 시간이 날 때마다 펜윅 선교사를 찾아가서 성경에 대한 의문점을 열심히 질문했다. 머리가 명석했던 장석천은 특히 신약에 대한 지식이 해박하여 4복음서와 사도행전의 주요 절수를 암송하고, 신약에 있는 중요한 절도 찾아낼 수 있어서 펜윅 선교사는 그의 방문을 언제나 환영했다.

장기영 장석천 부자가 함께 침례(세례)를 받다

장기영 감로는 1859년 10월 24일 충남 부여군 임천면 칠산리에서 부자였던 장치환의 외동아들로 태어나서 귀한 도련님으로 살았다. 하나님께서 자신의 외동아들 장석천의 병을 고쳐 주시자 그는 하나님의 은혜에 감사하며 열심히 신앙생활을 하였다. 장기영이 기독교로 개종하고 칠산교회에 출석하자 그의 토지를 소작하던 농민들도 그를 따라 복음을 받아들이고 예배에 참석하였다.

교인수가 늘어나고 교회가 안정되자 1902년 장기영 감로와 장석천은 침례를 받았다. 침례교 선교사였던 스테드맨 선교사가 아직 목사가 되기 전이어서 강경에서 가까운 지역인 전북 군산의 미국남장로회 소속 부위렴 선교사(William F. Bull)를 초청하여 칠산 지역의 교인 6명에게 침례(baptism, 세례)를 베풀었다. 칠산교회에서는 두 번째이자 침례교단에서는 세 번째 침례식이었다. 그날 침례를 받은 사람은 장기영 부자 외에도 홍봉춘과 김한나, 이화춘, 이화실 등이었다. 홍봉춘은 나중에 장석천의 장인이 된 인물이다. 침례교단의 첫 번째 침례식은 폴링 선교사에 의해 1899년에 거행되었다.

장기영 감로의 가문이 예수를 믿고 침례를 받아 성실하게 신앙생활을 하면서 자연스럽게 유교의 전통을 따르지 않게 되었다. 칠산교회에 출석하던 장기영 감로가 가문에서 전통적으로 지내오던 제사 참여를 거부하자 문중에서 핍박을 가했다. 장기영 감로는 자신만 교회에 출석하는 것이 아니라 마을 사람들에게도 상당한 영향을 끼쳐 유교적 전통을 지켜오던 양반 가문에 큰 파문을 불러왔던 것이다. 참다못한 문중 어른들이 장기영 감로를 불러놓고 제사에 참여할 것과 교회 출석을 중단하도록 압력을 가했지만 진리의 말씀을 깨달은 그는 문중 어른들의 요구를 거절하였다. 장기영 감로의 마음을 되돌릴 수 없음을 깨달은 문중에서는 그를 쫓아내 버렸다. 심지어 문중 어른들은 장기영 감로를 불러다 심하게 매질하기도 했다.

외부로부터 핍박이 가해지면 가해질수록 장기영 감로의 믿음은 더욱 견고하여졌다. 그는 어떤 고난도 맞을 준비가 되어 있었다. 가문의 핍박이나 육체적인 고통은 죽어가던 아들의 병을 고침 받은 감사함에 비하면 아무것도 아니었다. 가문으로부터 극심한 핍박이 오면 올수록 장기영 감로의 교회 사랑과 하나님 말씀 순종은 깊이를 더해갔다.

감로가 된 장기영, 전국을 돌며 복음을 전하다

아들의 병 고침에 이어 칠산교회 교인이 된 장기영 감로는 조용히 집안에 머물러 있지 않았다. 식구들의 복음화에 이어 마을 사람들에게도 자신의 신앙 간증을 통해 복음을 전하였다. 열심히 신앙생활을 하며 복음의 참뜻을 이해하게 되자 그는 인근지역을 돌며 본격적으로 복음을 전하기 시작한 것이다.

이때 그가 전한 복음을 듣고 예수를 믿은 사람들 중에는 침례교단 초대 한국인 총회장이 된 이종덕 목사가 있다. 이종덕 목사는 1903년 독립당에 가담하여 독립운동을 하다가 옥살이를 하던 시기에 임천면 일대의 유지였던 장기영 감로의 도움으로 석방되어 예수를 믿은 인물이다.

4년 동안 전국을 돌아다니며 열심히 전도를 하던 장기영 감로는 1906년 10월 6일에 개최된 '대한기독교'의 창립총회에서 홍봉춘과 함께 칠산교회 초대 감로로 임명을 받았다. 초창기 감로는 선교사가 임명하였으며 선교사 명의의 임명장을 주었다. 장로교의 영수(현재의 장로)에 해당하는 직분을 받은 그는 평소에는 교인을 돌보았고 예배시간에는 말씀을 전하거나 예배를 인도하는 등 칠산교회의 지도자로서 칠산교회를 섬겼다.

칠산교회의 감로로 임명을 받은 그는 모든 일에 교인들의 모범이 되었다. 교회를 섬기는 일은 물론이고 이웃을 섬기는 일에도 늘 앞장을 섰다. 특히 십일조 생활에서는 다른 교인들의 모범을 보였다. 부모로부터 많은 농토를 물려받았던 그는 해마다 많은 농산물을 수확하여 철저한 십일조를 실천했다. 임천면 일대에서 부자로 살았던 장기영 감로의 모범적인 헌금생활과 십일조 덕분에 칠산교회의 재정은 다른 시골교회에 비해 풍부하였다. 한때는 칠산교회 목회자의 사례비가 서울의 웬만한 교회 목사의 사례비보다 많았을 정도였다. 예배에 참석하는 것과 십일조를 비롯한 헌금생활에 있어서 철저하였던 그는 성경을 읽고 말씀을 연구하며 기도하는 일에도 열심이었다.

칠산교회 앞을 흐르는 금강 사진

1907년까지 초기 침례교단에서 충남지역에 설립한 교회는 침례교 최초 교회인 강경침례교회를 비롯하여 공주침례교회(현 공주 꿈의교회), 신영교회, 원당교회와 칠산교회 등 모두 5개였다. 강경침례교회를 제외하고는 모두 금강 북쪽지역에 세워졌기 때문에 선교사나 교인들이 금강을 건너기 위해서는 유일한 교통수단인 배를 이용해야 하는 어려움이 있었다. 지리적 여건 때문에 효율적인 복음전파가 어려움에 봉착하자 경제적인 여유가 있던 장기영 감로는 배 한 척을 사서 교회에 기증하였다. 주로 선교사들이 금강을 건너다니며 복음을 전하는 데 사용하였지만 용안일대의 교인들이 칠산교회에 와서 예배를 드리는 데도 이용되었다.

장석천 목사

칠산교회에서 첫 번째로 결혼식을 한 아들, 장석천 목사

장기영 감로는 순종을 미덕으로 살았다. 대표적인 예가 아들 장석천의 결혼 문제였다. 신명균 목사의 집에서 5년간 공부를 한 장석천이 장가들 나이가 되었을 때 마침 칠산교회를 방문한 신명균 목사에게 아들의 결혼을 의논하였다. 신명균 목사는 그 자리에서 주저함이 없이 "홍봉춘 감로의 딸과 혼인하게 하시오"라고 권면했고 신 목사의 말 한 마디에 즉시로 혼인을 결정하고 신 목사가 다른 곳으로 가기 전에 결혼을 시켰다고 한다.

홍봉춘 감로는 칠산교회 최초의 침례교인 6명 중 한 명이며 사돈인 장기영 감로와 함께 칠산교회 초대 감로로 임명을 받은 인물이다. 이처럼 자녀의 결혼문제에 있어서도 담임목사의 의견을 따를 정도로 담임목사와의 관계에서는 순종과 협력을 통해 교회를 바로 세워나가는 미덕을 발휘했다.

장석천은 1885년 1월 부여 칠산에서 아버지 장기영의 외동아들로 태어났으며 자신으로 인해 온 가족이 기독교를 영접하게 만든 인물이다.

하나님께서는 장석천의 병을 통해 그의 가족을 구원하셨다. 금강 하류에 위치한 칠산리에서 어려움을 모르고 살아오던 장씨 가문에 기독교 복음이 전해진 것은 하나님의 은혜였다.

14살 소년이 병 고침을 받고 아버지와 함께 침례를 받았을 뿐만 아니라 아버지의 뒤를 이어 복음 전파자가 된 장석천 목사는 침례교단의 발전에 많은 기여를 하게 된다.

장석천 목사는 칠산침례교회에서 제일 처음으로 결혼하였다. 두 사람의 결혼은 그 지방에서는 처음으로 거행된 기독교식 결혼식이어서 주변 사람들의 많은 관심을 받았다. 장석천의 원래 이름은 판순이었으나 결혼과 동시에 석천으로 바꾸었다.

아버지는 감로로, 아들은 목사로 복음전파에 온 힘을 기울이다

장석천 목사는 1903년 2월 침례교단에서 설립한 공주성경학원에 제1회 학생으로 입학하여 성경을 공부하였다. 공주성경학원에서는 설립자 펜윅 선교사의 영향으로 성경은 물론이고 자립할 수 있는 측량기술을 가르치기도 했다.

성경학원을 마친 그는 아버지 장기영 감로가 칠산교회 초대 감로로 임명을 받던 해인 1906년에 집사 직분을 받아 강경과 공주 지방에 파송되어 교회를 섬기기 시작했다. 1909년 9월에는 용안교회에서 개최된 '제4회 대화회(총회)'에서 25세의 나이로 목사 안수를 받아 강경구역 순회 목사가 되어 용안교회 등을 순회하며 목회를 하는 동시에 공주 성경학교와 부설 측량학교에서 학생들을 가르쳤다. 총회에서는 장석천 목사를 영동과 옥천지방 그리고 경상도와 함경도 지방을 순회하며 전도하도록 파송했다.

아버지는 감로로 아들은 목사로 복음전파에 온 힘을 기울였다. 장기영 감로가 용안지역에서 전한 복음을 받아들인 사람들은 용안교회를 설립했다. 장석천 목사가 칠산교회에서 목회를 할 때 용안교회 교인들은 장기영 감로가 기증한 배를 타고 수시로 칠산교회로 와서 장석천 목사의 설교를 들으며 은혜생활을 했다. 훗날 용안교회 이상필 감로의 아들 이건창과 장석천 목사의 딸 장정순은 부부가 되었다.

순회 전도자로 임명을 받은 장석천 목사는 전국을 돌며 집회를 열었다. 복음에 빚진 자답게 아버지 장기영 감로의 뒤를 이어 오직 복음 전파에만 몰두하였다. 집회 장소를 구하지 못할 때면 야외에서 천막을 쳐놓고 집회를 열기도 했다. 하나님께서는 교회당 안에서든 야외에서든 언제나 넘치는 복을 부어주셨다. 교통수단이 불편했던 시절이라 가마를 타고 집회장소를 이동하면서 원기를 회복하기도 했었다.

이때 이종덕, 손필한, 노재천 등이 장석천 목사의 집회에 참석하여 회개하고 복음을 영접하였다. 기독교인이 된 이들은 목회자가 되어 침례교 발전에 크기 기여하였다.

"무슨 양반놈이 예수교회를 전하고 다니느냐?"며 매질 당하다

그가 지방을 돌며 순회전도대회를 개최하는 데는 어려움도 많이 따랐다. 어느 해 겨울에는 여섯 번의 지방순회 집회를 마치고 집에서 쉬고

있을 때였는데 자칭 양반이라고 하는 두 사람이 네 명의 경찰관을 대동하고 와서 "서양 양반이 누구냐? 그 놈을 눕혀서 옷을 찢고 매로 쳐라! 무슨 놈의 양반이 서양 예수교회를 가지고 이곳에 왔는가?"라고 양반이 말하자 경찰들은 장석천 목사를 눕히고 매질을 하면서 옷을 찢었다. 경찰들은 장석천 목사를 끌고 나가서 살얼음을 깨고 개천에 던져 넣었으며 차가운 겨울바람이 그의 골수에 사무치도록 버려두었다.

개울에 처박혀 걷지도 못하는 그를 사람들이 집으로 데리고 와서 보니까 온 몸이 상처 투성이었다. 펜윅 선교사의 도움으로 어빈(Dr. Irvin) 선교사가 장석천 목사를 전주예수병원(Junkin Memorial Hospital, 전킨 기념병원)에 입원시키고 치료해 주었다. 그러나 그 이튿날 장석천 목사는 예정되었던 일곱 번째의 집회를 인도하기 위해 상처를 입은 몸으로 주변 사람들의 만류를 뿌리치고 마지막 집회에 나서서 복음을 전했다. 5일 동안 진행된 이 집회는 아주 성황리에 마쳤다. 집회가 열리는 곳에서 수 킬로미터 떨어진 주변의 사람들도 그의 설교를 들으러 몰려왔고 많은 사람들이 하나님을 영접하는 역사가 일어났다. 이때 입은 상처는 그의 평생에 아픔으로 남아 있었다. 이 일 후, 장석천 목사의 몸은 하루도 편안한 날이 없었다.

늘 가장 좋은 것은 하나님께 먼저 바치며 신앙의 모범을 보인 홍살람 사모

장석천 목사가 전국을 돌며 말씀을 증거하는 집회를 여는 동안 집안 살림은 전적으로 부인 홍살람 사모가 담당했다. 홍살람 사모의 아버지

홍봉춘 감로는 칠산교회 초대교인이요 첫 번째로 침례를 받은 인물이었다. 그는 홍살람의 시아버지 장기영 감로와 같은 날 감로 임직을 받아 교회를 섬겼다. 아버지로부터 철저한 신앙훈련을 받았던 홍살람 사모는 시아버지의 본을 따라 철저한 십일조 생활을 했다. 농사 수입이 많았던 장석천 목사 가정에서는 수확철이면 온 식구가 철저한 곡물수확을 계산하여 십일조를 드림으로써 자손들의 헌금생활을 교육하였고, 교인들에게 십일조생활의 모범을 보였다.

시아버지와 남편이 복음을 전하기 위해 집을 비운 사이에도 칠산교회와 담임목사를 섬기는 일에는 언제나 최선을 다했다. 자신의 소유 전답에서 수확하는 첫 열매 가운데 좋은 것은 언제나 교회에 바치고 담임목사 가정의 양식으로 드렸다. 교회를 찾아오는 선교사와 목회자들을 대접하는 것도 홍살람 사모의 몫이자 축복의 통로였다.

선교여행과 과로로 중병도 앓고, 신사참배 거부로 2년간 투옥되다

어린 시절 중병으로 죽을 고생을 했던 장석천 목사는 계속되는 복음전도 여행으로 인해 몸이 많이 쇠약해졌다. 전국을 돌며 집회를 개최하던 1911년에는 피로가 누적되어 병원 신세를 져야 했고, 1931년 칠산교회 담임목사로 시무할 때 장석천 목사는 또 한 번 중병으로 고생하였다. 장거리 여행과 과로로 인한 피로가 누적된 탓이었다.

장석천 목사가 집회를 열었던 곳은 부여 일대를 포함해서 주로 포항, 울진, 원산 및 만주 등 침례교회가 세워진 지역이었다. 장거리 여행으로 인한 피로가 회복되기가 무섭게 또 다시 강행군이 진행되면서 그의 몸은 점점 쇠약해져 갔다.

그러나 육신의 피로보다 더 무서운 일이 그의 선교여행을 막아섰다. 일제는 1937년에 일으킨 중일전쟁을 승리로 이끌기 위해 우리 민족에게 여러 가지 제약을 가하였다. 특히 기독교인들에게는 신사참배를 강요하기 시작하였다. 기회주의자들을 앞세우기도 하고 경찰의 총칼로 위협하기도 하면서 교단의 단일화를 통해 한국 기독교를 장악하기 위해 압박을 가하기도 하였다.

천주교를 비롯한 감리교와 장로교단이 일제의 강압적인 신사참배 압력에 굴복하여 총회 차원에서 신사참배를 결정하였으나 침례교단은 신사참배를 거부하였다. 이로 인해 침례교단은 심한 고난을 겪었다. 각 지역의 지도자급에 속한 목사와 감로 등 32명이 체포당했다. 일제는 1942년 9월 뚜렷한 혐의도 없이 자신들의 방침에 협조하지 않는 침례교단 지도자 32명을 불법으로 체포하여 함흥교도소에 투옥한 것이다. 경북 상주에서 사역을 하던 노재천 목사를 시작으로 침례교단의 목사와 감로를 감옥에 가두고 온갖 고문을 가했다. 울릉도에서 복음을 전하던 김해룡 감로도 그들과 함께 투옥되었다. 충청도 지방의 지도자였던 장석천 목사도 이 일에 연루되어 2년간 감옥살이를 하고 나서 3년 7개월의 집행유예를 받고서 풀려났다.

침례교 지도자를 불법 투옥한 일제는 신사참배거부와 일본 천왕 모독 등의 이유를 들어 1944년 5월 동아기독교(침례교)의 교단 해체령을 내렸다. 그들은 예배를 금지하고 예배당을 포함한 교회 재산을 몰수하여 국방헌금 명목으로 빼앗아 갔다. 예배처소를 잃은 교인들은 뿔뿔이 흩어지고 침례교단은 해방이 될 때까지 선교 이후 최대의 암흑기를 보내야 했다.

침신대 설립에 참여하고 침례회 총회장을 세 차례 지낸 손자, 장일수 목사

부여군 임천면 칠산리에서 2대째 기독교를 믿던 집안에서 3대째 교회 지도자 장일수 목사가 태어났다. 1913년 5월 26일 장석천 목사와 홍살람 사모의 1남 3녀 중 맏아들로 태어난 그는 자연스럽게 복음을 받아들여 신앙생활을 했다. 3대독자 외아들인 그는 할아버지 장기영 감로를 비롯한 식구들의 사랑을 독차지하면서 신앙생활을 하였다.

임천 공립보통학교를 졸업한 그는 미국남장로회 선교부가 세운 전주의 신흥중학교를 다니며 신학문과 성경을 배웠다. 졸업 후에는 고향 칠산리에 야학당을 세워 동네 부인들과 청년들을 모아 공부를 가르쳤다. 가난하고 배움이 부족하였던 마을 사람들에게 기독교와 신학문을 가르쳐 주는 등 주민들의 의식개혁에 앞장섰다. 마을 청년들과 함께 잘살기 위한 청년운동을 벌여 지역의 복음화의 길을 열었다.

1928년 8월 18세 되던 해에 장일수는 칠산교회에서 노재천 목사로부터 침례를 받았다. 1946년 9월에 교사(목사 후보) 직분을 받은 그는 본격적으로 복음을 전하기 시작했다. 1948년 침례교단 총회로부터 목사 안수를 받은 그는 할아버지와 아버지의 뒤를 이어 교회를 돌보며 전도하기에 힘을 썼다.

그는 목사가 되고 나서 교단 총회 산하 성경학원에서 교사로 학생들을 가르치기도 했으며, 1951년에는 구제위원으로 봉사했다. 인천 시은 중학교와 성애원을 설립하여 교육사업과 더불어 전쟁으로 인해 생긴 고아들을 돌보는 사역도 했다. 1953년 침례회 성경학원 이사장을 역임했으며 부산침례병원 자문위원도 겸임했다.

침례회신학교를 창립하는 데 힘을 합친 그는 침례신학대학 이사장에 취임하여 침례신학대학의 초석을 놓는 데 일조를 했다. 또한 침례교단의 부흥을 위해서도 많은 노력을 하였다. 그는 침례회 총회장을 3번 지냈다. 첫 번째는 1956년이었고 두 번째와 세 번째는 총회가 분리되었던 1960년부터 2년간 대전 대흥교회를 중심으로 한 대전총회장을 맡아서 일했다.

"항상 하나님이 보고 계신다"는 것을 삶으로 보여준 믿음의 가문

장일수 목사는 부유한 가정의 후손으로 태어나서 그런지 남에게 많이 베풀면서 살았다. 후손들의 증언에 따르면 목회자의 생활이 어려웠던 시절에 그의 집을 드나드는 목회자에게 양식을 퍼주기도 하였고, 심지어는 가난한 목회자가 집에 오면 자기가 입고 있던 양복을 저당 잡혀서 그 돈을 준 경우도 있었는데 가족들은 나중에서야 옷이 없어진 것을 발견하였다고 한다.

그는 총회 일이나 침례신학대학 일을 한 것을 비롯하여 점촌교회를 비롯하여 전국 각지의 침례교회에서 담임목사로 28년간 목회하다가

1972년 은퇴했다. 그는 은퇴 후에도 울릉도 저동교회에서 사역을 하기도 하였다.

자녀들이 기억하는 아버지 장일수 목사는 목회를 위해 전국으로 돌아다니다가 집에 오면 손수 마을길을 청소하고 남에게 베푸는 것을 좋아하였다는 것이다. 이렇게 베풀 수 있었던 배경에는 조상으로부터 물려받은 토지에서 나오는 소득이 충분한 점도 있었지만 나눔의 삶 자체를 즐겨하는 품성과도 관련이 있다.

장일수 목사는 모든 사역을 마치고 노후를 보내면서 자식들에게 미안한 마음을 털어놓았다.

"나는 교회 사역을 하면서 교회 청년들을 내 자식으로 생각했고, 그들을 위해 기도하고 권면했으나 내 자식들에게는 그렇게 하지 못한 것이 아쉽다. 그들에게 잘 해주는 것이 내 자식에게 해 주는 것으로 생각했다."

그러나 그는 자녀들의 신앙교육에 한 가지 원칙이 있었다. "하나님이 항상 보고 계신다"였다. 자기는 비록 전국을 돌며 순회 목회를 하고 있지만 하나님이 항상 보고 계시니까 행동을 바르게 하고 신앙생활을 바르게 열심히 하라는 것이었다. 지금도 이 말씀은 가문의 가훈으로 지켜지고 있다.

장기영 감로로 시작된 한 알의 복음, 침례교단과 가문의 뿌리가 되다

금강변에서 풍요로운 삶을 살던 장기영 감로 가문에서 기독교 복음을 받아들인 것은 하나님의 섭리였다. 마을에서 최고 부자였던 장기영 감로 집안이 기독교로 개종하면서 마을의 복음화는 급속하게 진행되었다. 14살까지 병석에 누웠다가 하나님의 은혜로 병 고침을 받아 목회자의 길을 택했던 장기영 감로의 아들인 장석천 목사는 신사참배 거부를 이유로 2년 동안이나 감옥에서 고초를 겪었다. 장석천 목사의 뒤를 이어 목사가 된 아들 장일수 목사는 침례신학대학의 설립과 다양한 교육활동을 하였으며 침례교단의 총회장을 두 번 지냈다.

장기영 감로 가문은 공주침례교회(공주꿈의교회)에서 대를 이어 목회를 한 역사를 가지고 있다. 먼저 장석천 목사는 제5대 담임 목사로, 그의 아들 장일수 목사는 제8대 담임 목사로 사역을 했다. 이어서 장일수 목사의 큰 사위 고봉성 목사도 전도사 시절 공주꿈의교회에서 목회를 하였다.

장기영 감로 가문은 복음을 영접하고 나서 110여 년 동안 믿음 안에서 살아가고 있다. 2대 장석천 목사에 이어 3대에는 장일수 목사가 신앙의 맥을 이었고, 그의 후손 2남 3녀는 목사 사모로, 권사와 집사로 신앙 생활을 하고 있다. 일제 강점기에 신사참배를 거부하다가 2년간 옥살이를 한 장석천 목사의 신앙은 후손들의 자랑이다. 장기영 감로의 후손들은 6대에 걸쳐 믿음으로 살아가고 있다.

한 알의 복음이 부여군 칠산 마을에 떨어져 그 열매에서 침례교단의 지도자를 배출했으며, 그 후손들은 오늘도 조상들의 믿음을 본받아 하나님 말씀대로 살아가기 위해 노력하고 있다. "하나님이 항상 보고 계신다"는 믿음의 가훈과 함께.

12 육체를 깨우고 영혼을 깨운
위대한 기도의 새벽종소리

- 새마을운동의 뿌리가 된 가나안농군학교 김용기 장로

김용기 장로 이야기

　가나안농군학교와 김용기 장로를 모르는 사람은 드물다. 설사 잘 모르는 사람이라고 하더라도, 새마을운동의 모태가 된 것이 바로 가나안농군학교라고 한다면 아하! 하고 고개를 끄덕이게 된다. 그만큼 가나안농군학교와 김용기 장로는 잘 알려져 있다. 그러나 이 점이 오히려 김용기 장로 가문의 신앙 역사를 취재하는 데 방해가 되었다. 누구나 잘 알고 있다고 생각하는데, 정작은 잘 알지도 자세히 알지도 못하는 오류에 빠지게 되는 것이다. 김용기 장로에 대해 자세히 알아보기 전에는, 김용기 장로의 신앙은 김용기 장로 본인으로부터 시작한 것으로 생각하고 있었다. 그러나 아니었다. 가문이 복음을 받아들인 것은 이미 100년 전이었고, 거기에는 놀라운 하나님의 섭리가 숨어 있었다.

　김용기 장로의 아버지 김춘교가 복음을 받아들이게 된 것은 죽을병에 걸린 넷째 아들 김용기의 병고침을 위해서였다. 용하다는 한의사도, 신내림 받았다는 무당도 고치지 못한 아들의 병을 고친 것은 김춘교의 손에 쥐어진 요한복음 3장 16절의 말씀이었다. "믿는 자마다 멸망치 않고 영생을 얻게 하려 하심"이라는 말씀을 붙잡은 아버지의 믿음이 아들의 목숨을 구했다. 이후, 아버지는 서양 귀신을 믿는다고 가해지는 문중의 핍박도 이겨내며 신앙을 지켰다. "밥만 먹이는 것이 아니라 사람을 만드는 게 진짜 교육", "놀고 먹는 사람이 가장 불쌍한 사람", "지식인일수록 농사를 지어야 한다. 나라의 주권을 되찾으려면 경제자립부터 해야 한다"던 아버지의 말씀은 그대로 김용기의 뇌리에 박혀 가나안농군학교의 정신

김용기 장로

이 되었다. 아버지가 보여준 산교육과 기독교 신앙은 어떤 불의에도 타협하지 않는 밑바탕이 되었다. 신사참배, 창씨개명, 동방요배 등 일제가 강요하던 모든 것들을 거부하다 투옥되고 고문도 당했지만 김용기 장로는 굴하지 않았다. 오히려 고구마 장기저장법을 개발한 공로로, 일제의 국민의례를 하지 않아도 좋다는 면죄부까지 받았다.

그러나 가나안농군학교의 역사는 험난한 고난과 끝없는 도전의 역사였다. 가나안농군학교가 온전히 자리 잡기까지는 다섯 번에 걸친 실패와 도전이 있었다. 한국전쟁에 농장이 폐허가 되기도 했고, 어렵사리 모은 돈으로 시작한 사업들이 불에 타 사라지기도 했다. 그러나 계속된 도전은 마침내 성공을 거두었고, 박정희 대통령이 직접 찾아와 보고 배운 뒤 국가적으로 새마을운동을 시작한 계기가 되었다.

그러나 이 과정에서 가족보다 이웃을 먼저 섬기고, 끊임없는 훈련과 내핍에 반항하던 둘째 아들의 가출도 있었다. 그러나 다시 돌아와 10년 동안 매일 새벽 변함없이 새벽종을 울리던 그 아들의 손에 의해 가나안농군학교는 지금 한국을 넘어 세계 여러 나라들의 가난한 이웃들을 깨우는 새벽종이 되어 울려 퍼지고 있다.

육체를 깨우고 영혼을 깨운
위대한 기도의 새벽종소리
─ 새마을운동의 뿌리가 된 가나안농군학교 김용기 장로

김용기 장로와 가나안농군학교를 찾아서

김용기 장로와 가나안농장이란 말을 들으면 일반적으로 "세수 할 때 비누를 세 번 이상 문지르지 않으며, 반찬을 두 가지 이상 먹지 않고, 구두를 신지 않고, 집에 온돌방을 놓지 않는다"는 말을 떠올리게 된다.

가나안농군학교의 식탁구호는 다음과 같다.

"먹기 위하여 먹지 말고 일하기 위하여 먹자!

일하기 싫거든 먹지도 말자!

음식 한 끼에 네 시간씩 일하고 먹자!"

이쯤 되면 우리는 왜 가나안농장이 많은 사람들의 관심의 대상이 되고 세계인의 이목을 집중시키는 집단인지 상상할 수 있게 된다.

그러나 꿈을 현실로 바꾸는 일은 쉽지 않았다. 가나안농군학교를 본
궤도에 올려놓기까지 그는 무려 다섯 번에 걸친 오래고 고된 개척 과정
을 거쳐야 했다.

　말로만 듣던 가나안농장을 직접 방문하였다. 먼저 원주시 신림면에
있는 가나안농군학교(원주)를 찾아갔다. 교장인 김범일 장로는 약속시
간보다 30분 일찍 찾아간 나를 반갑게 맞아주었다. 거의 모든 일정을 몇
십분 단위로 쪼개어 쓸 정도로 바쁜 김범일 교장은 그날 오전 가나안농
군학교 교육생들의 퇴소식이 있어서 퇴소식 축사를 했는데 일정이 조금
일찍 끝나서 마침 30분 정도 시간이 비는 터였다. 우연인 듯싶은 하나님
의 필연적인 인도하심으로 내가 거기에 맞춰 30분 일찍 도착한 것이다.

　인터뷰 전에 김용기 장로의 책과 다른 기록들을 통해 김용기 장로에
대해 충분히 공부를 하고 간 나는 김용기 장로와 가나안농군학교에 대
한 일반적인 질문보다는 내가 묻고 싶은 질문, 즉 가문에 대한 질문을 먼
저 시작했다.

　"김용기 장로님 가문에 믿음은 어떻게 해서 시작되었습니까?" "김용
기 장로님의 부모님은 믿음이 있었습니까? 형제분들은 어떤가요?" 부터
시작해서 "김용기 장로님의 후손들은 신앙생활을 잘하고 있습니까?" 같
은 다소 직접적인 질문부터 던졌다.

　그런데 김범일 장로의 반응이 뜻밖이었다. 직접적으로 가족들이 신앙
생활을 잘하는지부터 묻는 내 질문에 불쾌해하기는커녕 오히려 "지금
까지 아무도 그런 부분을 물어보지 않았는데 물어봐줘서 고맙다"며 할

아버지 대부터 지금에 이르는 가문의 이야기를 스스럼없이 풀어놓았다. 김용기 장로의 자녀들 중에서는 자신이 제일 애를 먹였다며 본인이 두 번이나 가출했던 이야기도 들려주었다. 김범일 장로는 70대 중반이신 분이 마치 20대 청년처럼 열정적으로 김용기 장로와 가나안농군학교에 대한 여러 이야기를 들려주었다.

인터뷰를 마치고 자리에서 일어나면서 질문을 하나 던졌다.

"김용기 장로님 가문에서 복음을 받아들인 것이 1912년입니다. 올해가 가문에 복음이 들어온 지 100년째 되는 해인데, 알고 계셨습니까?"

"그래요? 올해가 100주년이 되는 해인 것을 잊고 있었습니다. 덕분에 올해가 뜻깊은 해란 것을 알게 되어 감사합니다."

김범일 장로는 환하게 웃으며 감사의 뜻을 전하셨다. 의도치 않았지만, 100주년이 되는 해에 김용기 장로님 가문에 대한 취재를 하게 된 것도 하나님의 인도하심이라고 나 또한 믿어 의심치 않았다.

개척의 종
가나안농군학교를 개척한
김용기 장로가 영혼을 깨우는
새벽종을 울리고 있다.

며칠 후에는 경기도 하남시에 있는 가나안농군학교(하남)를 찾아갔다. 셋째 아들 김평일 장로가 아버지의 뒤를 이어 운영하고 있는 곳이다. 3형제 중 아버지의 외모를 가장 많이 닮은 그는 소를 키우던 외양간을 사택으로 개조해서 결혼 후 지금까지 살고 있다. IMF 외환 위기 이후에 합류한 아들과 함께 김용기 장로의 뒤를 이어 교육생들에게 '가나안 정신'을 가르치고 있다.

가나안농군학교(하남)는 지금 새로운 장소로 이전하기 위한 준비가 한창이다. 그것은 정부의 보금자리주택정책 시행으로 지금의 장소에서 계속 존속할 수 없게 되었기 때문이다. 1954년에 세운 가나안농장은 현재 진행 중인 토목공사가 완료되면 2013년 8월 경에는 경기도 양평의 새로운 땅으로 이사를 갈 계획이다. 현 위치에는 역사적인 상징물인 학교 본관 건물과 가나안교회 예배당을 보존하게 된다.

김용기 장로의 생애

1년에 2번 큰굿 하던 유교집안이 복음으로 아들의 병을 고치다

김용기 장로 집안은 원래 유교를 신봉하는 양반가문이었다. 이 가문에서는 어린 아들의 죽을병을 고침 받은 것이 계기가 되었다. 1909년에 김춘교와 김공윤의 넷째 아들로 태어난 김용기가 세 살 무렵인 1912년, 죽을병에 걸렸다. 사랑하는 아들의 병을 고치기 위해 유명한 의원을 찾아다니고 무당을 데려다 굿을 하였지만 아이의 병은 깊어만 갔다.

인근의 유명한 의사들을 찾아 백방으로 노력해도 아무런 효험이 없자 낙망하고 있던 김춘교 부부에게 마침 마을을 지나던 선교사가 쪽복음서를 전해 주었다. 한학에 능통하였던 김춘교는 종이에 적힌 성경 구절 요한복음 3장 16절 말씀을 읽고 깨우침을 받았다. "하나님이 세상을 이처럼 사랑하사 독생자를 주셨으니 이는 그를 믿는 자마다 멸망치 않고 영생을 얻게 하려 하심이라"는 말씀이었다. 김춘교는 그 때까지 자기가 신봉하던 유교에서는 도저히 해결할 수 없는 것을 기독교는 완전하게 해결할 수 있다는 사실을 깨닫게 되었다. 예수를 영접한 김춘교는 그때까지 자신이 믿고 있던 세상의 것을 버렸고 하나님께서는 귀한 아들의 병을 고쳐 주셨다.

남편을 따라 기독교인이 된 김용기의 어머니는 원래 일 년에 2차례씩 대굿(15일 동안 하는 굿)을 할 정도로 미신과 유교에 젖어 살던 삶을 버리고 오직 믿음으로만 살아갔다. 마을에서 십리 길을 걸어서 용진교회에 출석하면서 부부는 죽음에서 살아난 아들과 함께 감사한 마음으로 신앙생활을 했다.

그러나 당시만 해도 양반 가문에서 서양종교를 믿는다는 것은 있을 수 없는 일이었다. 뿐만 아니라 예수를 믿기 시작한 김춘교가 가문에서 시행하던 일체의 제사에 참석하지 않는 등 자신들의 전통적인 생활양식을 따르지 않자 가문에서는 여러 가지 형태로 압박을 가했다. 심지어는 김춘교의 삼촌도 그들과 합세하였다. 그러나 예수를 믿기 시작한 김춘교가 자신의 고집을 꺾지 않자 이번에는 가문에서 김춘교 가족을 추방하겠다고 협박했다. 이럴수록 김춘교 부부는 합심하여 하나님께 기도를 드렸다. 그들은 마을에서 쫓겨날지언정 신앙을 버릴 수 없다고 다짐하였다.

드디어 김춘교는 일가 어른들에게 말했다. "예수를 믿는다고 자신들을 마을에서 쫓아내면 그 결정에 따르겠다"고 했다. 그 말을 들은 마을 어른들은 김춘교의 결심이 확고함을 알고는 자신들의 위협을 철회했다. 마을 사람들이 자신의 신앙생활을 인정하자 김춘교 가족은 동네 어른들을 더욱 존경하고 보살펴 드렸다. 그들의 노력에 진심이 담긴 것을 확인한 마을 어른들은 김춘교가 믿는 기독교에 대한 생각을 달리하기 시작했다.

"밥만 먹여주는 게 교육이 아니다. 사람을 만들어야 한다"

어린 김용기는 네 살부터 부모를 따라 새벽예배에 참석했다. 하루라도 빠지는 날에는 아버지 김춘교는 자기 아내를 질책했다.

"밥만 먹여주는 게 교육이 아니다. 사람을 만들어야 하는 것이다."

"이 세상에서 가장 못나고 불쌍한 사람이 누구이겠느냐? 바로 놀고먹는 사람이다. 일도 안 하면서 잘 살려고 하는 사람은 가장 못난 사람이다. 그렇다면 가장 훌륭한 사람은 어떤 사람이겠느냐? 그건 바로 일을 제일 많이 하는 사람이다. 이웃을 위해서, 나라를 위해서, 불쌍한 사람을 위해서 일을 많이 하는 사람이 가장 훌륭한 사람이다."

아버지의 이런 말씀들은 어린 김용기의 뇌리에 깊이 뿌리내렸다. 그리고 그것은 나중에 가나안농군학교를 세울 때 중요한 정신적 자산이 되었다.

김용기는 어린 시절에 서당에서 한문을 배웠다. 성경을 통한 하나님의 말씀과 공자의 가르침을 동시에 받으며 성장했다. 김용기는 14세에 양주의 사립 광동중학교에 진학하였다. 공부를 잘했던 김용기는 작은 체구였지만 다부진 체력과 담력으로 반장을 맡았다. 그러나 반장직을 수행하면서 완력을 사용하다가 어머니로부터 호된 꾸지람을 들은 후에는 신앙에 기초한 지도자의 길을 걷기 시작했다.

일본을 패망시키는 원대한 꿈을 품고 만주로 가다

1919년 3·1만세운동이 일어나자 김용기의 부친 김춘교는 마을 사람들을 동원하여 만세를 불렀다. 주재소가 있는 30리 밖 면소재지인 덕소까지 태극기를 흔들며 행진을 하였다. 중학교에 다니던 김용기는 학과 시간에 선생님이 들려준 우리나라 역사 이야기에 관심을 가졌고 학교에서 채우지 못한 역사는 집에서 아버지로부터 들으며 자랐다. 그가 우리나라의 역사에 관심을 가지고 살았던 배경이 이때 형성되었던 것이다.

1925년 16세 소년 김용기는 마니산으로 갔다. 조선시대 세종대왕이 이곳을 찾아와 3일간 기도를 했다는 이야기를 들은 적이 있던 김용기는 자신도 꿈을 이루기 위해 마니산으로 가서 40일간 밤낮 기도했으나 바라던 응답을 받지 못하자 실망감을 안고 집으로 돌아왔다.

자신의 야망을 포기하지 못한 김용기는 이듬해인 1926년에 만주로 떠났다. 이번에는 중국에서 지도자가 되어 그 힘을 이용해서 일본을 무력으로 무너뜨리기 위해서였다. 그러나 만주 봉천의 한 교회에서 만난 이성락 목사의 설득으로 고향으로 돌아왔다.

"뜻은 참 훌륭하네만 그것이 그렇게 쉬운 일이 아닐세. 이곳 중국의 역사가 수천 년이나 되지만 그동안 중국 땅을 완전히 통일시켜 지배한 사람은 단 한 사람도 없네. 본토 사람도 못했는데 아무 연고도 없는 타국사람이 어떻게 중국대륙을 지배할 수 있겠나? …(중략)… 다만 그 실현방법이 좀 틀렸을 뿐이니 내 말을 깊이 알아듣고 자네일랑은 고국으로 돌아가게. 큰 지역에서보다 작은 지역에서 훨씬 더 일의 성과를 내기가 쉬운 것이 아니겠나? 지금 우리 조선에서도 할 일이 얼마든지 있을 줄 믿네."

이 말을 듣고 자신의 생각을 고쳐먹은 김용기는 만주에 묵은 지 두 달 만에 평양을 거쳐 고향으로 돌아왔다.

"나라를 위해 가장 급한 일은 식량 증산이다"던 아버지의 유언

김춘교는 자녀들이 어릴 때부터 농업의 중요성을 늘 강조하였다.

"지금 이 나라를 위하여 가장 크고 급한 일은 식량을 증산하는 일이다."

"우리나라의 경우, 지식인일수록 농사를 지어야 한다. 농사야말로 산업의 원동력인데, 역대로 지식인들이 농사를 기피하고 무식한 촌맹들만 농사일을 해왔기 때문에 우리나라의 경제와 문명 등이 후진성을 면치

못하고 결국 일인의 식민지가 되었다. 우리의 주권을 회복하려면 먼저 경제 자립을 해야 한다. 그렇게 되려면 지식인이 농사에 참여하여 농산물을 증산하는 길밖에 없다."

김용기가 결혼하고 2년이 지난 어느 날 아버지가 세상을 떠나면서 남긴 유언은 그가 평생 동안 기독교 신앙을 바탕으로 한 잘 사는 농촌을 만들기 위해 살아가는 데 밑거름이 되었다.

아버지의 유언을 따라 열심히 농사를 지은 김용기는 주변사람들로부터 농사를 잘 짓는 사람이라는 칭호를 듣게 되었다. 이에 자신을 얻은 그는 이상촌 건설에 대한 꿈을 꾸었다. 그는 이 꿈에 대해 자서전에서 이렇게 밝혔다.

"내가 건설하려는 마을은 오곡이 익어가며, 과수들의 꽃이 만발하고, 벌과 나비가 춤을 추고, 집집마다 젖 짜는 양이 있고, 교회가 있고, 마을 사람들은 모두 형제가 되어 하나님을 믿고, 모두가 근로하며 생산함으로써 경제적으로 풍족한 생활을 영위하고, 하나님을 공경함으로써 정신적, 영적 안위를 얻을 수 있는 곳이었다. 나는 이 같은 '에덴동산'의 재현을 꿈꾸고 있었다."

자신의 꿈인 이상촌을 건설하기 위해 그는 중앙선 철도공사 현장에서 장사를 하여 종자돈을 모았다. 부족한 자금을 보충하기 위해 손을 댔던 금광개발이 철저한 실패로 끝나자 무일푼이 된 김용기는 사채업자를 찾아갔다. 아무런 담보도 없는 상황에서 사업계획만을 가지고 간 김용기는 차용증 하나 써주고 4백원을 빌렸다. 그 돈으로 버려진 산 3천 평을 사서 개간을 시작했다. 산을 개간하다가 쉬는 시간에는 기도하고 찬송을 부르며 일하기를 계속했다. 주일에는 교회에 나가 예배를 드리며 하루를 휴식하였다. 개간한 자리에는 사과와 같은 과목을 심고 그 사이에는 고구마를 심었다.

주변의 비아냥은 말로 다 표현할 수 없었다. 심지어 오촌당숙 되는 사람은 "너 같은 놈이 우리 집안에 태어난 것이 유감이다"라고 까지 말할 정도였고 처갓집에서의 불평도 이만저만이 아니었다.

그러나 개간 첫 해에 40가마니의 고구마를 생산하자 마을 사람들의 생각이 바뀌기 시작했다. 이렇게 3년간 농사를 지은 후에는 개간한 땅을 팔았다. 그리고 그 돈으로 그동안 그가 꿈꾸어온 이상향을 실천하기 위한 계획을 실천에 옮겼다.

다섯 번의 개척을 통해 농업의 미래를 선도하다

첫 번째 개척 : 봉안이상촌 건설

개간한 땅을 판 돈으로 빌린 돈을 갚고 남은 돈으로 자신의 고향인 봉안에 임야 4천 1백 평을 매입하여 다시 개간을 시작했다. 1935년부터 시작된 개척에는 혼자가 아니라 뜻을 같이 하는 형제들과 동지들이 동참했다. '봉안 이상촌' 건설에는 10가구가 참여한 '십가촌(十家村)'이었다.

봉안이상촌의 특징은 바로 협동정신이었다. 그것은 공산주의가 주장하는 것이 아니다. 사유재산을 인정하며 개인의 자유를 무한히 누리는 공동체였다. 자기가 생산한 것은 자기 소유이고, 힘껏 일하여 생산을 많이 했을 때 그 먹고 남은 것은 이웃에 사랑의 마음으로 나누어 주고 교회에 바쳐 공공의 일에 쓰게 하였다. 공산주의처럼 회수해서 분배하는 것을 받아먹는 것이 아니라 자기의 것을 자기가 먹고, 남는 것을 스스로 이웃의 없는 사람에게 나누어 주는 것이었다.

그는 함께하는 부락민들에게 개척기술과 영농기술이나 생활개선에 대해 가르치기 전에 모든 구성원이 다 같은 하나님의 아들딸이라는 것을 가르쳤다. '근로, 봉사, 희생'의 정신이 곧 예수님의 정신이니 그것을 실천하는 것이 곧 하나님의 아들딸이 되는 도리라는 것을 가르쳤다.

개간하는 동안 식량문제를 해결하기 위해, 주식으로 삼은 고구마의 장기 저장방법개발은 필수적이었다. 고구마의 장기 저장법을 스스로 개발하기 위해 그는 3년 동안 120가마의 고구마를 썩혀서 버려야 했다. 그렇게 해서 고구마 1년 저장법이 개발되었다. 그러나 당시 고구마에 대해서 전문가로 알려졌던 일본 사람도 처음에는 믿지 않다가 직접 와서 보고 난 후에는 오히려 자기가 책임자로 근무하던 경기도 농민훈련도장 훈련생 80명을 데리고 와서 교육을 받은 일화는 유명하다. 이 고구마 장기저장법 개발은 전국적으로 소문이 나서 김용기 장로 가문이 일제의 박해를 이겨내는 데 결정적인 역할을 하게 되었다.

두 번째 개척 : 삼각산 구기리과수원

두 번째 개척은 1946년 10월부터 시작되었다. 경기도 고양군 은평면 구기리의 1만 3천 평 크기의 과수원을 사서 온 식구들이 3년 반 가까이 지내며 옥토로 바꾸어 놓았다. 많은 사람들이 관심을 가지고 방문하기도 했다. 해방 전 이 과수원을 팔고 그 돈으로 멸치상회를 크게 하였다. 그러나 6·25 한국전쟁 중에 가게는 파괴되었고 과수원을 판 돈은 모두 잿더미가 되었다. 두 번째 개척은 허무하게 끝이 나버렸다.

세 번째 개척 : 용인 에덴향

한국전쟁이 끝나고 강태국 목사와 함께 경기도 용인군 원삼면 사암리의 6만 평의 땅을 개간하였다. 가족을 포함하여 모두 27명의 사람들이 개간에 참여했다. '에덴향'으로 이름을 붙이고 개척한 이곳의 생활은 오늘날 가나안농군학교의 생활 계획표의 기초가 되었다.

새벽 4시에 기상하여 새벽 예배를 드리는 것을 시작으로 고된 하루하루가 지나갔다. 아침 식사 후 찬송가를 부르며 작업장으로 가서 밤 7시가 되어서야 작업이 종료되어 저녁식사를 할 수 있었다. 예배 후 취침은 10시였다.

양식이 풍족하지 못한 개척시대의 식사는 군대보다 열악했다. 미군들이 먹고 버린 맥주 깡통으로 식기를 만들어 사용했다. 노동의 경중에 따라 1호 식기, 2호 식기, 3호 식기로 구분하여 식사량을 달리했다. 중노동자는 1호 식기를 사용했다.

에덴향을 개척하면서 가장 먼저 흙벽돌로 교회를 지었다. 그 다음에는 학생을 가르치는 교실을 짓고 '복음고등농민학원'이라 불렀다. 이곳에서는 동지들의 자녀뿐만 아니라 학교에 다닐 수 없던 주변의 학생들을 모아 가르쳤다.

네 번째 개척 : 가나안농군학교(하남)

에덴향이 어느 정도 본궤도에 오른 후 내부 사정으로 새로운 개척지를 물색해야 했다. 서울에서 그리 멀지 않은 경기도 광주군 동부면 황산리(현 풍산리)에 자리를 잡은 것은 1954년 11월 16일이었다. 자신을 포함한 일곱 식구가 1만평을 구입하여 개척을 시작하였다.

개간을 할 수 없는 추운 겨울에는 세 아들과 함께 악단을 조직하여 마을을 돌아다니며 연주를 하고, 연주를 관람하는 사람들에게 농촌계몽 강연을 했다. 처음에는 별 반응이 없었으나 횟수를 거듭할수록 좋은 소문이 나서 겨울이 다 지나갈 즈음에는 강연을 해 달라는 초청을 받기에 이르렀다.

전도하는 가족 악단

순회강연을 마친 식구들은 집 근처에 천막교회를 세웠다. 이후 가나안교회에 이르기까지 13년간 단 하루도 거르지 않고 교회 종소리는 예배를 알리는 것뿐만 아니라 마을주민들에게 시간을 알려주는 역할을 하였다. 종 치는 일은 어린 김범일이 주로 맡았다. 이곳에서도 학교를 개설하여 자녀들을 가르쳤다.

온 가족이 7년 동안 노력한 끝에 가나안농군학교(하남)는 인근 주민들의 부러움을 살 정도로 성공적이었지만 개척자 가족들의 고생은 말로 다 표현할 수 없을 정도였다. 이 기간 동안 둘째 아들 김범일이 두 번째 가출이 있었던 것만 보아도 알 수 있다.

네 번째 개척지인 가나안농군학교(하남)를 개척한 이래 김용기 장로는 농민계몽에도 적극 나섰다. 지금까지 수천 회에 걸쳐 진행된 교육과정을 수료한 사람이 약 40만 명에 이르고 있다. 이들이 각자 자기의 자리로 돌아가 가나안농군학교에서 배운 바를 50%씩만 실천한다고 해도 그들 자신은 물론이고 가정과 자신이 속한 사회가 새로운 변화를 가져올 것이라고 필자는 생각한다.

다섯 번째 개척 : 가나안농군학교(원주)

김용기 장로는 65세 되던 해인 1973년 다섯 번째의 개척을 시작했다. 원주시 신림면에 개척한 가나안농군학교(원주)는 이제까지와는 다르게 김용기 장로의 가족과 추종자들이 함께 공동으로 개척을 한 것이다. 이번에는 좀 더 체계적으로 개척 설계도를 마련하였다.

첫째, 세 부분으로 나눈 가장 윗부분에는 개인기도실과 예배 시설을 포함하는 '성도원'을 만들어 영적 신앙운동의 전초기지가 되게 한다.

둘째, 가운데 부분에는 농촌 후계자와 사회지도자 양성을 위한 '교육장'을 세운다.

셋째, 아래의 평지 부분에는 농장과 축산 단지를 만들고, 더불어 엿 공장과 참기름 공장 등을 세워 모범적인 농업 시범단지로 조성한다.

가나안농군학교(원주)는 개인소유가 아닌 법인이다. 김범일 장로는 가나안농군학교(원주) 설립초기에 아버지 김용기 장로에게 법인화의 필요성을 역설하여 개인 사유재산이 아닌 법인화를 이룩했다. 이렇게 하는 것이 가나안농군학교의 지속적인 발전과 유지가 가능할 것이라는 판단 때문이었다. 개인 소유로 남겨 둘 경우 언제 이곳이 다른 용도로 사용될지 모르는 일이며 후손이나 관련자가 재산에 욕심이 생기는 것을 사전에 방지하자는 데도 목적이 있었다.

창씨개명, 신사참배, 동방요배 등 모든 국민의례를 거부하다

가나안농군학교가 해방 후에는 마침내 성공을 거두었지만 일제강점기에는 신사참배 등을 거부한다는 이유로 일제로부터 많은 탄압을 받기도 했다. 봉안이상촌에서부터 시작된 가나안농장에서는 창씨개명을 비롯해서 신사참배나 일왕에 대한 국민의례를 모두 거부했다. 이러한 신앙생활은 김용기 장로의 아들과 조카들의 학교생활에도 많은 어려움을 가져왔다. 그의 아들들이 학교에서 벌을 서는 것은 예사였고 따귀를 맞아 얼굴이 부은 채로 집으로 오는 날도 많았다. 장남 김종일은 창씨개명을 거부한 탓에 학교에서 퇴학을 당하기도 했다.

동방요배를 하지 않던 김용기 장로는 양주경찰서 고등계에 끌려 가서 자신의 생각을 명확하게 피력하였다.

"다른 사람들은 다들 한다 하지만 그것은 억지로 하는 것에 불과한 것이오. 민족이 다른 조선사람이 일인이 될 수 없는 것은 역시 일인이 조선사람이 될 수 없는 것과 마찬가지오. 그러니 억지로 마지못해 하는 것뿐인데, 그렇게 하는 것은 차라리 하지 않는 것만도 못한 것이오. 가령 묵념하면서 속으로 천황폐하를 욕하는지 어쩌는지를 누가 알겠소? 사람의 마음속을 측정하는 기계가 있다면 모르지만 그렇지 않다면 차라리 하지 않으면 천황폐하도 욕을 먹지 않고 내가 믿고 있는 하나님도 욕되게 하지 않는 것이니 서로 좋은 것 아니요?"

이 말을 들은 일본 형사는 손바닥으로 책상을 한 번 치고는 "네 말이 옳다" 하면서 김용기 장로의 말에 동조하고 더 이상 동방요배 문제로 김용기 장로를 괴롭히지 않았다.

주일 근로봉사와 교회 종 헌납을 거부하다

일제의 압박은 꼬리를 물고 다가왔다. 동방요배 문제를 해결하고 나자 이번에는 '근로봉사'를 하라고 했다. 김용기 장로는 주일에 쉬면서 예배만 드리는 자기 마을이 다른 마을보다 퇴비를 더 많이 만들고, 세금도 면내에서 제일 많이 내고 있는 마을임을 강조하면서 일요일만큼은 자기 마을사람 마음대로 할 수 있도록 내버려두라고 했다.

주일 근로봉사문제에 이어 이번에는 교회에서 예배시간을 알려주는 종을 헌납하라는 압박이 왔다. 전쟁 물자 부족을 교회 종으로 해결하려는 속셈이었다. 봉안이상촌 교회에서 사용하던 종도 예외가 아니었다.

"그까짓 종이 몇 푼어치나 되기에 그걸 바치라고 하오? 일본이 그렇

게 가난해가지고야 어떻게 이 전쟁을 승리로 이끌겠소?'

이 말에 그들은 즉시 변명했다.

"우리 일본이 쇠가 없는 줄 아시오? 쇠는 얼마든지 있소. 다만 국민들의 정성을 모으기 위한 일이라오"

이어서 김용기 장로가 말했다.

"그렇다면 종 대신 더 정련되고 분량도 많은 것을 내놓을 테니 종은 그대로 두겠소?' 하고 다짐을 받았다. 그는 교회 종 대신에 자신의 집에 있던 놋그릇을 그들에게 내 주었다. 그러나 아쉽게도 그때 그 종은 한국전쟁 중에 폭탄을 맞아 산산조각이 나서 없어져 버렸다. 안타까운 일이 아닐 수 없다.

봉안이상촌이 여운형 등 항일운동가들의 은신처가 되다

반일사상으로 똘똘 뭉쳐졌던 봉안이상촌에는 소문을 듣고 찾아온 손님들이 많았다. 항일운동을 하다가 피신해온 사람, 학병으로 끌려가던 중에 도망쳐온 사람, 징병을 피해 숨어 다니던 사람들이 가나안농장에서 김용기 장로의 도움을 받아 숨어 지내기도 했다. 그 중에는 여운형 등도 있었다고 한다.

일제의 강압이 거세질수록 김용기 장로의 항일정신도 강해져 갔다. 1944년 10월 8일에는 양평군 용문산에서 경기도내 각 부 농민대표들과 회동하여 공출반대, 징병과 징용 불응 등에 대한 구체적인 대책을 수립하고 이를 실천에 옮겼다. 구체적으로는 징병과 징용 해당자를 상호교환, 은닉, 도피케 하고 공출반대의 방법으로는 논 농사보다는 공출하지

않는 밭농사, 즉 고구마농사를 주로 지어 그것을 식량으로 대용하자는
것이었다.

일제가 신사참배를 강요하던 시절 하루는 조선총독부 정무총감이 40
여 명의 수행원을 대동하고 봉안이상촌을 방문하여 고구마저장고를 둘
러보았다. 수확한 고구마를 1년 동안이나 저장할 수 있다는 설명을 듣고
깜짝 놀란 그는 즉석에서 한 가지 제안을 했다.

"자네, 나하고 함께 일하세. 내가 면장 월급의 두 배를 주겠네."

"싫습니다."

일언지하에 거절하는 김용기 장로를 바라보던 그는 이유가 무엇인지
를 물었다.

"저는 농사짓는 게 제일 마음이 편하고 자유로워서 좋습니다. 이대로
살겠습니다."

그 말에 감탄한 그는 이번에는 도와줄 일이 없는지를 물었다.

"제게 자유를 주십시오."

"그 이유가 무엇인가?"

"저는 지금 연금 상태라 이곳에서 10리 이상은 나가지 못합니다."

"그 이유는?"

김용기 장로는 용기를 내어 일본 정부가 요구하는 중요 시책을 거부
하는 자신의 입장을 공개적으로 말했다.

"저는 아직까지 창씨개명과 신사참배를 하지 않았습니다. 또한 국민

의례를 안 했고, 공출을 안 했습니다."

이 말을 들은 그는 "고노야로(악질이군!)"하고 나서 껄껄 웃으며 말했다.

"그러나 고구마 저장에 공로가 있으므로 자유를 준다."

불모지 땅을 개간하여 생산한 고구마가 자신들의 식량이 된 것과 아울러 신사참배와 같은 기독교 신앙에 반하는 일제의 요구로부터 자유함을 얻게 만들어 주었다.

이후로 김용기 장로 집안에서는 3·1절이나 8·15 광복기념일에는 으레 고구마를 먹고 있다. 이스라엘 백성들이 유월절을 기념하여 무교병을 먹는 것과 덴마크 백성이 독립기념일에 흙빵을 먹으며 조상들의 개척정신과 믿음을 되새기는 것과 같다.

"동방요배를 해야 한다면 차라리 장로 장립을 받지 않겠습니다"

김용기 장로가 출석하던 봉안교회는 신사참배 거부, 창씨개명 거부 및 공출 거부를 3대 원칙으로 삼고 있었다. 이 때문에 목사를 청빙할 수 없어서 1936년 27세의 젊은 나이에 장로에 취임하게 된 김용기는 식순에 들어있던 동방요배와 황군장병 무운을 비는 1분간의 묵념을 거부했다.

"제가 장로를 못하면 못했지, 계명을 범할 수는 없습니다. 만약 동방요배를 꼭 해야만 한다면, 차라리 장로 장립을 받지 않겠습니다."

그로 인해서 파생되는 모든 문제를 본인이 책임지기로 하고 어렵사리 장로 장립식을 마칠 수 있었다. 그러나 이 일로 양주경찰서에 끌려간 김용기 장로는 1주일 간이나 혹독한 고문에 시달려야 했다. 물먹이기, 공중에 매달기, 손톱밑 찌르기, 손가락 사이에 막대 끼워 비틀기 등으로 모진 고문을 당했다. 그 후에도 신사참배 거부 등의 일로 여러 차례 불려가서 혹독한 고문을 받았다.

박정희 대통령, "우리가 살 길은 가나안농장이다"

가나안농군학교(하남)가 본궤도에 올라 많은 사람들의 관심의 대상이 되었을 때인 1962년에는 박정희 대통령이 가나안농군학교(하남)를 방문한 적이 있다. 박정희 대통령은 그 당시 국가재건최고회의위원 전원과 장관 전원 그리고 신문기자 26명을 대동하고 가나안농군학교(하남)를 방문했다.

점심시간이 되자 김용기 장로는 자신들이 평소 먹던 대로 고구마로 손님을 대접했다. 일곱 가지 고구마 요리로 밥상을 채운 식탁에서 김용기 장로는 식사 규칙에 따라 먼저 '식탁의 노래'를 불렀다. 그리고 식사 기도를 드렸다. 그 다음은 식사구호였다.

"먹기 위하여 먹지 말고, 일하기 위하여 먹자!

일하기 싫거든 먹지도 말자!

음식 한 끼에 네 시간씩 일하자!'

대통령을 비롯하여 함께 한 모든 사람들이 김용기 장로의 선창에 따라 큰 소리로 구호를 외친 후 식사를 했다. 차가운 고구마로 식사를 마친 박대통령은 배석한 모든 사람들을 향해 이렇게 말했다.

"이 가정, 이 농장은 우리보다 앞서 혁명을 했습니다. 우리 국민이 모두 이렇게 한다면 우리나라의 후진성이 급속히 없어지게 될 것입니다."

이어서 가나안농군학교(하남)에서 수업을 받던 학생들에게는 "우리 한국 사람이 모두 잘 살 길은 바로 이 길이니, 이 가정의 생활과 정신을 그대로 본받아 실천하기를 바란다"고 격려해 주었다.

대통령이 방문하고 난 이후 가나안농군학교(하남)에는 정부 각료와 공무원 등 수 많은 사람들이 찾아와 견학하기도 하고 교육을 받기도 하였다. 1960년대 말 새마을운동이 시작되기 전에 대통령 특별보좌관인 박진환 박사와 농림부장관 등이 농군학교를 찾아서 많은 자문을 구했다. 새마을운동을 준비할 때 정부 관계자들이 가나안농군학교(하남)가 교육을 맡을 수 있는지 의견을 나누기도 했으나 사정상 그 제안은 무산되고 말았다.

막사이사이상 수상 길에 양복점과 호텔에서 문전박대 당하다

우리나라에서 장준하, 김활란 박사에 이어 1966년에 막사이사이상의 세 번째 수상자가 된 김용기 장로는 수상식에 삼베 바지저고리와 흰 고무신을 신고 참석하여 세인들의 관심을 끌었다. 1958년부터 막사이사이 전 필리핀 대통령의 업적을 추모한다는 취지로 수여하는 이 상에 수상자로 농민이 선정된 것 자체가 하나의 뉴스거리였다. 일평생 고무신에 코르덴바지 차림으로 살았던 그는 둘째 아들을 대동하고 일본을 거쳐 필리핀으로 갔다.

예복을 준비하라는 대사관의 연락을 받고 서울 시내 유명 양복점에 들렀다가 구박을 받고 쫓겨났고, 동경의 한 호텔에서는 남루한 차림의 두 사람을 본 종업원은 "호텔이 아니라 하숙집으로 가라"고 쫓아내기도 했다. 결국 그는 수상식에 삼베 바지저고리를 입고 참석했다. 그리고 이때 받은 상금으로는 가나안농군학교(하남)내의 가나안교회를 신축하는데 사용했다.

"내 며느리 될 사람은 가나안농군학교 과정을 통과해야 한다"

김용기 장로의 아들들은 모두 검소한 결혼식을 올렸다. 김용기 장로 집안의 결혼식은 세상적으로 보면 검소하다 못해 초라하기까지 하다.

가나안교회에서 36년간 목사로 사역을 하고 있는 첫째 아들 김종일 목사는 친한 친구 1명과 함께 기도원에서 합동결혼식을 올렸다. 결혼식 참석자는 당사자를 비롯해서 모두 12명이었다. 둘째 아들 김범일 장로는 여동생과 합동결혼식을 올렸다. 김범일 장로의 아내(홍미혜)와 그의 매제(임영철)가 가나안농군학교 15일 코스를 수료하던 날이었다. 셋째

김범일 장로 남매의
합동결혼식

아들 김평일 장로 결혼식은 김용기 장로의 회갑날이었다. 물론 하객들은 50명 안팎이었다.

김용기 장로는 며느리를 맞을 때도 신앙을 제일 중요하게 여겼고, 그다음으로는 며느리들이 결혼해서 개척자의 삶을 제대로 견디어내며 이어갈 수 있을지를 평가한 후에 결혼식을 올려 주었다. 기본적으로 며느리가 될 사람은 결혼 전에 3개월에서 6개월간 농군학교에 기거하면서 실습을 하도록 했다.

셋째 아들 김평일 장로의 결혼은 세간의 관심을 받아 가나안농군학교(하남)가 세상에 널리 알려진 계기가 되었다. 검소한 결혼식도 화제가 되었지만 그 보다는 셋째 며느리 이화섭의 출신 배경 때문이었다. 아버지는 2,3대 국회의원을 지냈으며 외할머니는 이화여대 이사장을 역임하였고, 외조부는 국방부장관을 지낸 명문가 출신이었다. 이화여대를 수석입학하였고, 수석으로 졸업한 재원인 이화섭이 농민운동가인 김용기 장로의 가문으로 시집을 와서 농사를 짓는 것은 예나 지금이나 쉽게 수긍이 가지 않는 일이기 때문이었다.

김용기 장로 가문의 결혼식 풍습은 아들에 이어 손자와 손녀에 이르기까지 계속되었다. 김평일 장로의 아들과 딸의 결혼식에도 하객은 양가 합쳐 50명이 넘지 않았다. 이렇듯 이 가문의 결혼 풍습은 호화혼수와 화려한 결혼식을 추구하는 현재의 풍습과 비교할 때 많은 시사점을 던져주고 있다.

고통받는 이웃나라에 가나안농군학교 정신을 전파하는 가나안농군학교

김용기 장로의 개척정신을 계승하기 위하여 1981년에는 그의 호를 따서 일가회를 설립하였다. "예수 그리스도를 구주로 믿고, 온 인류가 하나님의 한 가족이 되어 함께 사는 세계를 이룩하기 위하여, 근로·봉사·희생의 그리스도 정신을 이념으로 하는 가나안 정신을 실천하는 것"을 설립 목적으로 하는 일가회는 빈부귀천의 거리를 없애고 살자를 비롯한 아홉 가지 생활신조를 주창하고 있으며 국내외에서 적절한 인재를 발굴하여 시상하고 있다.

가나안농군학교는 세 곳에 건설되어 있다. 첫 번째는 가족이 개척한 것으로 경기도 하남시에 있는 가나안농군학교(하남)가 있다. 두 번째는 가족과 동지, 그리고 제자들이 힘을 합쳐 건설한 원주시 신림면의 가나안농군학교(원주)가 있고 세 번째는 가나안농군학교에서 교육을 받은 졸업생들이 힘을 모아 건설한 경상남도 밀양에 있는 가나안농군학교(밀양) 등이 있다.

21세기를 맞아 가나안농군학교는 세계를 향해 눈을 돌리고 있다. 가난에 찌들었던 대한민국 백성들의 살림살이가 윤택해지자 이번에는 식량문제로 고통받는 이웃 나라를 위해 가나안농군학교 정신을 전해주고 있다. 이를 위해 가나안농군운동세계본부를 조직하여 지금은 동남아시아의 방글라데시(1991년)를 시작으로 11개 나라에 가나안농군학교를 설립하여 식생활개선을 비롯하여 농사법 개량 등을 가르치고 있다. 현재는 캄보디아 등 4개 나라에 가나안농군학교를 설립 중에 있다. 가나안

농군학교(원주)에 세워진 '세계지도자교육원'에서는 KOICA와 합동으로 볼리비아 새마을운동과정, 방글라데시 농업개발교육, 나이지리아 농촌지도자 양성과정 등을 진행하고 있다.

자기 자식보다 배곯는 이웃집 자녀를 더 배려한 어머니

김용기 장로 가문의 모든 형제들이 모두 기독교인이 된 것은 어머니의 영향이 컸다. 권사 제도가 없던 봉안교회에서 '여전도회 회장님', 또는 '예배당 할머니'로 불리며 신앙생활을 한 그의 어머니를 교인들은 회장님으로 불렀다.

김용기 장로는 자기 자식보다 배곯는 이웃집 자녀를 더 배려한 어머니로 기억하고 있었다.

"마을의 가난한 아낙네가 아기를 낳았을 때는 으레 미역과 함께 쌀 한 말을 보내주시며 혹 누구네가 한 끼니라도 곯는 것을 아시게 되면 온 집안 식구들을 한 끼 단식시키고 그 양식을 대신 그 곯는 집에 보내주셨다. 그래서 어머니는 끼니때면 마을에서 가난한 집들의 누구네가 혹 끼니를 곯고 있지나 않나 하고 살피며 돌아다니셨다. 그때, 우리 형제들은 아직 어렸으므로 어머니가 마을을 돌아다니실 때마다 또 밥을 굶게 되지나 않을까 하고 마음을 졸이곤 하였다. 그리하여 그 조바심 때문에 어린 우리 형제들은 어머니보다 먼저 그 곯는 집을 찾아보고는 그날 저녁은 필시 굶게 되리라는 것을 알고 우울해했던 일이 지금도 부끄러운 기억으로 눈에 선하다."

소천하기 전 김용기 장로가 아들을 불러서 전해준 유산은?

어머니의 영향을 받았던 김용기 장로는 자기 자녀들에게 엄격한 신앙 훈련을 시켰다. 대표적인 것으로는 새벽예배와 저녁예배로 이어지는 가정예배와 철저한 주일성수다.

생전에 김용기 장로는 하루 4시간 이상 기도하는 습관을 가졌다. 하루 종일 힘들게 일하면서도 4시간 동안이나 기도했다는 사실은 그의 신앙이 얼마나 철저하고 겸손했는지를 알게 해 준다.

그래서 김용기 장로가 소천하기 전 둘째 아들 김범일에게 물려준 유산은 기도실의 열쇠였다고 한다.

평생을 기도하면서 일했던 그의 정신은 다섯 차례에 걸친 개척지를 옥토로 만드는 기본 정신이었고, 일제치하에서도 굴하지 않고 신사참배, 창씨개명, 동방요배를 거부하게 했던 것이다.

구국기도실

대를 이어 전해진 위대한 신앙의 유산, 기도의 습관

김용기 장로가 남기고 간 가나안농군학교(하남, 원주)는 그의 두 아들이 이어받아 잘 운영하고 있다. 그는 자녀들에게 개척자의 정신만을 남겨준 것이 아니라 기도의 중요성을 가르쳐 주었다.

하루 10시간씩 기도하였던 어머니 김공윤 회장(교인들은 여전도회 회장을 맡았던 그를 회장님으로 불렀다)의 뒤를 이어, 김용기 장로도 고된 노동에도 불구하고 하루에 4시간씩 기도하였다.

김용기 장로가 소천하기 전에 둘째 아들을 불러서 기도실 열쇠를 건네준 것은 '가나안농군학교를 운영하는 가장 중요한 기본 정신은 바로 하나님 앞에 기도하는 것'이라는 무언의 유언이었던 셈이다.

사실, 어떤 개척 현장에 가보더라도 기적적으로 성공하는 개척 현장의 뒤에는 이처럼 '뼈가 시리도록 뒤에서 봉사하고 또 밤새워 기도하는 분'이 한두 분씩은 꼭 계시다는 것을 발견하게 된다. 이렇게 이어진 신앙은 김용기 장로의 아들딸은 물론이고 손주와 증손주에 이르기까지 철저하게 지켜지고 있다.

이것이 1954년 설립 이래 지금까지 70만 명에 이르는 교육생을 배출한 가나안농군학교의 저력이다. 신실한 기독교 정신으로 나라와 민족 나아가 세계인을 품는 가나안의 정신은 앞으로도 계속 이어질 것으로 믿어 의심치 않는다.

"육체의 잠을 깨자. 사상의 잠을 깨자. 영혼의 잠을 깨자"

육체의 잠을 깨우고 사상과 영혼의 잠을 깨웠던 김용기 장로는 한 사람의 농민운동가이자 농촌개혁의 선구자이기 전에 철저한 기독교 정신으로 무장한 장로였다. 김용기 장로와 기독교를 분리해서 생각할 수 없는 이유가 바로 여기에 있다.

김용기 장로의 후손 3남 2녀는 모두 대학을 졸업했지만 아버지의 뜻을 따라 가나안농군학교에서 일했고 지금도 일하고 있다. 육체의 잠을 깨우고 영혼의 잠을 깨우고자 했던 김용기 장로의 오랜 기도는 어린 시절 아버지의 명을 따라 변함없이 새벽종을 울렸던 아들, 김범일 장로와 그 형제들에 의해서 한반도와 세계를 깨우는 새벽종이 되어 울려 퍼지고 있다.

에필로그

우리는 믿음의 명문가문에 대해 이야기할 때 미국의 에드워드 가문을 사례로 설명하는 경우가 많다. 신앙의 자유를 찾아 미국에 온 청교도들이 개척 초기에서부터 200년이란 세월 동안 한 사람의 후손이 어떻게 신앙생활을 했으며 그 결과 하나님의 축복이 그 가정에 어떻게 임했는지를 보여주는 가문이기에 우리들은 그 가문을 소위 '믿음의 명문가문'으로 자주 인용하는 것이다.

그렇다면 우리나라에는 자랑할 만한 믿음의 명문가문이 없는 것일까? 이 땅에도 믿음의 명문가문들이 있다. 한반도 곳곳에 세워진 교회에는 아름다운 믿음의 역사를 가진 사람들이 이야기가 많이 전해지고 있다. 100여 년의 세월 동안 하나님의 말씀에 순종하며 신앙의 대를 이어 온 가문들의 이야기는 가슴 뭉클한 감동을 준다.

그러나 안타깝게도 그들의 이야기가 하나 둘씩 사라져 가고 있다. 믿음의 선조들이 남긴 믿음의 유산들과 함께 교인들의 기억에서 사라지고 있는 것이다.

그 이유는 첫째, 믿음의 후손들이 자신들의 이야기를 기록하거나 겉으로 드러내지 아니하고 가슴에 묻어두기 때문이다. 그들에게는 믿음을 지키기 위해 치루어야 했던 고난과 핍박을 차마 입 밖으로 꺼내지 못하는 슬픔이 있다. 그러다보니 세월이 지나면서 조상들의 신앙역사가 후손들에게조차도 제대로 전달되지 않고 사라지는 것이다.

둘째는 일제 강점기와 6·25 한국전쟁을 거치면서 경험한 믿음의 선조들과 교회 지도자들이 세상을 떠나고 있기 때문이다. 민족적인 비극의 시대를 살면서 신앙을 지켜왔던 믿음의 역사를 증언해 줄 증언자들이 사라지면서 교회의 역사와 함께 귀한 유산도 사라지고 있다. 따라서 믿음의 유산을 잘 지키고 있는 믿음의 명문가문에 대한 조사와 기록을 주저하거나 뒤로 미루어서는 안 된다. 그들의 생생한 증언은 우리나라 기독교의 산 역사가 되기 때문이다.

선조들의 신앙역사는 후손들에게 잘 전해져야 한다. 그것이 뼈아픈 실수의 역사이든 혹은 자랑스러운 역사이든 후손들에게는 둘 다 귀한 교훈이 된다. 직접 경험해 보지 못한 과거의 역사를 후손들이 보고 느낄 수 있도록 기록으로 남겨야 한다. 이스라엘 백성들은 애굽의 종살이를 마치는 것을 기념하는 유월절을 지켰듯이 우리도 지난날의 시련의 역사를 기억하여야 한다.

『믿음, 그 위대한 유산을 찾아서·1』은 우리 주변에서 만날 수 있는 믿음의 가정에 대한 이야기다. 이 책에 등장하는 모든 사람들이 완벽한 신앙생활을 한 것은 아니다. 그들에게도 부족한 면이 있고, 실수를 한 인물도 있다. 그들도 우리와 다를 바 없는 모습으로 살아가고 있지만 100년을 넘도록 대를 이어가며 신앙생활을 하는 데는 그들만의 신앙의 전통을 가지고 있음을 발견하게 된다.

우리나라에 기독교가 들어오고 몇 년 지나지 않아 일제의 강점도 시작되었다. 일제 강점기 36년 동안 온갖 고난과 6·25 한국전쟁 중 순교의 피를 흘리면서 지켜오던 불굴의 신앙은 민족의 해방과 더불어 퇴색하기 시작했다. 외세의 침략과 전쟁으로 인해 고난과 시련을 닥칠 때 잠시 하나님 앞에 겸손함을 보이던 교회와 교인들이 산업화를 거치면서 경제적으로 여유가 생기고 삶이 풍요로워지자 하나님을 잊어버리기 시작했다. 겉으로는 크고 웅장한 예배당과 교회를 드나드는 교인의 숫자는 늘어났지만 그 중심에는 하나님보다는 부와 명예가 더 중요한 자리를 차지하게 되었다. 물질적인 축복이 오히려 신앙의 퇴보를 가져오는 연결고리를 우리 세대가 과감하게 끊어버려야 한다. 결론은 '초심으로 돌아가자'이다. 많은 미사여구나 장식이 필요한 것이 아니라 오직 하나님만 믿는 믿음이 필요하다.

우리는 후손들에게 무엇을 물려 줄 것인가에 대한 고민을 많이 하게 된다. 좋은 교육, 좋은 직장, 좋은 배우자를 만나 물질적인 풍요를 누릴 수 있는 많은 재산을 물려 주는 것도 좋은 일이다. 그러나 지금 내가 믿고 있는 예수 그리스도가 진정 하나님의 아들이라고 고백한다면 우리 후손들에게 물려 주어야 할 제일 중요한 덕목은 바로 올바른 기독교 신앙이다. 믿음의 대물림에 성공하는 가문은 주님이 이 땅에 다시 오실 때 부활의 영광을 누리게 될 것이다. 믿음의 대물림을 등한시하는 가문에서는 부활의 기쁨에 참여하지 못하게 될 것이다. 이 땅에 기독교가 제역할을 하지 못하게 되면 우리의 미래는 암담하게 될 것이다.

이 책에 기록된 믿음의 명문가문의 신앙생활은 일반 교인들과 크게 다르지 않다. 평소 예배시간에 설교를 통해 익히 들어 잘 아는 것들을 그들은 지키고 있을 뿐이다. 주일성수가 그렇고 기도생활이 그렇고 십일조 생활이 그렇다. 그들은 물질과 명예보다는 하나님의 말씀을 귀하게 여기고 그 말씀에 순종하며 살아가고 있다.

지금까지 필자가 전국을 돌며 방문한 교회보다 앞으로 필자의 방문을 기다리는 교회가 훨씬 더 많다. 이 글을 쓰기 위해 교회를 방문하고 사람을 만나는 일은 결코 쉬운 일이 아니었다. 문전박대는 예사고, 후손들이 인터뷰를 거절하는 일도 부지기수였다. 그럼에도 불구하고 필자가이 일을 계속하는 이유는, 솔직히 말해서 나 스스로도 알 수 없다. 그저하나님께서 이 일을 부족한 필자에게 맡기셨고, 앞으로도 그렇게 하라고 인도하신다고 믿기에 믿음에 순종할 따름이다.

『믿음, 그 위대한 유산을 찾아서 · 1』은 우리나라 기독교인 가운데 겨우 열 두 가문에 대한 이야기이다. 더 많은 가문들의 이야기들을 취재했고 이미 원고로 만들어놓았지만 분량 문제 때문에 2권으로 넘기거나, 좀더 보충 취재를 위해 뒤로 미룬 가문들의 이야기들도 있다.

『믿음, 그 위대한 유산을 찾아서』가 몇 권의 책으로 마무리될지는 필자도 알지 못한다. 그러나 한국 기독교의 역사 가운데 아직 알려지지 못한 믿음의 명문가문들의 이야기는 앞으로도 계속 밝혀져야 한다는 분명한 믿음이 있다. 이 일을 위해 하나님이 힘주시기를 기도한다.